APPRENDRE
L'ANGLAIS

OBJECTIF LANGUES

APPRENDRE L'ANGLAIS
**Niveau débutants
A2**

Anthony Bulger

LA COLLECTION OBJECTIF LANGUES

À PROPOS DU CADRE EUROPÉEN COMMUN DE RÉFÉRENCE POUR LES LANGUES

À partir de quel moment peut-on considérer que l'on « parle » une langue étrangère ? Et quand peut-on dire qu'on la parle « correctement », couramment ? Voire qu'on la « maîtrise » ? Cette question agite les spécialistes de la linguistique et de l'enseignement depuis toujours. Elle pourrait être de peu d'intérêt si les locuteurs d'aujourd'hui n'avaient pas à justifier leurs compétences dans ce domaine, notamment pour accéder à l'emploi.

C'est en partie pour répondre à cette question que le Cadre européen commun de référence pour les langues (CECRL), appelé plus communément « Cadre européen des langues », a été créé par le Conseil de l'Europe en 2001. Sa vocation première est de proposer un modèle d'évaluation de la maîtrise des langues neutre et adapté à toutes les langues afin de faciliter leur apprentissage sur le territoire européen. À l'origine, il entendait favoriser les échanges et la mobilité, mais aussi mettre un peu d'ordre dans les tests d'évaluation privés qui fleurissaient à la fin du XXe siècle et qui étaient, la plupart du temps, propres à une langue.

Plus de 15 ans après son lancement, son succès est tel qu'il a dépassé les simples limites de l'Europe et qu'il est utilisé dans le monde entier ; pour preuve, son cahier des charges est disponible en 39 langues. Les enseignants, les recruteurs et les entreprises y ont largement recours et les praticiens « trouvent un avantage à travailler avec des mesures et des normes stables et reconnues[1]. »

LES 6 NIVEAUX DU CADRE EUROPÉEN DES LANGUES

Le cadre européen se divise en 3 niveaux généraux et en 6 niveaux communs de compétence :

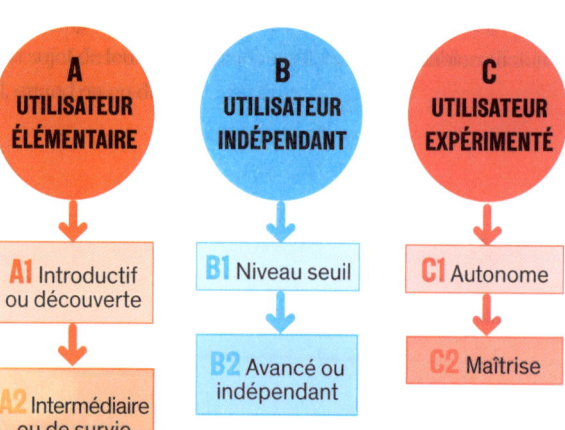

Chacun des niveaux communs de compétence est détaillé selon des activités de communication langagières :
- la production orale (parler) et écrite (écrire) ;
- la réception (compréhension de l'oral et de l'écrit) ;
- l'interaction (orale et écrite) ;
- la médiation (orale et écrite) ;
- la communication non verbale.

Dans le cadre de notre méthode d'apprentissage et de son utilisation, les activités de communication se limitent bien sûr à la réception (principalement) et à la production (un peu). L'interaction, la médiation et la communication non verbale s'exercent sous forme d'échanges en rencontrant des locuteurs et/ou en échangeant avec eux (avec ou sans présence réelle pour dire les choses autrement).

LES COMPÉTENCES DU NIVEAU A2

Avec le niveau A2, je peux :
- **comprendre** des expressions et des messages simples et très fréquents ;
- **lire** des textes courts et trouver une information dans des documents courants ;
- **comprendre** des courriers personnels courts et simples ;
- **communiquer** lors de tâches simples et habituelles ;
- **décrire** en termes simples ma famille, d'autres gens, mes conditions de vie, ma formation et mon activité professionnelle ;
- **écrire** des notes et des messages courts et simples.

La plupart des méthodes d'auto-apprentissage de langues actuelles utilisent la mention d'un des niveaux du cadre de référence (la plupart du temps B2), mais cette catégorisation a souvent été faite *a posteriori* et ne correspond pas forcément à leur cahier des charges.
En suivant les leçons à la lettre, en écoutant les dialogues et en faisant les exercices proposés, vous parviendrez au niveau A2. Mais n'oubliez pas qu'il ne s'agit que d'un début. Le plus important commence ensuite : échanger avec des locuteurs natifs, entretenir sa langue et ne pas la laisser rouiller et, ainsi, améliorer sans cesse la compréhension et l'expression.

1. *Cadre européen commun de référence pour les langues,* Éditions Didier (2005).

APPRENDRE L'ANGLAIS

NOTIONS

- LA PRONONCIATION

- LES SONS

- LES VOYELLES COURTES ET LONGUES
- LA LETTRE R APRÈS UNE VOYELLE EN FIN DE MOT
- LA LETTRE H : ASPIRÉE OU NON
- LE TH : DOUX OU DUR

- L'ACCENT TONIQUE DES MOTS

- LES NOMS ET LES ADJECTIFS DE DEUX SYLLABES
- LES VERBES DE DEUX SYLLABES
- LES MOTS FINISSANT EN -ION, -TION, -SION, -CIAN, -NION
- LES MOTS DE TROIS SYLLABES
- LES MOTS DE QUATRE SYLLABES

- L'ACCENTUATION ET LE RYTHME DE LA PHRASE

■ LA PRONONCIATION

Si, au départ, la structure grammaticale de l'anglais est relativement simple comparée à celles d'autres langues – dont le français –, la prononciation peut poser des difficultés à cause d'un grand nombre d'irrégularités et particularités. De plus, si le français peut produire jusqu'à 38 sons différents à partir des 26 lettres de l'alphabet, l'anglais en produit environ 46, ce qui nécessite un travail auditif attentif. La différence entre les formes écrite et parlée des mots peut être significative dans certains cas : par exemple **though** [DHoou] et **cough** [kof]. Ainsi, puisque l'alphabet ne reflète pas toujours la prononciation, un entraînement à haute voix est important.

Quoi qu'il en soit, nous n'essayerons pas de vous faire parler « comme un Anglais » (ou un Américain), mais de vous aider à acquérir une prononciation claire et naturelle, que vos interlocuteurs anglophones comprendront facilement. Il faut garder en mémoire que si l'anglais est la première langue de près de 400 millions de personnes dans le monde, le nombre total de locuteurs est estimé à près de 2 milliards ! Ainsi, donner des règles universelles de prononciation est un exercice aussi complexe que périlleux.

Il y a 3 éléments à prendre en compte : les sons, l'accent tonique des mots, l'accentuation et le rythme de la phrase.

◆ LES SONS

Les sons anglais ressemblent à ceux du français, à quelques exceptions près.

LES VOYELLES COURTES ET LONGUES

Les voyelles courtes sont plus brèves, et les voyelles longues plus étirées.
Cette distinction entre court et long est extrêmement importante, car elle constitue l'une des principales différences entre la prononciation anglaise et française. Prenons les mots **ship** *(un bateau)* et **sheep** *(un mouton)* : le premier se prononce [chip], avec un **i** très court, alors que la double voyelle du second mot est étirée [i-i] bien plus que le **i** français.

Écoutez ces paires de mots, puis dites-les à haute voix. N'oubliez pas d'allonger les voyelles longues dans la seconde série (ex. : [chiiiip]) :

a. **ship** – **sheep**
b. **at** *(à)* – **ate** (passé simple de **eat**, *manger*)
c. **plan** *(projet)* – **plane** *(avion)*
d. **met** (passé simple et participe passé de **meet**, *rencontrer*)

e. **not** (négation, pas) – **note** (note, billet de banque)
f. **lick** (lécher) – **like** (aimer)
g. **tub** (cuve) – **tube** (tube, métro londonien)
h. **hop** (sautiller) – **hope** (espérer)
i. **bet** (parier) – **beat** (battre)
j. **cut** (couper) – **cute** (mignon)

LA LETTRE R APRÈS UNE VOYELLE EN FIN DE MOT

Cette règle de « non-rhoticité » s'applique à l'anglais britannique standard, mais pas à toutes les régions de ce pays (notamment l'Écosse), ni à une grande partie des États-Unis. Par exemple, l'adjectif **firm** (ferme) se prononce [feum] en Grande-Bretagne mais [feurm] en Écosse ou à Chicago. Dans cet ouvrage, nous avons choisi la prononciation classique non rhotique.

Ainsi, le « r » allonge le son de la voyelle dans un mot comme **park** [paak] (un parc), mais il est totalement inaudible dans **weather** [ouèDHë] (le temps).

Écoutez ces mots, puis répétez-les à haute voix :

a. **term** (trimestre)
b. **brother** (frère)
c. **work** (travail)
d. **farm** (ferme)
e. **mother** (mère)
f. **fork** (fourchette)
g. **dinner** (dîner)
h. **doctor** (docteur)

LA LETTRE H : ASPIRÉE OU NON

Le **h** est généralement aspiré au début et au milieu d'un mot, mais pas à la fin. Il faut faire sortir l'air par la bouche, comme si on prononçait *ha ha !* en français.

Écoutez ces mots, puis répétez-les à haute voix :

a. **he** (il)
b. **head** (tête)
c. **her** (elle, son)
d. **hurt** (faire mal)
e. **hand** (main)
f. **how** (comment)
g. **help** (aider)
h. **home** (foyer, domicile)

Dans un faible nombre de mots, le « **h** » ne se prononce pas.

Écoutez, puis répétez à haute voix :

a. **hour** (heure)
b. **honour** (honneur)
c. **honest** (honnête)
d. **vehicle** (véhicule)

LE TH : DOUX OU DUR

Le **th** se prononce « doux » (**think** ou **three**), ou « dur » (**this** ou **them**) :

• Pour le **th** doux, mettez le bout de la langue entre les dents et prononcez un « **t** ».
Écoutez les mots suivants, puis répétez à haute voix :
a. **think** *(penser)*
b. **three** *(trois)*
c. **throat** *(gorge)*
d. **thanks** *(merci, remerciements)*
e. **things** *(choses)*
f. **Thursday** *(jeudi)*
g. **thirty** *(trente)*
h. **thousand** *(mille)*

• Pour le **th** dur, mettez le bout de la langue entre les dents, mais cette fois-ci, prononcez un « **d** ».
Écoutez, puis prononcez ces mots :
a. **this** *(ce, ceci)*
b. **then** *(puis)*
c. **those** *(ces)*
d. **they** *(ils, elles)*
e. **the** *(le, la, les)*
f. **their** *(leur)*
g. **that** *(que, cela)*

Juste pour l'entraînement – et le fun –, essayons de mélanger les deux sons.

Écoutez et répétez :
a. **Thank you for this.** *Merci pour ceci.*
b. **That is their thing.** *Cela est leur chose.*
c. **They have three thousand things that they think about.** *Il y a [ils ont] 3 000 choses auxquelles ils pensent.*
d. **Thursday is their thirtieth birthday.** *Jeudi, c'est leur 30ᵉ anniversaire.*
e. **They think that this is easy!** *Ils pensent que ceci est facile !*

◆ L'ACCENT TONIQUE DES MOTS

Dans tous les mots comportant deux syllabes ou plus, l'une d'entre elles est accentuée plus que les autres : c'est ce que l'on appelle l'accent tonique. Par conséquent, les autres syllabes sont moins audibles et, surtout, les voyelles non accentuées sont à peine prononcées. Au lieu de distinguer un « a » d'un « i », ou un « u » d'un « o », par exemple, on entend une voyelle « neutre », que l'on appelle un « e muet » (ou le « schwa » en terminologie phonétique).

Ainsi, le pluriel de **gentleman**, *un monsieur, un « gentilhomme »* (Module n° 7), est **gentlemen**. Mais, puisque l'accent dans les deux mots tombe sur la première syllabe, le « a » et le « e » en position terminale se prononcent de façon identique, comme un « e » neutre.

Dans notre prononciation figurée, il est rendu par un [ë]. Il faut un certain temps pour s'habituer à ce phénomène.

Voici quelques règles simples pour bien positionner (et ainsi prononcer) l'accent tonique, qui apparaîtra en gras dans les dialogues :

LES NOMS ET LES ADJECTIFS DE DEUX SYLLABES

Ils prennent généralement l'accent tonique sur la première.

Écoutez et répétez ces noms, extraits des trois premiers modules du livre :

a. **in**crease *(augmentation)*
b. **ac**cent *(accent)*
c. **ve**ry *(très)*
d. **la**ter *(plus tard)*
e. **wo**man *(femme)*
f. **plea**sure *(plaisir)*
g. **mo**ney *(argent)*

LES VERBES DE DEUX SYLLABES

Ils sont habituellement accentués sur la seconde.

Écoutez et répétez :

a. to in**crease** *(augmenter)*
b. to re**ceive** *(recevoir)*
c. to de**cide** *(décider)*
d. to re**lax** *(se détendre)*
e. to col**lect** *(collecter)*
f. to ex**plain** *(expliquer)*
g. to pro**vide** *(fournir)*

Un certain nombre de mots à deux syllabes peuvent être à la fois des verbes et des noms, comme **increase**. La seule manière de les distinguer est de bien respecter l'accentuation.

Écoutez et répétez en marquant bien l'accent tonique :

a. an **in**crease – to in**crease**
b. an **im**port *(une importation)* – to im**port** *(importer)*
c. a **pro**test *(une protestation)* – to pro**test** *(protester)*
d. a **re**cord *(un record, un enregistrement)* – to re**cord** *(enregistrer)*
e. a **pre**sent *(un cadeau)* – to pre**sent** *(présenter)*

LES MOTS FINISSANT EN -ION, -TION, -SION, -CIAN, -NION

Ils sont accentués sur la syllabe qui précède la terminaison.

Écoutez et répétez :
- a. **re**gion *(région)*
- b. at**ten**tion *(attention)*
- c. il**lu**sion *(illusion)*
- d. mu**si**cian *(musicien)*
- e. de**ci**sion *(décision)*
- f. o**pi**nion *(opinion)*

LES MOTS DE TROIS SYLLABES

Ils sont habituellement accentués sur la première syllabe.

Écoutez et répétez :
- a. **in**strument *(instrument)*
- b. **ma**nager *(gérant, directeur)*
- c. **con**tinent *(continent)*
- d. **se**parate *(séparé, individuel)*
- e. **fur**niture *(meubles)*
- f. **ci**nema *(cinéma)*

LES MOTS DE QUATRE SYLLABES

Il y en a peu dans ce livre. Ils ne sont jamais accentués sur la première ni la dernière syllabe. Puisque les règles sont assez complexes, nous vous donnons deux conseils importants :
- lorsque vous notez un nouveau mot, marquez aussi l'accent tonique en le soulignant ;
- si vous n'êtes pas sûr du placement de l'accent quand vous employez un mot, prononcez toutes les syllabes clairement : vous aurez sûrement un accent, mais vous serez compris !

◆ L'ACCENTUATION ET LE RYTHME DE LA PHRASE

Ceci est peut-être l'élément le plus difficile pour un débutant, mais vous le maîtrisez avec une pratique journalière, en répétant le texte des 30 modules à haute voix.
Si le français est une langue à rythme syllabique, avec les syllabes se succédant de manière plus ou moins régulière et prononcées avec à peu près la même force, l'anglais s'énonce avec un rythme « accentuel ». Pour ce faire, on appuie sur les mots qui portent le sens – généralement les noms, les verbes et les adverbes –, tout en passant plus rapidement sur les mots « grammaticaux » (articles, prépositions, etc.).
Ainsi, en anglais parlé, les verbes auxiliaires **to be**, *être*, et **to have**, *avoir*, sont esca-

motés – ce sont les fameuses « contractions » dont vous ferez connaissance lors du premier module.

Pour simplifier, pensez à une forme d'expression simple : « Moi Tarzan, toi Jane » ou à un télégramme « Besoin urgent argent », où c'est l'information qui prime. Le respect de cette accentuation est essentiel pour se faire comprendre. Changez le rythme et vous changez la nuance – et parfois le sens – de la phrase.

Écoutez attentivement ces phrases, choisies parmi les premiers modules du livre, et répétez-les à haute voix. Vous pouvez même battre la mesure sur chaque syllabe accentuée :
- a. My <u>hus</u>band's a <u>teach</u>er. *Mon mari est professeur.*
- b. We're <u>here</u> for a <u>long</u> week<u>end</u>. *Nous sommes ici pour un long week-end.*
- c. There's a <u>news</u>agent near the <u>post</u> office. *Il y a un marchand de journaux près du bureau de poste.*
- d. Turn <u>left</u> at the <u>traf</u>fic lights on <u>West</u> Street. *Tournez à gauche au feu rouge à West Street.*
- e. <u>Whose</u> are these <u>jeans</u> on the <u>chair</u>? *À qui est ce jean sur la chaise ?*
- f. I <u>start</u> at <u>six</u> in the <u>mor</u>ning and I <u>finish</u> at <u>noon</u>. *Je commence à 6 heures du matin et je termine à midi.*

Dans chaque cas, le message de la phrase est porté par les mots « sémantiques », qui sont accentués pour les signaler à l'interlocuteur.

Veillez donc à écouter très attentivement les enregistrements et à imiter les locuteurs, sachant que la maîtrise du rythme nécessite du temps et de la pratique. En attendant, si vous n'êtes pas sûr du placement de l'accentuation, prononcez clairement et distinctement tous les mots importants. Mieux vaut avoir un accent français (souvent considéré comme charmant par les anglophones, d'ailleurs) que d'être mal compris !

I. SALUTATIONS ET PREMIERS CONTACTS

II. LA VIE QUOTIDIENNE

1. PREMIÈRE PRÉSENTATION — 21

2. PREMIÈRE CONVERSATION — 29

3. DISCUTER AVEC UN INCONNU — 37

4. CONVERSATION DOMESTIQUE — 45

5. EN FAMILLE — 53

6. CHEZ LE MÉDECIN — 61

7. COMMANDER DE LA NOURRITURE ET DES BOISSONS — 69

8. FAIRE DES ACHATS — 81

9. PRENDRE LE TRAIN — 89

10. TÉLÉPHONER — 97

11. PRÉPARER UNE SORTIE — 105

12. RÉSERVER UNE CHAMBRE D'HÔTEL — 113

13. FAIRE UNE CROISIÈRE — 121

14. ORGANISER SES VACANCES — 129

15. DÉMÉNAGER — 137

III. EN VILLE

16. PRENDRE LES TRANSPORTS — 149

17. AU CAMPING — 157

18. L'ENTRETIEN — 165

19. SORTIR AU RESTAURANT — 173

20. FAIRE SES COURSES — 181

21. ALLER AU CINÉMA — 189

22. RENDEZ-VOUS PROFESSIONNEL — 197

23. AU BUREAU — 205

IV. LES LOISIRS

24. PRENDRE UNE ANNÉE SABBATIQUE — 217

25. EN VOITURE — 225

26. VIVRE À LA CAMPAGNE — 233

27. UNE NOUVELLE VIE — 241

28. ÉCOUTER LA RADIO — 249

29. ÉCRIRE DES COURRIERS — 257

30. MESSAGE D'ABSENCE — 265

I
SALUTATIONS
ET
PREMIERS
CONTACTS

1. PREMIÈRE PRÉSENTATION

INTRODUCTIONS

OBJECTIFS

- SALUER ET SE PRÉSENTER
- DEMANDER LE NOM DE SON INTERLOCUTEUR
- SITUER PHYSIQUEMENT UNE PERSONNE
- PRENDRE CONGÉ

NOTIONS

- GENRE GRAMMATICAL
- TO BE
- LES CONTRACTIONS
- LES « TAGS »
- LA FORME INTERROGATIVE

PRÉSENTATIONS

– Bonjour, je suis Jim Tiler. Et vous [qui êtes-vous] ?

– Ravie [Heureuse] de vous rencontrer. Je m'appelle [Mon nom est] Sarah McDonald.

– Êtes-vous (originaire) d'Écosse, Sarah ?

– Non [je ne suis pas], mais mon père est écossais. Et d'où êtes-vous, Jim ? [De] Liverpool ?

– Vous avez raison [Vous êtes juste] ! Vous reconnaissez mon accent.

– C'est facile ! Mon mari est de Liverpool (lui) aussi.

– Est-il ici au colloque avec vous ?

– Non, il n'est pas libre.

– Pourquoi [pas] ?

– Il est à la maison avec les enfants. Ils sont très jeunes. Est-ce que votre femme est ici ?

– Oui [elle est]. C'est [Elle est] la femme là-bas, avec notre fils. Nous sommes tous ici pour un long week-end.

– Super. À plus tard [Voir vous plus tard], Jim.

– Au revoir Sarah.

(Au comptoir d'enregistrement)

– Bonjour Monsieur. Comment vous appelez-vous [Quel est votre nom] ?

– Je m'appelle [mon nom est] Jim Tiler. Je suis ici pour le colloque.

– Un instant [moment], s'il vous plaît. Vous n'êtes pas inscrit [enregistré].

– Si [Oui, je suis].

– Ah oui… mais le prénom est James.

– Oui, c'est ça [il est].

– Comment allez-[êtes] vous [aujourd'hui] Monsieur Tiler ?

– Je vais [suis] très bien merci. Et vous ?

INTRODUCTIONS

🔊 03

– **He**llo, I'm **Jim Ti**ler. **Who** are **you**?

– **Pleased** to **meet** you. **My** name's **Sa**rah McDonald.

– **Are** you from **Sco**tland, **Sa**rah?

– **No** I'm **not**. But my **fa**ther's **Sco**ttish. And **where** are **you** from, **Jim**? **Li**verpool?

– You're **right**! You **re**cognise my **ac**cent.

– It's **ea**sy! My **hus**band's from Liverpool, too.

– Is he **here** at the **con**ference **with** you?

– **No**, he **is**n't free.

– Why not?

– He's at **home** with the **kids**. **They**'re very **young**. **Is** your **wife** here?

– **Yes** she **is**. She's the **wo**man **over there**, with our **son**. We're all **here** for a **long** week**end**.

– **Great**. **See** you la**ter**, Jim.

– Good **bye Sa**rah.

(At the registration desk)

– Good morning sir. What is your name?

– My **name** is **Jim Ti**ler. I am **here** for the **con**ference.

– One **mo**ment please. You **aren't re**gistered.

– Yes I am.

– Oh, yes… but the **first** name is **Ja**mes.

– **Yes** it **is**.

– How **are** you to**day** Mr **Ti**ler?

– I'm very **well**, thank you. And **you**?

COMPRENDRE LE DIALOGUE
FORMULES ET EXPRESSIONS

→ **How are you?** *Comment allez-vous/vas-tu ?* Cette expression utilise le verbe **to be**, *être* et non **to go**, *aller*.

→ **See you later** : **to see** signifie *voir* et **later** est la forme comparative de **late**, *tard*. L'expression **See you later** est une façon idiomatique – donc très courante – de dire *À plus tard*.

→ En anglais, le niveau de langue doit être adapté à la situation. Remarquez la différence entre les deux parties du dialogue dans ce module. Dans la première, un homme et une femme du même âge et du même milieu échangent : la forme contractée du discours s'impose. Dans la seconde, une hôtesse s'adresse de manière formelle à un inconnu dans un contexte professionnel.

→ De manière informelle, on se salue tout au long de la journée par **Hello**, *Bonjour*. Dans un registre plus soutenu, on précise le moment de la journée : **Good morning**, litt. *Bon matin*, est employé jusqu'à midi ; **Good afternoon**, *Bon après-midi*, jusqu'à 18 h environ ; et **Good evening**, *Bonsoir*, en début de soirée. Enfin, **Good night**, *Bonne nuit*, s'emploie comme en français.

→ **Mr** (la forme écrite de **Mister**, *Monsieur*) et son équivalent féminin **Mrs** (**Missus**, *Madame*) sont utilisés dans des situations formelles (notez le contraste entre les deux conversations dans ce module). Pour une femme célibataire, le titre habituel (écrit et parlé) est **Miss**, mais il marque une différenciation peu appréciée fondée sur le mariage. Dans un contexte officiel (courriers administratifs, etc.), le néologisme **Ms** (prononcé [m'z]) est utilisé.

NOTE CULTURELLE

L'anglais est parlé par plus de 800 millions de personnes dans le monde, dont moins de la moitié l'utilisent comme langue maternelle. L'anglais est la ou l'une des langues officielles en Grande-Bretagne et en Irlande, en Amérique du Nord, en Australie et Nouvelle-Zélande, mais aussi dans plus de 80 autres pays de par le monde. Pour des raisons qui tiennent plus à la géographie de l'Europe, où se situe la plupart des apprenants d'Assimil, nous avons opté pour l'anglais britannique. Dans la mesure où les différences entre celui-ci et d'autres variantes parlées ailleurs dans le monde se situent, pour un débutant, plus au niveau du vocabulaire qu'à la structure des phrases, nous donnons des équivalents américains de certains mots ou expressions courants.

◆ GRAMMAIRE
GENRE GRAMMATICAL

Il n'y a pas de genre grammatical en anglais pour les noms, les articles – définis [**the**, *le/la/les*] et indéfinis [**a**, *un/une*].
Pour les pronoms personnels sujets :
— la première personne du singulier, **I**, *je*, s'écrit toujours en majuscule ;
— **you** traduit *tu* et *vous* : il signifie aussi *vous* au pluriel, car l'anglais n'a ni tutoiement ni vouvoiement ;
— **he**, *il*, et **she**, *elle*, s'appliquent uniquement aux personnes de sexe masculin ou féminin ;
— pour tous les autres noms – par exemple, **a conference** – on emploie le pronom neutre **it** ;
— au pluriel, **they** s'applique systématiquement.

▲ CONJUGAISON
TO BE

- L'infinitif des verbes se forme avec **to** devant la racine. Le verbe **to be**, *être*, est irrégulier.
- Le présent ne compte que trois formes, contre six en français, et les verbes réguliers sont encore plus simples !
- La forme négative nécessite simplement l'ajout de **not** après le verbe.
- La forme interrogative aussi se forme simplement : le verbe et pronom sont inversés.

Conjugaison au présent	Forme négative	Forme interrogative
I am *je suis*	**I am not** *je ne suis pas*	**am I…?** *suis-je…?*
you are *tu es/vous êtes*	**you are not** *tu n'es/vous n'êtes pas*	**are you…?** *es-tu ?/êtes-vous…?*
he/she/it is *il/elle est*	**he/she/it is not** *il/elle n'est pas*	**is he/she/it…?** *est-il/-elle…?*
we/they are *nous sommes/ils-elles sont*	**we/they are not** *nous ne sommes/ils-elles ne sont pas*	**are we/they…?** *sommes-nous/sont-ils-elles…?*

LES CONTRACTIONS

Dans l'anglais oral courant et familier, et à l'écrit dans les e-mails, les courriers ou encore dans les dialogues d'un roman, on « escamote » les voyelles des auxiliaires.

Ainsi, pour **to be** :

Affirmatif	Négatif	
I'm	I'm not	
you're	you aren't	you're not
he's/she's/it's	he/she/it isn't	he's/she's/it's not
we're/they're	we/they aren't	we're/they're not

LES « TAGS »

• Au lieu de répondre à une question par un simple **Yes**, *Oui* ou **No**, *Non*, considéré comme trop abrupt, on reprend l'auxiliaire utilisé dans l'interrogation. Il n'y a pas d'équivalent exact en français :
Is he Scottish? – Yes he is. *Est-il écossais ? – Oui [en effet].*

• En cas de réponse négative, on ajoute **not** :
Are they at the conference? – No they are not. *Sont-ils [ou elles] au colloque ? – Non [ils/elles ne le sont pas].*

• Le mécanisme est assez simple, mais faites attention à la première personne du singulier et à la première personne du pluriel : **Are you from Liverpool? – Yes I am.** *Êtes-vous de Liverpool ? – Oui (je le suis).* **Are we expected? – Yes you are.** *Sommes-nous attendus ? – Oui (vous l'êtes).*

LA FORME INTERROGATIVE

• Les questions posées avec le verbe **to be** se forment, comme en français, par simple inversion de la structure de la phrase : **You are Scottish. Are you Scottish?** *Vous êtes écossais(e). Êtes-vous écossais(e) ?*

• Les questions ouvertes se forment avec des mots commençant par **wh-** qui se placent, comme en français, au début de la phrase :
Where are you? *Où êtes-vous ?*
What? *Quel ? Qu'est-ce ?*
Where? *Où ?*
When? *Quand ?*
Why? *Pourquoi ?*
Who? *Qui ?*
ainsi que **How?** *Comment ?*

VOCABULAIRE

to be *être*
to be right *avoir raison*
to meet *rencontrer*
to recognise *reconnaître*
to see *voir*

a conference *un colloque. Ce mot est un faux ami, puisqu'une conférence se traduit en anglais par un autre faux ami :* **a lecture** *!*
a home *un foyer*
a husband *un mari*
a kid *un gamin, mot familier pour* **a child**, *un enfant*
a man *un homme*
a name *un nom – normalement le prénom et nom de famille ensemble*
a first name *un prénom*
a morning *un matin*
a son *un fils. Attention : le « o » se prononce comme un « u »*
a wife *une épouse*
a woman *une femme (pluriel irrégulier,* **women**. *Attention : le « o » se prononce comme un « i »)*

at home *à la maison*
easy *facile*
free *libre*
good *bon, bien*
here *ici*

registered *inscrit*
today *aujourd'hui*
there *là-bas*
too *aussi*
well *(adverbe) bien*
with *avec*
young *jeune*

please *s'il vous plaît, litt. plaire*
thank you *merci, litt. remercier vous*

Good morning. *Bonjour.*
Great! *Super ! litt. grand, comme dans* **Great Britain**, *Grande-Bretagne*
Hello. *Bonjour.*
How are you? *Comment allez-vous ?*
Pleased to meet you. *Heureux (-euse) de vous rencontrer.*
See you later. *À plus tard.*
Very well. *Très bien.*
You're right. *Vous avez/Tu as raison.*

● EXERCICES

Pour les exercices enregistrés, signalés par le pictogramme 🔊, vous devrez dans certains cas faire d'abord votre exercice et vérifier ensuite vos réponses à l'aide de l'audio, dans d'autres cas vous devrez d'abord écouter l'audio pour pouvoir répondre correctement aux questions. Toutes les réponses sont données dans la partie "Corrigés" en fin d'ouvrage.

1. REMPLACEZ LA FORME COMPLÈTE DU VERBE *TO BE* PAR LA CONTRACTION.

a. I am Scottish. →

b. You are from Liverpool. →

c. She is here and he is over there. →

d. It is not easy. →

2. TRANSFORMEZ LES PHRASES DE L'EXERCICE 1 EN QUESTIONS.

a. →

b. →

c. →

d. →

🔊 3. COMPLÉTEZ CES PHRASES AVEC LE PRONOM INTERROGATIF ADAPTÉ.

03

a. .... is your name please? *Quel est votre nom s'il vous plaît ?*

b. .... is your wife? *Où est votre épouse ?*

c. .... is the conference? *Quand est [a lieu] le colloque ?*

d. .... is that woman? *Qui est cette femme ?*

e. .... are you here? *Pourquoi êtes-vous ici ?*

f. .... are you today? *Comment allez-vous aujourd'hui ?*

4. TRADUISEZ CES PHRASES.

a. Nous sommes ici pour le colloque. →

b. Super ! À tout à l'heure. →

c. Votre femme est-elle ici ? – Oui. →

d. D'où viens-tu, Jim ? →

2. PREMIÈRE CONVERSATION

FIRST CONVERSATION

OBJECTIFS

- AFFIRMER
- QUESTIONNER
- DEMANDER ET DIRE SON ÂGE
- INVITER

NOTIONS

- LE PLURIEL
- LA PLACE DES ADJECTIFS QUALIFICATIFS
- LES ADJECTIFS DÉMONSTRATIFS
- LES ADJECTIFS POSSESSIFS
- L'ARTICLE DÉFINI
- TO HAVE

DES QUESTIONS IMPORTANTES

(À l'aéroport de Manchester)
– Bonsoir Madame. Bienvenue à Manchester. Quelque chose à déclarer ?

– Non, je n'ai rien à déclarer (Monsieur) [l']agent.

– J'ai des questions [pour vous] à vous poser. Est-ce d'accord ?

– Oui. Allez-y.

– Quel est l'objet de votre visite ? Êtes-vous ici pour (le) travail ou le plaisir [les loisirs] ?

– J'habite à New York et je suis ici pour (en) affaires pour trois ou quatre jours. Notre société a du travail [à faire] en centre-ville.

– Quelle est votre profession ?

– Je suis [une] consultante en gestion.

– Est-ce un travail intéressant ?

– Oui, c'est vraiment très intéressant.

– Vous avez de la chance [êtes chanceux(se)]. Bon [maintenant], est-ce votre sac à main ?

– Ce n'est pas un sac à main. C'est une serviette. Voici [Ceci] est mon sac à main.

– Et est-ce que ce sont [sont-ce] vos clés de voiture ?

– Non, ce sont mes clés de maison. Voici [Celles-ci sont] mes clés de voiture.

– Bien sûr. Excusez-moi [mes excuses].

– Est-ce tout ?

– Presque. Quel âge avez [êtes]-vous ?

– C'est une question étrange ! J'ai [Je suis] 29 (ans).

– Êtes-vous mariée ?

– Non [je ne suis pas], je suis célibataire. Pourquoi ?

– Alors êtes-vous libre pour dîner ce soir ?

– J'ai bien peur que non. Je suis occupée.

04 — SOME IMPORTANT QUESTIONS

(At Manchester airport)
– Good **eve**ning, madam. **Wel**come to **Man**chester. **Any**thing to de**clare**?

– **No**, I have **no**thing to de**clare**, officer.

– **I** have some **ques**tions for **you**. Is that **OK**?

– **Yes**, it **is**. Go a**head**.

– What is the **pur**pose of your **vi**sit? Are you **here** for **work** or **plea**sure?

– I **live** in New **York** and I'm **here** on **bus**iness for **three** or **four** days. Our **com**pany has some **work** to **do** in the **ci**ty **cen**tre.

– **What** is your pro**fess**ion?

– I'm a **man**agement con**sul**tant.

– Is **that** an **in**teresting **job**?

– **Yes**, it's **ve**ry **in**teresting.

– You're **lu**cky! Now, is **that** your **hand**bag?

– It's not a **hand**bag. It's a **brief**case. **This** is my **hand**bag.

– And are **those** your **car** keys?

– **No**, they're my **house** keys. **These** are my **car** keys.

– Of **course**. My a**po**logies.

– Is **that all**?

– **Al**most. How **old** are you?

– That's a **ve**ry strange **ques**tion! I'm **twen**ty-**nine**.

– Are you **ma**rried?

– **No**, I'm not, I'm **sin**gle. **Why**?

– Then **are** you **free** for **din**ner this **eve**ning?

– I'm a**fraid not**. I'm **bu**sy.

■ COMPRENDRE LE DIALOGUE
FORMULES ET EXPRESSIONS

→ **Madam** et **Sir** sont des civilités employées dans les situations formelles pour s'adresser à un inconnu ou pour attirer son attention.

→ **Go ahead** : *Allez-y*, littéralement *aller en avant,* est une expression qui répond à une demande de permission. Assurez-vous de bien aspirer le « h » !

→ **purpose** : du français *propos*, signifie le but ou l'objet d'une action. La question **What is the purpose of...?** est utilisée dans des situations formelles mais courantes, comme ici à la douane.

→ **car keys**, **handbag** : en anglais, on forme des noms composés inversement au français. Ainsi : **car keys**, *clés de voiture* ; **handbag**, *sac à main*.

NOTE CULTURELLE

OK est peut-être l'anglicisme — ou plutôt l'américanisme — le plus connu au monde. Les théories vont bon train sur son origine, allant du cri de ralliement d'un candidat présidentiel natif de la ville de Old Kinderhook (Missouri) à une invitation à un rendez-vous galant lancée par des filles de joie aux marins francophones arrivant à La Nouvelle-Orléans : « Venez aux quais ! » Quoi qu'il en soit, **OK** est internationalement compris et grammaticalement polyvalent. En anglais, il peut être utilisé comme adjectif. **An OK dinner**, *Un dîner acceptable* ; comme verbe : **He OK'd the plan.** *Il a donné le feu vert au projet.* ; comme adverbe : **Is it OK to go?** *Puis-je y aller ?* ; et enfin comme nom : **Give me the OK**, *Donne-moi l'accord.* Cette souplesse est un trait distinctif de la langue anglaise, car les catégories grammaticales sont moins nombreuses et plus poreuses qu'en français.

◆ GRAMMAIRE
DEMANDER ET DIRE SON ÂGE

En anglais, on « est » son âge, sans préciser le mot *année* : **I am 29.** *J'ai 29 ans.* Ainsi, pour demander l'âge de quelqu'un, on utilise le verbe **to be** : **How old are you?** *Quel âge avez-vous/as-tu ?* Littéralement *Combien vieux ?* Pour répondre, voici les vingt premiers chiffres :

1	one	11	eleven
2	two	12	twelve
3	three	13	thirteen
4	four	14	fourteen
5	five	15	fifteen
6	six	16	sixteen
7	seven	17	seventeen
8	eight	18	eighteen
9	nine	19	nineteen
10	ten	20	twenty

LE PLURIEL

Le pluriel d'un nom se forme en ajoutant un « s » au singulier. Si le mot se termine en « s », comme **a bus**, il suffit d'ajouter un « e » : **buses**.

Néanmoins, il existe plusieurs exceptions, comme **a child**, *un enfant*, **children**, *des enfants*. Ces singularités sont peu nombreuses et suivent une certaine logique… régulière !

LA PLACE DES ADJECTIFS QUALIFICATIFS

Vous avez sans doute noté que l'adjectif qualificatif se place toujours devant le nom : **a strange question**, *une question étrange* ; **a Scottish accent**, *un accent écossais* ; etc. Nous y reviendrons.

LES ADJECTIFS DÉMONSTRATIFS

Les adjectifs démonstratifs **this** et **that** (au pluriel, **these** et **those**) indiquent l'emplacement d'un objet, d'un individu, etc., par rapport à la personne qui parle. Cette notion de position dans l'espace est importante en anglais. Pour mémoriser la différence entre ces démonstratifs, imaginez que vous montrez du doigt l'endroit où se trouve la chose dont vous parlez : **this/these** est près de moi, tandis que **that/those** est éloigné, là-bas.

LES ADJECTIFS POSSESSIFS

Vous connaissez **my**, *mon, ma, mes* et **our**, *notre*. Voici tous les adjectifs possessifs :

my car	*ma voiture*
your help	*votre/ton aide*
his/her/its name	*son nom*
our son	*notre fils*
their children	*leurs enfants*

Puisque les noms anglais n'ont pas de genre, le choix de l'adjectif pour la troisième personne du singulier dépend du genre du possesseur : **his name**, *son nom, à lui*, **her name**, *son nom, à elle*, **its name** le nom d'un animal, d'une entreprise, etc.

L'ARTICLE DÉFINI

L'article défini **the** s'emploie souvent de la même manière que *le/la/les* en français, mais pas toujours ! Les règles sont assez complexes, mais la pratique est intuitive. Par exemple, il est omis devant un nom considéré comme une généralisation : **Are you here for business or pleasure?** *Êtes-vous ici pour le travail ou les loisirs ?* Dans cette interrogation, les deux noms ne sont pas spécifiques, car on ne sait ni de quel travail ni quel plaisir il s'agit.

▲ CONJUGAISON
TO HAVE

Ce verbe important signifie *avoir*. Il indique la possession mais peut aussi, comme en français, être un auxiliaire. Voici sa conjugaison au présent :

Forme affirmative		Forme négative	
I have *j'ai*	I've	I have not *je n'ai pas*	I haven't
you have *tu as/ vous avez*	you've	you have not *tu n'as/ vous n'avez pas*	you haven't
he/she/it has *il/elle a*	he's/she's/ it's	he/she/it has not *il/elle n'a pas*	he/she/it hasn't
we have *nous avons*	we've	we have not *nous n'avons pas*	we haven't
they have *ils/elles ont*	they've	they have not *ils/elles n'ont pas*	they haven't

Attention ! La troisième personne du singulier de **to have** (**he's/she's/it's**) est identique à celle de **to be**, c'est donc le contexte qui détermine le verbe employé.

2. Première conversation

VOCABULAIRE

to be busy *être occupé(e)*
to declare *déclarer*
to go *aller*
to have *avoir (verbe et auxiliaire)*
to live *vivre, habiter*

a briefcase *une serviette (à documents)*
a company *une société (pensez à une compagnie)*
a car *une voiture*
a house *une maison*
apologies/an apology *des excuses/une excuse*
a child/children *un enfant/ des enfants*
a dinner *un dîner*
an evening *une soirée*
a handbag *un sac à main* (**hand**, *main* ; **bag**, *sac*)
a key *une clé*
a pleasure *un plaisir.* Dans le dialogue, c'est le plaisir.
a purpose *un but, un objet*
a question *une question*
a visit *une visite*
work *du travail.* L'absence d'article indéfini (**a, an**) devant un nom signifie qu'il est indénombrable.

almost *presque*
free *libre ou gratuit*
married *marié(e)*
nothing *rien.* Composé du négatif **no** *(non, pas)* et **thing**, *une chose.*
single *simple, célibataire.* Vous connaissez sans doute le nom **a single**, *un disque contenant un seul morceau ou une seule chanson.*
some *du/de la/des.* Il indique une quantité indéfinie : **I have some questions**. *J'ai des questions.* **She has some work to do.** *Elle a du travail [à faire].* **Some** est toujours utilisé dans une phrase affirmative.
strange *étrange.* Étrange en français est devenu **strange** en anglais, tout comme *une étable* est **stable** et *une éponge*, **a sponge**. De même, dans des mots français avec un accent circonflexe, l'anglais a restauré la lettre « s » : *la côte*, **the coast** ou encore *l'hôpital*, **the hospital**. Connaître ces mécanismes vous aidera à accroître votre vocabulaire malgré certains faux amis !

Go ahead *Allez-y, litt. aller de l'avant*
I'm afraid not *J'ai bien peur que non*
My apologies *Mes excuses*
How old are you? *Quel âge avez-vous ?*
You're lucky *Vous avez de la chance, litt. vous êtes chanceux(se)*

EXERCICES

1. METTEZ L'ADJECTIF POSSESSIF QUI CORRESPOND AU PRONOM.

a. (I) .... apologies.

b. (he) .... son is in Liverpool.

c. (they) .... children are at home.

d. (she) .... handbag is in (she) .... briefcase.

2. TRANSFORMEZ CES PHRASES EN QUESTIONS.

a. That's an interesting job. ....

b. These are your house keys. ....

c. She's free for dinner. ....

d. That is her handbag. ....

3. COMPLÉTEZ LA PHRASE AVEC LE MOT ADAPTÉ.

a. How old .... she? *Quel âge a-t-elle ?*

b. .... is .... profession? – He's a consultant. *Quelle est sa profession ? – Il est consultant.*

c. Are .... keys? – No, ... *Est-ce que ce sont [Sont-ce] vos clés ? – Non.*

d. .... a strange question. *C'est une question étrange.*

4. ÉCOUTEZ L'ENREGISTREMENT ET ÉCRIVEZ CES CHIFFRES EN TOUTES LETTRES.

04

a. 3 ....
f. 9 ....

b. 7 ....
g. 13 ....

c. 12 ....
h. 4 ....

d. 6 ....
i. 20 ....

e. 15 ....

5. TRADUISEZ CES PHRASES.

a. Êtes-vous libre pour dîner ce soir ? – J'ai bien peur que non.
→

b. J'habite à New York. Je suis ici pour affaires et je suis très occupée.
→

3. DISCUTER AVEC UN INCONNU

TALKING TO A STRANGER

OBJECTIFS	NOTIONS
- DEMANDER SON CHEMIN - INDIQUER DES DIRECTIONS	- LES ADJECTIFS INVARIABLES - THERE IS/THERE ARE - ANY ET SOME - LES NOMBRES ORDINAUX - LE PRÉSENT - IT'S/ITS

UNE SOLUTION FACILE

– Excusez-moi, y a-t-il un distributeur de billets près [d']ici ? Je veux retirer [prendre] de l'argent.

– Non, il n'y en a [n'est] pas. Mais il y a des banques.

– Y a-t-il des bureaux de poste ?

– Non, mais il y a une maison de la presse [agent de nouvelles] avec un DAB.

– Ah, bien. Est-ce loin ? Je suis fatiguée.

– Pas du tout. C'est juste derrière vous. Mais c'est fermé le [sur] dimanche. Il y a un grand supermarché sur la grand-rue [haute rue] qui [et il] est ouvert tous [les] jours.

– Comment s'appelle-t-il ?

– Son nom est Good Buys [enseigne signifiant Bons Achats].

– Merci beaucoup pour votre aide.

– Je vous en prie [mon plaisir].

(Plus tard)

– Je suis perdue. Pouvez-vous m'indiquer [me dire] le chemin pour [à] Low Road [la route basse] ?

– Où est-ce ?

– Apparemment, il y a un supermarché avec un distributeur [machine à espèces].

– Ah, vous voulez dire la grand-rue ? Vous y êtes presque. Vous tournez (à) gauche aux feux de signalisation sur West Street [litt. rue de l'Ouest]. Prenez la première rue sur votre gauche et puis la seconde sur votre droite après le rond-point. Il y a deux petites boulangeries et une épicerie [un magasin de coin]. Good Buys est à côté de la nouvelle station-service.

– C'est trop loin ! Avez-vous de l'argent ?

05   AN EASY SOLUTION

– Ex**cuse** me, is there a **cash** ma**chine** near **here**? I **want** to **get** some **mo**ney.

– **No** there **is**n't. But there are some **banks**.

– Are there any **post off**ices?

– **No**, but there's a **news**agent with an **ATM**.

– Oh **good**. **Is** it **far**? I'm **tired**.

– **Not** at **all**. It's **just** be**hind** you. But it's **closed** on **Sun**day. There's a big **su**permarket on the **high street** and it's **o**pen **ev**ery day.

– **What**'s it **called**?

– Its name is **Good Buy**s.

– **Thanks** very **much** for your **help**.

– My **plea**sure.

(Later)

– I'm **lost**. **Can** you **tell** me the **way** to **Low** Road?

– **Where** is **that**?

– A**ppar**ently, there's a **su**permarket with a **cash** ma**chine**.

– **Oh**, you **mean** the **high** street? You're **al**most **there**. You turn **left** at the **traf**fic lights on **West** Street. Take the **first** street on your **left** and then the **sec**ond on your **right** after the **round**about There are two **small bak**eries and a **cor**ner **shop**. **Good Buy**s is **next** to the new **pet**rol station.

– That's **too far**! Have **you** got any **mo**ney?

■ COMPRENDRE LE DIALOGUE
FORMULES ET EXPRESSIONS

→ **What's it called?** *Comment s'appelle-t-il ?* **To call**, *appeler*, s'emploie comme en français, à la fois pour nommer quelque chose ou quelqu'un et pour téléphoner. La forme nominale **a call** signifie *un appel (téléphonique)*. Votre téléphone portable anglais vous prévient : **You have new calls.** *Vous avez de nouveaux appels.*

→ **My pleasure**, *Tout le plaisir est pour moi* ou **It's a pleasure**, *Je vous en prie* sont des expressions très utiles pour répondre à des remerciements.

→ **the way**, *la voie* ou *le chemin*, est fréquemment employé pour demander une direction : **Can you tell me the way to…?** *Pouvez-vous m'indiquer le chemin du… ?* Dans un bâtiment public, vous pouvez voir des panneaux de signalisation indiquant **Way In**, *Entrée* (litt. *la voie pour aller dedans*) et **Way Out**, *Sortie*.

→ Les jours de la semaine commencent par une capitale, et l'accent tonique se trouve toujours sur la première syllabe. Ils se terminent tous en **-day**, *jour*, comme leurs équivalents français qui finissent en **-di** (dérivé de *dies*, jour, en latin) **Monday**, *lundi* ; **Tuesday**, *mardi* ; **Wednesday**, *mercredi* ; **Thursday**, *jeudi* ; **Friday**, *vendredi* ; **Saturday**, *samedi* ; **Sunday**, *dimanche*.

→ **west**, *ouest*. Les autres points cardinaux sont **north**, *(le) nord*, **south**, *(le) sud* et **east**, *(l')est*. Rappelons que le son de la double voyelle **ea** dans ce dernier mot, [i:ist], est plus long que le [i] français.

NOTE CULTURELLE

The high street est la rue commerçante d'une ville britannique, équivalent de notre *grand-rue*. L'anglais emploie deux mots pour *rue* : **street** et **road**, et bien que ce dernier signifie aussi *route* (**a main road**, *une route principale*), il figure aussi dans les noms propres de certaines voies, dont la célèbre Portobello Road à Londres. Utilisé de manière allusive comme un nom ou un adjectif, **high street** se rapporte au commerce de détail en général. On y trouve des commerces de bouche – **a bakery** *une boulangerie*, **a butcher** *une boucherie*, **a grocery** *une épicerie*, **a greengrocer** *un primeur*, **a fishmonger** *une poissonnerie* – mais aussi **a newsagent** *une maison de la presse* ou *un marchand de journaux,* ou encore **an ironmonger** *une quincaillerie* (le suffixe **monger** vient d'un vieux mot pour un revendeur). Presque chaque rue en Grande-Bretagne possède **a corner shop**, litt. *un magasin de coin*, qui est un commerce de proximité, mélange d'épicerie et de maison de la presse notamment.

◆ GRAMMAIRE
LES ADJECTIFS INVARIABLES

Tous les adjectifs sont invariables et se placent devant le nom qu'ils décrivent : **two big supermarkets**, *deux grands supermarchés*. Ainsi, l'enseigne du supermarché dont il est question dans le dialogue — les Bons Achats — se nomme **Good Buys**, sans **-s** à **good**.

THERE IS/THERE ARE

Nous avons déjà fait la connaissance de **there** comme adverbe (**over there**, *là-bas*). Avec le verbe **to be** conjugué, **there is/there are**, il exprime la notion de *il y a*.

	Forme affirmative	Forme négative
Singulier	**There is a bank on York Street.** *Il y a une banque sur la rue York.*	**There is not …** Contraction : **there isn't**
Pluriel	**There are two supermarkets on York Street.** *Il y a deux supermarchés sur la rue York.*	**There are not …** Contraction : **there aren't**. À l'oral, cette contraction n'est pas utilisée, car elle est trop difficile à prononcer !

ANY ET SOME

Some s'emploie dans des constructions affirmatives pour traduire *du/de la/des*. Il devient **any** dans une phrase interrogative ou négative, toujours pour désigner une quantité indéterminée :
Are there any banks near here? *Y a-t-il des banques près d'ici ?*
I haven't got any money. *Je n'ai pas d'argent.*
There aren't any newsagents in the city centre. *Il n'y a pas de maison de la presse en centre-ville.*
Retenez bien ces structures avec **some** et **any**, car nous retrouverons ces deux adjectifs dans certains mots composés, comme **anything**, qui suivent les mêmes règles.

LES NOMBRES ORDINAUX

L'accent tonique se trouve toujours sur la première syllabe. La terminaison distinctive des ordinaux (à partir du 4e) est **-th**, et le **-y** terminal qui marque la dizaine, à partir de **twenty**, se transforme en **-i** : **twentieth**.

first	premier/ière	eleventh	onzième
second	deuxième	twelfth	douzième
third	troisième	thirteenth	treizième
fourth	quatrième	fourteenth	quatorzième
fifth	cinquième	fifteenth	quinzième
sixth	sixième	sixteenth	seizième
seventh	septième	seventeenth	dix-septième
eighth	huitième	eighteenth	dix-huitième
ninth	neuvième	nineteenth	dix-neuvième
tenth	dixième	twentieth	vingtième

▲ CONJUGAISON
LE PRÉSENT

Tous les verbes, sauf les auxiliaires de modalité et **to be/to have**, se conjuguent ainsi :

to turn, *tourner*	
I turn	*je tourne*
he/she/it turns	*il/elle tourne*
we turn	*nous tournons*
you turn	*vous tournez*
they turn	*ils/elles tournent*

Simple, non ? Les règles concernant la prononciation du **-s** de la troisième personne sont les mêmes que celles qui s'appliquent à la forme plurielle (voir Modules n° 1 et n° 2). Nous verrons plus tard, dans le Module n° 8, les formes négative et interrogative.

IT'S/ITS

Ne confondez pas l'adjectif possessif neutre **its**, *son, sa, ses* (voir Module n° 2) et la contraction **it's** de **it is**, *il/elle est*. La prononciation est identique, mais le sens est, bien sûr, très différent.

VOCABULAIRE

to be tired *être fatigué*
to buy *acheter*
to call *appeler*
to get *obtenir, avoir. Ce verbe a mille facettes ! Retenez pour le moment ces deux sens.*
to mean *vouloir dire, signifier*
to tell *dire, indiquer*
to take *prendre*
to turn *tourner*

an ATM (automated teller machine) *un DAB*
a bakery *une boulangerie*
a bank *une banque*
a cash machine *automate bancaire, litt. machine [à] espèces*
a day *un jour, une journée*
the high street *la grand-rue, litt. haute rue*
help *de l'aide*
money *l'argent*
a newsagent *une maison de la presse, un marchand de journaux*
a petrol station *une station-service*
a post office *un bureau de poste*
a shop *un magasin*
a supermarket *un supermarché*

north *nord*
south *sud*
east *est*
west *ouest*

the way *le chemin*
behind *derrière*
big *grand*
closed *fermé (du verbe* **to close** *fermer)*
every *chaque, tous*
far *loin*
high *haut*
left *la/à gauche*
next to *à côté de*
low *bas*
open *ouvert (du verbe* **to open** *ouvrir)*
right *là/à droite*
small *petit*
too *trop*

Oh good *C'est bien*
My pleasure *Je vous en prie*
Not at all *Pas du tout*
Thanks very much for your help *Merci beaucoup pour votre aide*

● EXERCICES

1. COMPLÉTEZ LES PHRASES SUIVANTES AVEC *SOME* OU *ANY*.

a. Are there .... newsagents in the high street?
Y a-t-il des marchands de journaux dans la rue commerçante ?

b. There are .... supermarkets, but they're closed.
Il y a des supermarchés, mais ils sont fermés.

c. Has he got .... money?
A-t-il de l'argent ?

d. I have .... work to do this morning.
J'ai du travail [à faire] ce matin.

2. ÉCRIVEZ EN TOUTES LETTRES CES JOURS.

a. Le jeudi 11 : ....

b. Le mardi 4 : ....

c. Le samedi 2 : ....

d. Le lundi 12 : ....

🔊 3. ÉPELEZ CES MOTS À HAUTE VOIX, PUIS CONTRÔLEZ VOTRE PRONONCIATION EN ÉCOUTANT L'ENREGISTREMENT.
05

a. MACHINE
b. HIGH STREET
c. BAKERY
d. MONEY
e. PETROL
f. LOW LIGHT
g. NEWSAGENT

4. TRADUISEZ CES PHRASES.

a. Merci beaucoup pour votre aide. – Je vous en prie.
→

b. Excusez-moi, est-ce qu'il y a un DAB près d'ici ?
→

c. La maison de la presse est juste derrière vous, mais elle [c']est fermée.
→

d. Est-ce loin ? Ils sont très fatigués. – Pas du tout.
→

4. CONVERSATION DOMESTIQUE

A DOMESTIC CONVERSATION

OBJECTIFS

- INDIQUER LA POSSESSION PAR LE CAS POSSESSIF
- LA CONTRACTION DE LA FORME NÉGATIVE

NOTIONS

- IT
- EVERYTHING
- WHOSE
- LES PRONOMS POSSESSIFS
- LE CAS POSSESSIF
- TO DO

EN PAGAILLE

– Ian, cette pièce est en [une] pagaille ! Regarde [à] tous ces vêtements ! Il y a des chaussettes, des chemises, des cravates, des shorts, des maillots de corps et des pantalons partout. Toi et ton frère êtes tellement désordonnés – surtout [spécialement] toi !

– Non [nous ne le sommes pas]. Nous sommes juste un peu désorganisés.

– À qui est ce [sont ces] jean sur la chaise ? Il est [ils sont] à toi, n'est-ce pas ?

– Ce n'est [ils ne sont] pas le mien [les miens], vraiment [honnêtement]. C'est [Ceux-là sont] le jean [jeans] de Sandy.

– Il n'y a pas de place du tout par terre [sur le plancher] ! Et à qui est cette veste en cuir sous le lit ?

– Je pense que c'est la mienne.

– Non [ce ne l'est pas]. C'est la veste préférée [favorite] de ton frère. Je la reconnais.

– Es-tu sûr que c'est à lui ? Elle est trop petite pour Sandy.

– [De] quelle couleur est la tienne ?

– Désolé, je me suis trompé [mon erreur]. C'est la sienne. La mienne est noire – et celle de Sandy est sale.

– Sarah a une veste comme ça aussi, mais (la) sienne est grise. De toute façon, Sarah n'est pas comme vous. Ta sœur est bien ordonnée.

– En fait, je suis vraiment très organisé. Je sais où tout se trouve [tout est].

– Tu plaisantes, Ian ! C'est ridicule.

– Non [je ne suis pas]. Si tout est par terre, alors je sais où c'est. Je ne suis pas désordonné, je suis simplement créatif.

– Ah ça non [tu n'es pas] ! Tu es désordonné. À l'avenir [Dans l'avenir], c'est ton boulot [à toi] de faire le ménage.

06 — A MESS

— Ian, this **room** is a **mess**! **Look** at all these **clothes**! There are **socks**, **shirts**, **ties**, **shorts**, **vests** and **trou**sers **e**verywhere. **You** and **your bro**ther are so untidy — e**spec**ially you!

— **No**, we're **not**. We're **just** a little dis**or**ganised.

— **Whose** are these **jeans** on the **chair**? They're **yours**, **are**n't **they**?

— They aren't **mine**, **hon**estly. **Those** are **San**dy's jeans.

— There **is**n't **a**ny **space** at **all** on this **floor**! And **whose** is **this lea**ther **jack**et **un**der the **bed**?

— I **think** that it's **mine**.

— **No** it's **not**. That's your **bro**ther's **fa**vourite **ja**cket. I **re**cognise it.

— Are you **sure** it's **his**? It's **too small** for **Sa**ndy.

— What **co**lour is **yours**?

— **So**rry, my mis**take**. It **is** his. Mine's **black** — and Sandy's is **dir**ty.

— **Sa**rah has a **jack**et like **that** as **well**, but **hers** is **grey**. **A**nyway, **Sarah's** not **like** you. Your **sis**ter's **ti**dy.

— **Ac**tually I'm **rea**lly **ve**ry **or**ganised. I **know** where **ev**erything is.

— You're **joking** Ian! That's ri**dic**ulous.

— **No** I'm **not**. If **ev**erything's on the **floor**, then I **know** where it **is**. I'm not **un**tidy, I'm just cre**a**tive.

— **Oh no** you're **not**! You're **mess**y. In **fu**ture, it's **your** job to **do** the **house**work.

■ COMPRENDRE LE DIALOGUE
FORMULES ET EXPRESSIONS

→ **You're joking!** *Tu plaisantes ?* Vous reconnaissez certainement la racine du mot **joker**, le plaisantin qui figure sur la carte à jouer éponyme. Cette expression emploie la forme continue du verbe **to joke**, *plaisanter* (voir Module n° 14).

→ **Sorry, my mistake**, *Désolé, je me suis trompé.* **Sorry about that.** *Vraiment désolé.* Ces deux expressions courantes permettent de s'excuser. **Sorry** permet aussi d'attirer l'attention de quelqu'un, de demander de répéter, etc.

→ **jeans, trousers, shorts, clothes** : certains noms sont pluriels en anglais, surtout des vêtements dits « à deux jambes » (dont **pyjamas**). De même, une poignée de noms anglais n'existent qu'à la forme plurielle. C'est le cas pour **clothes** : **His clothes are dirty**, *Ses vêtements (à lui) sont sales.*

→ Après **black**, *noir,* et **grey** (ou **gray** en anglais américain), *gris,* voici d'autres couleurs : **red**, *rouge* ; **yellow**, *jaune* ; **white**, *blanc* ; **green**, *vert* ; **pink**, *rose* ; **blue**, *bleu* ; **orange**, *orange* ; **brown**, *brun marron* ; **purple**, *violet pourpre.* Les quatre derniers partagent quasiment la même racine que leurs équivalents français.

NOTE CULTURELLE

Vous entendrez souvent le mot d'excuse **sorry** qui introduit beaucoup de phrases, notamment pour s'adresser à un inconnu. La retenue des Britanniques traduit le désir de ne pas s'imposer aux autres. Par exemple, pour demander l'heure, un Anglais dira : **Sorry, do you have the time?** (Attention, ne confondez pas **time** et **weather** qui ne désignent pas le même temps…) Préparez-vous à des échanges empreints de courtoisie outre-Manche, à tel point que, avant de se permettre un juron, un Anglais bienséant pourrait vous dire **Pardon my French!** car il est bien connu que seuls les étrangers se permettent de tels écarts.

GRAMMAIRE
IT

En anglais, les substantifs — et donc les articles indéfinis — n'ont pas de genre. Le pronom neutre **it** désigne des choses : **I know where it is**, *Je sais où c'est.* Mais **it** s'emploie aussi à la forme impersonnelle, tout comme en français : **Is it far?** *Est-ce loin ?* ou encore comme démonstratif : **It's your brother's jacket.** *C'est la veste de ton frère.*

EVERYTHING

Construit sur le même modèle que **something** et **anything**, ce pronom est composé de **every**, *chaque*, et **thing**, *chose*. Invariable, il se traduit par *tout* : **Everything is mine!** *Tout est à moi !* **I recognise everything.** *Je reconnais tout.* (Voir **nothing** : **no** + **thing**, *rien*, Module n° 2).

WHOSE

À la fois adjectif et pronom possessif invariable, **whose** s'emploie pour poser une question concernant la possession. Il se traduit généralement par *à qui* :
Whose shirts are those? *À qui sont ces chemises ?*
Whose is this jacket? *À qui est cette veste ?*
Vous remarquerez que l'ordre des mots varie selon que **whose** est un déterminant (**Whose shirts**) ou un pronom (**Whose is...**). En pratique, il n'y a pas de différence de sens.
Whose s'emploie aussi comme pronom relatif, mais nous verrons cela plus tard.

LES PRONOMS POSSESSIFS

Le mien, la sienne, à toi, etc. Les pronoms possessifs sont similaires aux adjectifs possessifs et se terminent pour la plupart en **-s**. Invariables, ils ne sont pas précédés d'un article.

Adjectif possessif	Pronom possessif	Exemple
my	mine *le mien, la mienne, les miens, les miennes*	**Mine's black.** *Le mien est noir.*
your	yours *le vôtre, etc.*	**Which shirt is yours?** *Quelle chemise est la tienne/vôtre ?*
his	his *le sien, etc.*	**The briefcase is his and the handbag is hers.** *La serviette est la mienne et le sac à main est le sien.*
her	hers *la sienne, etc.*	
our	ours *le nôtre, etc.*	**These clothes are ours.** *Ces vêtements sont les nôtres.*
their	theirs *le leur, etc.*	**The money is theirs.** *L'argent est le leur.*

LE CAS POSSESSIF

Il s'applique à des êtres vivants ou assimilés (groupes, institutions, etc.). La possession est indiquée par l'ajout de **-'s** au possesseur. L'ordre des mots est contraire au français, et l'article est supprimé : **Jim's wife is Scottish.** *La femme de Jim est écossaise.* **That's Mrs Fox's jacket.** *C'est la veste de Mme Fox.*

Lorsque le possesseur est un nom au pluriel, on ajoute juste l'apostrophe : **My kids' socks,** *Les chaussettes de mes gamins.*

Si le sujet de la phrase est évident, on peut se contenter du cas possessif seul : **Whose is that shirt? It's Ian's,** *À qui est cette chemise ? Elle est [C'est] à Ian.* **My shirt's black and Sandy's is grey,** *Ma chemise est noire et celle de Sandy est grise.*

Attention à ne pas confondre la contraction de **is** avec le cas possessif : **Sandy's here for the conference = Sandy is here for the conference.** mais : **Sandy's jacket is on the bed = The jacket of Sandy.** Dans la pratique, le sens de la phrase indique de quelle forme il s'agit. Il y a encore quelques petites règles, mais vous connaissez d'ores et déjà l'essentiel !

▲ CONJUGAISON
TO DO

Il signifie *faire* et sert aussi d'auxiliaire.

Affirmatif		Négatif		Interrogatif	
I do *je fais*		I do not/ don't *je ne fais pas*		Do I *Fais-je*	
you do *tu fais/vous faites*		you do not/ don't *tu ne fais pas/ vous ne faites pas*		Do you *Fais-tu/ Faites-vous*	
he/she/it does *il/elle fait*	the housework. *le ménage.*	he/she/it does not/doesn't *il/elle ne fait pas*	do the housework. *le ménage.*	Does he/she/it *Fait-il/elle*	do the housework? *le ménage ?*
we do *nous faisons*		we do not/ don't *nous ne faisons pas*		Do we *Faisons-nous*	
they do *ils/elles font*		they do not/ don't *ils/elles ne font pas*		Do they *Font-ils/elles*	

VOCABULAIRE

to do *faire*
to joke *plaisanter*
to know *savoir, connaître* (le « k » n'est pas prononcé : [noo])
to look at *regarder* (retenez bien la préposition **at**)
to recognise *reconnaître*
to think *penser*

as well *aussi bien*. Synonyme de **too**
anyway *quoi qu'il en soit, de toutes les façons*. Cet adverbe est très utilisé pour commencer une phrase.

a brother *un frère*
a chair *une chaise*
a colour (**color** *en américain*) *une couleur*
a floor *un sol*
housework *le ménage* (**house** *la maison*, et **work** *le travail*)
jacket *une veste* (remarquez le faux ami : **a vest** *un gilet*)
jeans *un jean*
leather *le cuir*
a mess *un désordre, une pagaille* (voir **messy**)
a mistake *une erreur*
a shirt *une chemise*
a sister *une sœur*
shorts *un short*
space *de l'espace*
a sock *une chaussette*
a tie *une cravate*
trousers *un pantalon*
a vest *un maillot de corps*
weather *le temps (climat)*

black *noir*
messy *désordonné* (voir **a mess**)
dirty *sale*
disorganised *désorganisé*
especially *surtout, spécialement*
everything *tout*
favourite *préféré, favori*
grey *gris*
honestly *honnêtement*
like *comme*. Retenez ce mot, car nous le rencontrerons plus tard, comme verbe.
ridiculous *ridicule*
small *petit*
tidy/untidy *ordonné, bien rangé/désordonné, en désordre*. Le préfixe **un-** s'emploie pour mettre certains adjectifs à la forme négative.
under *sous*
yesterday *hier*

Actually *En fait*
Are you sure? *Es-tu/Êtes-vous certain ?*
My mistake *Je me suis trompé*
Sorry *Désolé*
You're joking! *Tu plaisantes !*

● EXERCICES

1. METTEZ LES PHRASES SUIVANTES À LA FORME NÉGATIVE (DEUX FORMATS).

a. It's too small. ....

b. You are untidy. ....

c. We are very organised. ....

d. He's joking! ....

2. TRANSFORMEZ CES PHRASES AU CAS POSSESSIF, COMME DANS L'EXEMPLE.

Exemple : This is the favourite jacket of Sarah. This is Sarah's favourite jacket.

a. These are the clothes of my brothers. ....

b. Those are the trousers of Sandy. ....

c. Whose are those jeans? – They're the jeans of Ian. ....

3. REMPLACEZ L'ADJECTIF POSSESSIF PAR LE PRONOM POSSESSIF. (RAPPELONS QU'IL N'Y A PAS DE FORME PRONOMINALE DE *ITS*)

a. This is my shirt. ....

b. These are his socks. ....

c. That's her leather jacket. ....

d. Those are our keys. ....

🔊 4. TRADUISEZ CES PHRASES, PUIS ÉCOUTEZ L'ENREGISTREMENT POUR VÉRIFIER.

06
a. À qui sont ces clés ? – Elles sont à moi.
→

b. De toute façon, Sandy est ici pour le colloque. – Tu plaisantes ?
→

c. Ce jean est à moi. – Désolée, je me suis trompée.
→

d. Je ne suis pas désordonné, je suis juste un peu désorganisé !
→

e. Son pantalon (à lui) est noir et son short est gris.
→

f. Sa veste (à elle) est trop petite.
→

5. EN FAMILLE

THE FAMILY

OBJECTIFS

- OFFRIR/DONNER
- INVITER
- NOMMER LES RELATIONS FAMILIALES
- REMERCIER/FÉLICITER
- PARLER D'ACTIONS HABITUELLES

NOTIONS

- LES PRONOMS PERSONNELS COMPLÉMENTS
- LES PLURIELS (SUITE)
- LES ADVERBES DE FRÉQUENCE
- LE PRÉSENT SIMPLE
- LA FORME IMPÉRATIVE/LET'S

NOËL EN [AVEC LA] FAMILLE

– Les enfants sont très contents parce que demain c'est Noël. Nous leur offrons [donnons] en général beaucoup de jouets et de cadeaux. Toute la famille vient chez [à] nous pour le jour de Noël chaque année. Ma mère et (mon) père, bien sûr. Ma sœur Sally avec son mari et (leurs) deux bébés. Et mon frère Mike avec sa femme et (sa) fille. Nous les invitons toujours, mais Mike mange et boit généralement beaucoup trop.

– Qui prépare [cuisine] le repas [déjeuner] ? Les hommes ou les femmes ?

– Moi. Je nous prépare [cuisine] un énorme repas [pour nous], avec [de la] dinde, [des] légumes et [du] pudding. Je commence à 6 [heures] du matin et je termine à midi.

– C'est beaucoup de travail pour toi !

– Ce n'est pas trop mal, et j'y prends beaucoup de plaisir. Maintenant, s'il vous plaît, dressez la table ; voici les couteaux, les fourchettes, les cuillères, les assiettes et les verres.

(À table)

– Ce repas [Cette nourriture] est super, Sally. C'est absolument délicieux. Merci énormément d'avoir cuisiné [de faire la cuisine] pour nous. Vous êtes très gentille.

– Reprends-en [Aies plus], Mike. Il [y] en a [plein] assez pour tout le monde.

– Pas pour moi, merci. Mais les gamins ont faim et soif.

– En fait, je pense qu'ils veulent leurs cadeaux maintenant.

– D'accord, mais faisons la vaisselle d'abord [en premier].

– Non, nous pouvons tout mettre au lave-vaisselle. Allons ouvrir les cadeaux maintenant. Venez vite ici. Celui-là est pour Maggie. Peter, donne-le-lui s'il te plaît. Et celui-ci est pour toi, Mike. Ouvre-le vite, avec précaution.

– Waouh ! C'est très lourd. Est-ce un ordinateur portable ? Ou un livre (de) cuisine ? Oh non ! C'est un sac [de] sport et une paire de chaussures [de] course…

07 CHRISTMAS WITH THE FAMILY

– The **chil**dren are very **ha**ppy be**cause** to**mor**row is **Christ**mas. We **u**sually **give** them **lots** of **toys** and **pre**sents. All the **fa**mily comes to **us** for **Christ**mas Day every year. My **mo**ther and father, of course. My **sis**ter **Sal**ly with her **hus**band and two **ba**bies. And my **bro**ther **Mike** with his **wife** and **daugh**ter. We **al**ways in**vite** them, but Mike **ge**nerally **eats** and **drinks** too **much**.

– Who **cooks** the **di**nner? The **men** or the **wo**men?

– **Me**. I cook a **huge** meal for us, with **tur**key, **veg**etables and **pu**dding. I **start** at six in the **mor**ning and I **fi**nish at **noon**.

– That's a **lot** of **work** for you!

– It's **not** too **bad**, and I **re**ally en**joy** it. Now, **please**, **lay** the **ta**ble. Here are the **knives**, **forks**, **spoons**, **plates** and **glas**ses.

(At table)

– This **food** is **great**, **Sa**lly. It's abso**lut**ely de**li**cious. **Thank** you so **much** for **coo**king for us. You're **ve**ry **kind**.

– **Have** some **more**, Mike! There's **plen**ty for **ev**eryone.

– **Not** for **me**, thanks. But the **kids** are **hun**gry and **thirs**ty.

– **Ac**tually, I **think** that they **want** their **pre**sents now.

– **OK**, but **let's** do the **wa**shing-up first.

– No, we can put **ev**erything in the **dish**washer. Let's **o**pen the **gifts** now. **Come** here **quick**ly. **That** one is for **Ma**ggie. **Pe**ter, **give** it to her **please**. And **this** one's for **you**, Mike. **O**pen it **care**fully.

– **Wow**! It's **ve**ry **hea**vy. Is it a **lap**top? Or a **cook**ery book? Oh, **no**! It's a **sports** bag and a pair of **runn**ing shoes…

COMPRENDRE LE DIALOGUE
FORMULES ET EXPRESSIONS

→ Voici les membres de la famille immédiate :

a grandfather	un grand-père
a grandmother	une grand-mère
a father	un père
a mother	une mère
a wife	une épouse
a husband	un mari
a brother	un frère
a daughter	une fille
a sister	une sœur
a son	un fils

→ L'anglais fait la distinction entre **a woman**, *une femme* (un être de sexe féminin), et **a wife**, *une femme, une épouse* (voir Grammaire pour le pluriel de ce dernier).

→ **hungry** et **thirsty** : *être* au lieu d'*avoir*. Tout comme l'on « est » son âge en anglais (**I'm 29**), on « est » affamé et assoiffé : **He's hungry.** *Il a faim.* ; **The kids are thirsty.** *Les gamins ont soif.* Cette règle s'applique lorsque l'expression dénote un sentiment ou une impression. Nous disons donc **to be hot/cold**, *avoir chaud/froid*, ou encore **to be right/wrong** pour *avoir raison/tort*. Soyez vigilant !

→ **a lot of** et **lots of** : ces tournures, d'un registre plutôt informel, traduisent *beaucoup de*. Il n'y a pas de différence de sens entre les deux. Quand il précède le sujet de la phrase, le verbe s'accorde : **A lot of those presents are for the kids.** *Beaucoup de ces cadeaux sont pour les gamins.* Retenez bien la construction : nous verrons une autre construction plus tard.

NOTE CULTURELLE

Christmas est souvent remplacé par **Xmas** pour ne pas insister sur les origines religieuses de cette fête. Les Anglo-Saxons ont deux jours de congé à Noël : **Christmas Day** le 25 et **Boxing Day** le 26 décembre. Autrefois, ce dernier était le jour où les bourgeois offraient des cadeaux, présentés dans une **box**, *boîte*, aux commerçants ou aux employés de maison. Aujourd'hui, il marque plutôt le début des soldes **Boxing Day sales** dans les grands magasins (voir Module n° 8) !

GRAMMAIRE
LES PRONOMS PERSONNELS COMPLÉMENTS

Voici, mis en regard, les pronoms personnels sujets et compléments :

Pronom personnel sujet		Pronom personnel complément	
I	je	me	me/moi
he	il	him	le/lui
she	elle	her	la/lui
it	il/elle (neutre)	it	le ou la/lui
we	nous	us	nous
you	tu/vous	you	te, toi/vous
they	ils/elles	them	les, leur

Les pronoms compléments se placent toujours après le verbe : **Give them some Christmas cake.** *Donnez-leur du gâteau de Noël.*

LES PLURIELS (SUITE)

Le pluriel d'un nom se terminant en **-y** précédé d'une consonne se forme en **-ies** : **a baby**, *un bébé* ; **babies**, *des bébés* ou encore **a lady**, *une dame* ; **ladies**, *des dames*.
Mais si le nom se termine par une consonne, il suffit d'ajouter un **-s** : **a toy**, *un jouet* ; **toys**, *des jouets*.
Certains noms qui se terminent en **-f** forment leur pluriel en transformant cette consonne en **v** : **a wife**, *une épouse* ; **wives**, *des épouses*.

LES ADVERBES DE FRÉQUENCE

Le positionnement des adverbes dépend, entre autres, de leur fonction. Les adverbes de fréquence se placent devant le verbe si celui-ci est formé d'un seul mot : **They usually give us lots of presents.** *D'habitude, ils nous donnent beaucoup de cadeaux.* **We always invite my brother.** *Nous invitons toujours mon frère.*
Une astuce pour les identifier ? Beaucoup d'adverbes se terminent en **-ly** !

▲ CONJUGAISON
LE PRÉSENT SIMPLE

Il y a deux formes de présent : le simple et le continu. Considérons pour le moment le premier qui est — sans surprise — simple ! On le forme avec l'infinitif nu (c'est-à-dire sans **to**) pour toutes les personnes, sauf la troisième du singulier :

I open	j'ouvre
you open	tu ouvres/vous ouvrez
he/she/it opens	il/elle ouvre
we open	nous ouvrons
they open	ils/elles ouvrent

Deux formes (avec ou sans le **-s** final) au lieu de quatre en français ! Mais cette lettre « **s** » est importante : on la retrouve pour former les formes négative et interrogative. Comme pour les noms pluriels (voir Module n° 2), il se prononce [z] après les consonnes « sonores » (b, d, g, v, z, etc.) et les voyelles, mais [s] après les consonnes « sourdes » (p, t, etc.).

Le présent simple décrit des actions que l'on fait habituellement. Dans ce module, Sally explique : **I cook a huge meal** — sous-entendu : elle prépare un énorme repas chaque Noël — ou encore que son frère **eats and drinks too much**, c'est-à-dire de façon régulière. Retenez bien cette notion d'habitude.

LA FORME IMPÉRATIVE/LET'S

Il y a peu de formes fléchies du verbe anglais, notamment à cause de l'absence de tutoiement. Par exemple, l'impératif est identique à l'infinitif nu : **Open the presents!** *Ouvre/Ouvrez les cadeaux !* En revanche, l'impératif de la première personne du pluriel *ouvrons !* se forme en mettant **let's** : **Let's open**.

● EXERCICES

1. METTEZ LE VERBE À LA BONNE FORME.

a. The work isn't too bad. He (to finish) .... at noon every day.

b. She (to cook) .... a huge meal at Christmas.

c. They really (to enjoy) .... vegetables.

d. We (to be) .... hungry and thirsty.

VOCABULAIRE

to be hungry *avoir faim*
to be thirsty *avoir soif*
to cook *faire cuire, cuisiner*
to do the washing-up *faire la vaisselle*
to drink *boire*
to eat *manger*
to enjoy *prendre plaisir, aimer*
to finish *finir*
to give (to) *donner (à)*
to open *ouvrir*
to put *mettre*
to start *commencer*
to want *vouloir*

a book *un livre*
a day *un jour*
Christmas, Xmas *Noël*
a daughter *une fille* (le « augh » se prononce comme « or »)
a dishwasher *un lave-vaisselle*
a family *une famille*
food *de la nourriture*
a knife *un couteau*
a fork *une fourchette*
a spoon *une cuillère*
a glass *un verre*
a laptop *un ordinateur portable*
men *des hommes* (pluriel irrégulier de **a man**)
a plate *une assiette*
a present, a gift *un cadeau*
a toy *un jouet*
a turkey *une dinde*
a vegetable *un légume*
a woman *une femme* (pluriel irrégulier : **women**, *des femmes*)

always *toujours*
bad *mauvais, mal*
happy *heureux*
heavy *lourd*
more *plus, encore*
now *maintenant*
plenty *plein, beaucoup*

noon *une des trois façons de dire midi (12 heures), les autres étant* **twelve o'clock** *ou* **midday**, *litt. la mi-journée*

Have some more *Reprenez-en*
You're very kind *Vous êtes gentil(le)*
Of course *Bien sûr*
This XX is great! *Ce(tte) XX est fantastique !*
Thank you so much *Merci beaucoup*

2. CHANGEZ LE PRONOM PERSONNEL SUJET ENTRE PARENTHÈSES EN COMPLÉMENT.

a. She cooks a huge meal for (we) .... on Boxing Day.

b. We always invite (she) .... at Christmas.

c. Here are the presents. You can open (they) ....

d. This sports bag is for (he) ....

e. Give (she) .... some turkey and vegetables.

f. Hi, I recognise (you)............ You're Jim.

3. COMPLÉTEZ LES PHRASES AVEC LA PRÉPOSITION QUI CONVIENT.

a. Thank you .... cooking .... us, Mike.

b. This is a lot of work .... us.

c. Please give this piece .... pudding .... her.

d. She starts work .... seven in the morning and finishes .... three.

e. We always give them lots .... presents.

4. FORMEZ LE PLURIEL DES NOMS SUIVANTS.

a. a wife →

b. a meal →

c. a lady →

d. a boy →

e. a baby →

f. a kid →

5. TRADUISEZ CES PHRASES, PUIS ÉCOUTEZ L'ENREGISTREMENT POUR VÉRIFIER.

a. Les enfants ont faim et soif.

→

b. Tu as raison. Elles veulent leurs cadeaux maintenant.

→

c. Il prend beaucoup de plaisir à faire la cuisine. Il est très gentil.

→

d. Il y a tellement de verres et d'assiettes, mais il y en a plein pour tout le monde.

→

6.
CHEZ LE MÉDECIN

AT THE DOCTOR'S

OBJECTIFS

- **NOMMER LES PARTIES DU CORPS**
- **S'EXPRIMER CHEZ UN MÉDECIN**
- **DIRE L'HEURE**

NOTIONS

- **HERE/THERE**
- **SOMEWHERE**
- **ÉLIMINER LA RÉPÉTITION AVEC ONE**
- **ALREADY**

DES ENNUIS DE SANTÉ

(Chez M. et Mme Mayall)
– Quelle heure est-il ?

– Il est 13 heures. Quel est le problème, chéri [mon amour] ?

– J'ai un rendez-vous avec [le] docteur Clapton à 14 heures et je suis déjà [en] retard. Où est mon manteau ? Il fait frais.

– Veux-tu le bleu ?

– Non. Je veux mon nouvel imperméable.

– Il est quelque part dans la maison, mais je ne sais pas où. Il est dans le placard en bas, avec tes gants. As-tu besoin d'une écharpe ?

(Au centre médical)
– Est-ce que (le) docteur Clapton est là ? Je veux lui parler [parler avec lui].

– Oui (il est là). Avez-vous rendez-vous ?

– Oui [j'ai rendez-vous].

– Votre nom s'il vous plaît ?

– Mon prénom est Éric et mon nom de famille est Mayall.

– Asseyez-vous s'il vous plaît.

(Plus tard)
– Entrez, Monsieur Mayall. Comment allez-vous [êtes-vous] ?

– Je ne vais [suis] pas très bien, docteur. En fait, je suis malade.

– Quel est le problème ? Quels sont vos symptômes ?

– Ma tête (me) fait mal, ma bouche est sèche et j'ai mal à la gorge [une gorge douloureuse].

– Avez-vous de la température [une température élevée] ?

– Oui.

– Êtes-vous allergique à certains médicaments ?

– Non, seulement à [mon] travail.

– Voici des pilules. Allez au lit et restez-y.

(À la maison)
– Puisque tu es malade, je pars [suis de] au cinéma avec mes amis après le déjeuner.

– Quel cinéma ? Celui dans le centre commercial sur la route principale ?

– Non, le grand, en face du commissariat à gauche de la rue du Nord.

– À quelle heure commence le film ?

– À 15 heures. Au cas (où) tu aies (es) faim, il y a de la viande froide au [dans le] frigo et il y a des bâtonnets [doigts] (de) poisson au [dans le] congélateur.

– Y a-t-il de la glace en [pour] dessert ?

– Il n'y a pas de glace, mais il y a de bonnes pommes dans la cuisine. Sers-toi [aide-toi]. À plus tard.

08 HEALTH PROBLEMS

(At home with Mr and Mrs Mayall)
– What **time** is it?

– It's **on**e o'**clock**. What's the **ma**tter, love?

– I have an ap**point**ment with **Doc**tor **Clap**ton at **two** o'**clock**, and I'm al**ready** late. **Where's** my **coat**? It's **chil**ly.

– Do you want the **blue** one?

– **No**, I don't. I want my **new rain**coat.

– It's **som**ewhere in the house, but I don't know **where**. It's in the **cup**board down**stairs**, with your **gloves**. Do you **need** a **scarf**?

(At the health centre)
– Is **Doc**tor **Clap**ton in? I **want** to **speak** to him.

– **Yes** he **is**. **Do** you **have** an ap**point**ment?

– **Yes**, I **do**.

– Your **name** please?

– My **first** name's **Eric** and my **last** name's **May**all.

– Please sit down.

(Later)
– **Come in**, Mr **May**all. **How** are **you**?

– I'm **not** very **well**, **doc**tor. In **fact**, I'm **ill**.

– What's the **prob**lem? **What** are your **symp**toms?

– My **head** hurts, my **mouth** is **dry** and I have a **sore throat**.

– **Do** you **have** a **high tem**perature?

– **Yes**, I **do**.

– **Are** you al**ler**gic to any **med**icines?

– **No**, **on**ly to **work**.

– **Here** are some **pills**. **Go** to **bed ear**ly and stay **there**.

(At home)
– **Since** you're **ill**, I'm **off** to the **ci**nema with my **friends** after **lunch**.

– **Which ci**nema? The **one** in the **shop**ping **cen**tre on the **main road**?

– No, the **big** one, **o**pposite the po**lice sta**tion on the **left** side of **North** Street.

– What **time** does the **mo**vie **start**?

– At **three** o'**clock**. In **case** you're **hung**ry, there's some **cold meat** in the **fridge** and there are some **fish fing**ers in the **free**zer.

– **Is** there some **ice** cream for de**ssert**?

– There **isn't any ice** cream, but there are some **nice ap**ples in the **kit**chen. **Help** your**self**. **See** you **la**ter.

■ COMPRENDRE LE DIALOGUE
FORMULES ET EXPRESSIONS

→ Pour dire l'heure précise, on utilise simplement le cardinal **one, two**, etc., suivi de **o'clock**, une contraction de **of the clock**, *de l'horloge*. Mais on peut omettre **o'clock** et dire simplement le chiffre. Pour les horaires officiels de bus, d'avion, etc., on utilise le format international de 24 heures, mais dans la conversation courante, on indique l'heure de 1 à 12 heures en précisant **in the morning**, *matin* ou **in the afternoon**, *après-midi*.

→ **ill/sore/to hurt** : ces trois mots désignent la maladie ou la souffrance. L'adjectif **ill** signifie *malade, souffrant*. On l'utilise avec les verbes **to be** ou **to feel**, *être, se sentir*. Son synonyme, **sick**, s'utilise aussi devant un nom : **The child is ill/sick**. *L'enfant est malade*, mais **a sick child**, *un enfant malade*. Le sens de **sore** est *douloureux, irrité* : **a sore throat/head**, *une gorge irritée, une tête qui fait mal*. Enfin, le verbe **to hurt** signifie *(se) faire mal*. **My head hurts**. *Ma tête me fait mal* (voir aussi Grammaire).

→ Le corps humain : **a mouth**, *une bouche* ; **a throat**, *une gorge*. Mais aussi : **a foot**, *un pied* ; **a hand**, *une main* ; **a leg**, *une jambe* ; **a nose**, *un nez* ; **an arm**, *un bras* ; **an ear**, *une oreille* ; **an eye**, *un œil*.

→ **to be off (to)** est une tournure idiomatique signifiant *partir*, couramment utilisée : **We're off to the shopping centre.** *Nous partons au centre commercial.*

→ **Help yourself** : traduite littéralement par *Aidez-vous vous-même*, cette expression est en fait une invitation : *Sers-toi/Servez-vous.*

NOTE CULTURELLE

Le service public de santé en Grande-Bretagne s'appelle le **National Health Service**, plus connu par ses initiales NHS. Il est financé à hauteur d'environ 80 % par l'État, le solde venant pour l'essentiel de cotisations prélevées sur les salaires. Dans l'ensemble, le système est gratuit, mais certaines prestations (examens dentaires, médicaments, etc.) sont payées en partie par le malade. Chaque personne doit s'inscrire auprès d'un médecin généraliste selon son lieu de résidence. On ne fait pas de différence en anglais entre le titre de « Docteur » et la profession de médecin : les deux se disent **doctor**, abrégé en **Dr**. (Il faut faire attention à ne pas confondre **a medicine**, *un médicament*, avec le professionnel qui le prescrit). En ville, ce médecin généraliste – appelé **General Practitioner**, mais connu sous le sigle de **GP** – travaille avec ses confrères au sein d'un cabinet en partenariat, appelé **a group**

practice ou **a surgery**, *une chirurgie*. Dans les grandes agglomérations, ces cabinets sont regroupés avec d'autres acteurs de la santé publique (assistants sociaux, dentistes, podologues, etc.) dans des **health centres**. En parallèle, il existe un secteur privé — et payant — de soins médicaux.

◆ **GRAMMAIRE**
HERE/THERE

Ces deux adverbes de lieu sont semblables à **this** et **that** (Module n° 2). **Here** exprime la proximité par rapport à la personne qui parle, et **there** l'éloignement : **Here's my raincoat and there are my keys**. *Voici mon imperméable [ici] et voilà mes clés [là-bas]*. Ou encore, au téléphone : **Hello, is Mr Mayall there? – Yes, he's here**. *Bonjour, est-ce que M. Mayall est là ? – Oui, il est ici*. La traduction française dépend du contexte, mais la notion de positionnement est toujours la même : **I'm at home – Stay there**. *Je suis à la maison – Restes-y*. Attention à ne pas confondre l'adverbe **there** avec **there is/there are** : *il y a*.

SOMEWHERE

Somewhere est composé de **some**, *du/des*, et **where**, *où*, qui signifie *quelque part*. **The bank is somewhere in North Street**. *La banque est quelque part dans la rue du Nord*. Cet adverbe fait partie d'un ensemble de mots composés avec **some/any**, dont **something/anything** que nous examinerons dans le Module n° 12.

ÉLIMINER LA RÉPÉTITION AVEC ONE

En règle générale, la répétition d'un nom est fréquente en anglais pour des raisons structurelles (absence de genres, etc.). Pour l'éviter, on utilise par exemple **one** : **Which cinema? The one near the police station**, *Quel cinéma ? Celui près du commissariat*.

ALREADY

Already, *déjà*, est utilisé avec un verbe conjugué au présent à la forme affirmative pour indiquer une situation réelle au moment où on parle : **Where's Rod? He's already very late**. *Où est Rod ? Il est déjà très en retard*. Retenez cette construction, car nous verrons **already** avec des verbes passés.

LA FORME POSSESSIVE AVEC LES PARTIES DU CORPS

On « possède » son corps en anglais. *J'ai mal à la jambe* se dit **My leg hurts**.
De même : **His hands are cold**, *Il a froid aux mains*.

⬢ EXERCICES

🔊 1. ÉCOUTEZ L'ENREGISTREMENT POUR COMPLÉTER CES PHRASES.

08
a. What's the .... Helen? – She's ill.

b. .... there .... cold meat in the fridge? – No there isn't .... meat but .... some fish fingers.

c. .... you? I'm not very .... I .... a sore throat and my mouth is dry.

d. Where's my coat? – The blue .... or the grey one?

e. .... Doctor Clapton ....? – Yes, ...

f. .... any ice cream for dessert? – Yes, help ....

2. COMPLÉTEZ LES PHRASES AVEC LA BONNE PRÉPOSITION : *TO, IN* OU *ON*.

a. I'm allergic .... work.

b. His raincoat is .... the cupboard.

c. Go .... bed and stay there.

d. The cinema .... the shopping centre? – No, the one .... the main road.

e. There is some meat .... the freezer.

f. The bank .... Tile Street is closed.

3. CHOISISSEZ ENTRE *HERE/ THERE* (ADVERBES DE LIEU) OU *THERE IS/ ARE* POUR COMPLÉTER CES PHRASES.

a. Where are my gloves? – ....they are, on that table?

b. .... some fish fingers in the freezer.

c. I'm at home. Stay ....

d. .... a raincoat in the cupboard.

e. .... are your pills. – Thank you.

VOCABULAIRE

to be hungry *avoir faim*
to be ill *être malade*
to sit (down) *s'asseoir*
to stay *rester*
to help *aider*

an appointment *un rendez-vous*
a bed *un lit*
a cupboard *un placard*
a dessert *un dessert*
a doctor *un médecin*
a finger *un doigt*
a fish *un poisson (pluriel irrégulier :* **fish***)*
a fish finger *un bâtonnet de poisson (litt. un doigt de poisson !)*
a foot *un pied* (pluriel irrégulier : **feet**)
a freezer *un congélateur*
a fridge (forme courante de **refrigerator**) *un frigo*
a friend *un(e) ami(e)*
a glove *un gant*
a head *une tête*
ice cream *la crème glacée*
lunch *le déjeuner*
a medicine *un médicament*
meat *la viande*
a mouth *une bouche*
a pill *une pilule*
a police station *un commissariat de police*
a raincoat *un imperméable*
a shopping centre *un centre commercial*
a throat *une gorge*
work *le travail*

east *l'est*
north *le nord*
south *le sud*
west *l'ouest*

already *déjà*
after *après* (pensez à **afternoon**, *après-midi*)
big *grand*
chilly *frais (température)*
cold *froid*
downstairs *en bas (de l'escalier)*
    Cet adverbe, composé de **down**, *en bas*, et **stairs**, *les marches (d'un escalier)*, signifie *en bas (l'étage en dessous)*. Le contraire est **upstairs**.
high *haut, élevé*
main *principal*
nice *sympa, gentil, agréable, bon, etc.*
since *puisque*
sore *douloureux*

Help yourself *Servez-vous*
How are you? *Comment allez-vous ?*
I'm off (to) *Je pars/vais (à)*
See you later *À plus tard*
What's the problem (matter)? *Qu'est-ce qui ne va pas ?*

4. ÉCOUTEZ L'ENREGISTREMENT ET ÉCRIVEZ LES HEURES EN TOUTES LETTRES. *IT'S...*

a. 10 h → ....
b. 02 h → ....
c. 23 h → ....
d. 09 h → ....
e. 19 h → ....
f. 08 h → ....
g. 12 h → ....

5. TRADUISEZ CES PHRASES.

a. Il a mal aux pieds et à la tête, et sa bouche est sèche. – Oui, et sa température est élevée.

→

b. Le cinéma n'est pas dans le centre commercial. Il est en face du commissariat dans la rue principale.

→

c. Où est mon manteau ? – Le bleu ou le gris ? – Le bleu.

→

d. Je suis déjà en retard pour mon rendez-vous. À tout à l'heure.

→

e. Au cas où tu as très faim, il y a de la glace pour le dessert.

→

f. Où sont Rod et Sue ? Ils sont déjà en retard.

→

7. COMMANDER DE LA NOURRITURE ET DES BOISSONS

ORDERING FOOD AND DRINK

OBJECTIFS

- COMMANDER DANS UN CAFÉ/ UN PUB
- EXPRIMER DES PRÉFÉRENCES
- DIFFÉRENCIER LES QUANTITÉS DÉNOMBRABLES ET INDÉNOMBRABLES

NOTIONS

- MUCH/MANY
- TO HAVE DANS DES EXPRESSIONS D'ACTIVITÉS QUOTIDIENNES
- CONTENU VS CONTENANT
- CAN
- NÉGATION DES VERBES
- TO GET
- LE TEMPS FUTUR

DES CLIENTS DIFFICILES

(Dans un café)
– Une table pour deux, s'il vous plaît.

– Par ici (ce chemin), messieurs.

– Êtes-vous prêts à commander ?

– Oui (nous le sommes). Je prendrai (aurai) un petit déjeuner anglais complet, avec une tasse [chope] de thé, s'il vous plaît.

– Très bien. Et pour vous, monsieur ?

– Juste une tasse de café au lait (blanc) et des tartines beurrées (du pain et beurre).

– Autre chose ?

– Non, merci. Je n'ai pas beaucoup [de] temps.

– Bon appétit (appréciez votre repas).

– Pouvons-nous avoir l'addition, s'il vous plaît ? Je suis pressé (dans une hâte).

– [Bien] sûr. C'est 20 livres et 16 pence. Vous pouvez payer à la caisse (au comptoir). Bonne journée.

– Merci. Vous aussi.

(Au coffee-shop)
– Salut. Que puis-je vous servir (obtenir) ? Nous avons une large sélection de boissons chaudes et froides, comme [l']express, [le] déca, et [le] café normal. Et à manger nous avons des crêpes, [des] pâtisseries et [des] muffins. Essayez ces biscuits au chocolat.

– Je ne peux pas manger trop de sucre ni (ou) trop de calories. Juste un verre d'eau, s'il vous plaît. Et le code (mot de passe) wifi gratuit.

– Ah, d'accord. Petite, moyenne ou grande, l'eau ?

(Au pub)
– À qui le tour (qui est prochain) ?

– Moi. Une pinte de [bière] brune (amère), s'il vous plaît.

– Quelque chose à manger ? Il y a beaucoup de choses au (sur le) menu. Aujourd'hui nous avons [du] steak et [des] frites, [de la] saucisse aux (et) haricots, et [du] poulet frit. Notre pain (miche) [de] viande est vraiment savoureux aussi. Tout est fait maison.

– Je ne mange pas [de] viande, et il n'y a pas beaucoup de plats végétariens. Puis-je avoir un sandwich [au] fromage, sans sel ou poivre ?

– Oui bien sûr. Voici (vous êtes). Ça sera 9 [livres] 60 [pence], s'il vous plaît.

– Je n'ai pas d'espèces. Puis-je vous payer demain ?

– Bien sûr que non. Vous pouvez payer maintenant, par chèque ou [par] carte.

DIFFICULT CUSTOMERS

(In a café)
– A **ta**ble for **two**, please.

– This **way**, **gen**tlemen.

– Are you **rea**dy to **or**der?

– Yes, we are. **I'll** have a **full Eng**lish **break**fast, with a **mug** of **tea**, **please**.

– **Ve**ry **good**. And for **you**, **sir**?

– **Just** a **cup** of white **coff**ee and some **bread** and **bu**tter.

– **Any**thing **else**?

– **No**, **thanks**. I don't have much **time**.

– En**joy** your **meal**.

– **Can** we **have** the **bill**, please? I'm **in** a **hur**ry.

– Sure. That's **twen**ty **pounds** and **six**teen **pence**. You can **pay** at the **coun**ter. **Have** a **nice day**.

– Thanks. You too.

(In a coffee shop)
– **Hi**. **What** can I **get** you? We have a **wide** se**lec**tion of **hot** and **cold drinks**, like es**pre**sso, **de**caf and regular **coff**ee. And to **eat** we have **pan**cakes, **pas**tries and **muff**ins. **Try** these **choc**olate **bis**cuits.

– I can't **eat** too much **su**gar **or** too **ma**ny **ca**lories. **Just** a **glass** of **wa**ter, **please**. And the free **wifi pass**word.

– Oh, okay. Small, **me**dium or large **wa**ter?

(In a pub)
– Who's next?

– Me. A **pint** of **bitt**er, **please**.

– **Any**thing to **eat**? There are **lots** of **things** on the **me**nu. To**day** we have **steak** and **chips**, **sau**sage and **beans** and fried **chick**en. Our **meat**loaf is **rea**lly **tas**ty as **well**. **Ev**erything is **home-made**.

– I **don't** eat **meat**, and there aren't **ma**ny **veggi**e **dish**es. **Can** I **have** a cheese **sand**wich with**out** **salt** or **pep**per?

– Yes of **cour**se. **Here** you **are**. That'll be **nine six**ty please.

– I don't have any cash. Can I **pay** you to**mo**rrow?

– Of **course** not. You can pay **now**, by **cheque** or **card**.

COMPRENDRE LE DIALOGUE
FORMULES ET EXPRESSIONS

→ **gentlemen**, le pluriel de **gentleman** (du français *gentilhomme*) est utilisé dans un registre formel, tout comme *messieurs*. L'équivalent féminin de **gentleman** est **lady** (pluriel **ladies**) : **Ladies and gentlemen**, *Mesdames et messieurs*. Ce sont ces mots que l'on retrouve sur les panneaux indiquant les toilettes publiques (**gentlemen** étant parfois écourté en **gents**).

→ **pound** (£, la première lettre de *libra*, le mot latin pour dire une livre !) est l'unité monétaire britannique, divisée en 100 **penny**, dont le pluriel est soit **pence**, en parlant d'un montant, ou **pennies**, s'il s'agit des pièces de monnaie.

→ **Hi**. Nous connaissons déjà **Hello**, ainsi que les salutations commençant avec **Good**... qui précisent le moment de la journée : **Good morning** pour le matin par exemple. Voici une variante, moins formelle : **Hi** (parfois **Hallo**). Bien qu'informelle, cette tournure est employée couramment, surtout aux États-Unis, pour accueillir le client dans un café, un magasin, etc. N'en soyez pas surpris !

→ **Here you are** (littéralement *voici tu/vous êtes*) se dit lorsqu'on présente ou montre quelque chose à son interlocuteur : *Tiens/Tenez*. **Can I have a sandwich? – Here you are.** *Puis-je avoir un sandwich ? – Tenez.*

→ **Enjoy your meal** : l'anglais n'a pas d'équivalent pour l'interjection *Bon appétit*. Mais, dans un restaurant ou un café, votre serveur pourrait vous dire **Enjoy your meal** (ou simplement **Enjoy**).

NOTE CULTURELLE

L'absence de distinction entre les formes familière et formelle (*tu/vous*) peut parfois désorienter, et cette impression est renforcée par le fait que les Britanniques – et surtout les Américains – emploient volontiers le prénom de leur interlocuteur presque tout de suite dans la conversation courante, même s'ils le connaissent à peine.

Le registre de langage, lui aussi, est en général plutôt décontracté – utilisation des contractions verbales (**isn't**, etc.), salutations courtes et informelles (**hello**, etc.). Mais ne vous y trompez pas : il ne s'agit en aucun cas de tutoiement, pas plus que de vouvoiement. L'anglais puise aussi bien dans ses racines germaniques que dans l'héritage du latin et les langues d'oïl. Ainsi, beaucoup de mots existent « en double » : par exemple, l'adjectif *royal* peut se traduire par **royal** (ou son dérivé **regal**), mais aussi par **kingly**. Plus frappant, peut-être, la différence de vocabulaire entre l'étable et la table : ainsi, le paysan saxon gardait son **ox**, *bœuf* ou son **sheep**, *mouton*, mais l'envahisseur normand mangeait du **beef** ou du **mutton**.

GRAMMAIRE
MUCH/MANY

Les «quantifieurs» **much** et **many** signifient *beaucoup de*. Le premier s'emploie si la quantité en question est indénombrable (par exemple, **time**, *le temps*), le second si elle est dénombrable : **things**, *les choses*. En anglais courant, sauf après **too** et quelques autres adverbes, nous employons **much** et **many** dans les formes interrogative ou négative :
There isn't much choice in this café. *Il n'y a pas beaucoup de choix dans ce café.*
Are there many veggie restaurants in Hove? *Y a-t-il beaucoup de restaurants végétariens à Hove ?*
Sinon, on utilise **a lot of/lots of** : **There's a lot of sugar in this coffee.** *Il y a beaucoup de sucre dans ce café.* **There are lots of calories in pancakes.** *Il y a beaucoup de calories dans les crêpes* (voir Module n° 5).
(Il n'y a pas de différence de sens entre **lots of** et **a lot of**, mais, au niveau de la prononciation, **are lots of** est plus facile à dire que **are a lot of**. Essayez pour voir !)

TO HAVE DANS DES EXPRESSIONS D'ACTIVITÉS QUOTIDIENNES

Le verbe et auxiliaire **to have**, *avoir* s'emploie aussi dans un certain nombre d'expressions concernant des activités quotidiennes (boire, manger, se reposer, etc.) qui, en français, sont formées avec différents verbes, souvent « prendre ». Il s'agit notamment de repas, mais aussi de toilette :

to have lunch	prendre le déjeuner
to have dinner	dîner
to have a drink	prendre un verre/une boisson
to have a coffee/a tea/a beer, etc.	prendre un café/un thé/une bière
to have a shower/a bath	prendre une douche/un bain
to have a shave	se raser

Voir aussi le Module n° 13.

CONTENU *VS* CONTENANT

L'un des clients au café a commandé **a cup of tea**, pas **a tea cup**. La différence est importante : le premier est le contenu ; le second, le contenant (une tasse de thé *vs* une tasse à thé). Sur le même modèle, citons **a glass of wine/a wine glass**, *un verre de vin/verre à vin*, ou encore **a box of matches/a match box**, *une boîte d'allumettes/boîte à allumettes*. Le contenant est souvent écrit en un seul mot : **teacup**, **wineglass**, **matchbox**, etc. (l'accent tonique se plaçant sur la première syllabe).

▲ CONJUGAISON
CAN

Cet auxiliaire modal exprime la possibilité ou la capacité (*pouvoir, être capable*, etc.). Le verbe est dit « défectif » car il ne possède pas toutes les formes grammaticales : par exemple, il n'y a pas d'infinitif, et la troisième personne du singulier ne prend pas un **-s** terminal.
– À l'affirmatif, **can** est suivi d'un infinitif nu : **You can pay at the counter.** *Vous pouvez payer à la caisse/au comptoir.*
– La négation se forme en ajoutant **not**, pour former un seul mot : **cannot**. Dans la conversation, **cannot** est toujours abrégé en **can't** : **I cannot/can't eat too much.**
– La forme interrogative s'obtient par inversion : **I can ; Can I?**, etc. On utilise cette construction pour demander quelque chose à quelqu'un ou obtenir la permission.
Résumons :

Indicatif	Négatif	Interrogatif
I can	I cannot/can't	Can I...?
he/she/it can	he/she/it cannot/can't	Can he/she/it...?
we can	we cannot/can't	Can we...?
you can	you cannot/can't	Can you...?
they can	they cannot/can't	Can they...?

Pensez au slogan d'un certain Barack Obama, qui, en 2008, briguait la présidence des États-Unis avec ces quelques mots **Yes we can!** *Oui, nous pouvons !*

NÉGATION DES VERBES

Le négatif des verbes non défectifs (voir ci-dessus) se forme avec **to do** — que nous avons déjà appris dans le sens de *faire* — par exemple, **to do the housework,**

VOCABULAIRE

to enjoy *apprécier, aimer*
to order *commander*
to pay *payer*

a bean *un haricot*
a bill *une addition, une facture*
bitter *(nom) de la bière brune*
bread *pain*
a breakfast *un petit déjeuner*
butter *le beurre*
a card *une carte*
cash *les espèces, le liquide*
a chicken *un poulet*
cheese *le fromage*
a cheque *un chèque* (en anglais américain : **a check**)
a chip *une frite*
a counter *un comptoir* (du verbe **to count**, *compter*)
coffee/a coffee *du/un café*
a cup *une tasse*
a decaf (a decaffeinated coffee) *un déca*
a dish *un plat* (aussi bien le récipient que son contenu)
an espresso *un café express*
a glass *un verre*
a pancake *une crêpe*
a meatloaf *un pain de viande* (**meat**, *la viande* ; **a loaf**, *une miche de pain*)
a password *un mot de passe*
a pastry (plur. **pastries**) *une pâtisserie*
pepper *le poivre*
a pint *une pinte (0,56 litre au Royaume-Uni, 0,47 aux États-Unis)*
a pound *une livre (sterling ou 0,45 g)*
salt *le sel*
sugar *le sucre*
a thing *une chose*
water *l'eau*

bitter *(adj.) amer*
home-made *fait maison*
large *grand* (attention : faux ami. Ne pas confondre avec **wide**)
medium *moyen (taille)*
regular *régulier, normal*
tasty *savoureux (litt. goûteux)*
wide *large, étendu* (attention : faux ami. Ne pas confondre avec **large**)

Anything else? *Autre chose ?*
Enjoy your meal *Bon appétit*
Have a nice day *Passez une bonne journée*
I'm in a hurry *Je suis pressé*
Of course (not) *Bien sûr (que non)*
That'll be… *Ça fera… (montant, prix)*
Very good *Très bien*
What can I get you? *Que puis-je vous servir ?*
Who's next? *À qui le tour ?*
You too *Vous aussi*

washing up, *faire le ménage/la vaisselle* – et l'adverbe de négation **not**, les deux mots pouvant être contractés :

I do not	don't	
he/she/it does not	doesn't	
we do not	don't	eat meat.
you do not	don't	
they do not	don't	

Remarquez, comme d'habitude, la présence de la lettre «s» à la troisième personne. Nous verrons la forme interrogative dans le module suivant.

TO GET

Ce verbe peut sembler omniprésent lorsqu'on commence à apprendre l'anglais ! Le sens premier de **to get** est *obtenir, (se) procurer,* etc. Au coffee-shop, le serveur demande **What can I get you?** que l'on peut traduire par *Que puis-je vous servir ?* (il va «procurer» du café à ses clients). Pour l'instant, contentez-vous d'observer et retenir les différents usages de **get**. Nous approfondirons les explications dans le Module n° 15.

LE TEMPS FUTUR

Nous apercevons le temps futur employé dans un contexte de politesse : **I'll have** est une contraction de **I will have**, *Je prendrai*. Nous y reviendrons plus longuement lorsque nous aborderons en détail le futur.

● EXERCICES

1. TRANSFORMEZ LA PHRASE AFFIRMATIVE AVEC *CAN* EN UNE NÉGATION OU EN UNE INTERROGATION.

a. I can have a cheese sandwich. →

b. You can pay by cheque. →

c. We can order some tea. →

d. They can eat a lot of sugar. →

e. She can have the bill. →

2. COMPLÉTEZ CES PHRASES AVEC *MUCH, MANY* OU *A LOT OF*.

a. There aren't .... veggie dishes on the menu.

b. It's ten o'clock. We don't have .... time.

c. There are .... things to eat.

d. Don't order too...................food. I'm not very hungry.

e. And don't eat too .... muffins!

f. There's .... sugar in French toast.

3. ÉCOUTEZ L'ENREGISTREMENT POUR COMPLÉTER CES PHRASES.

09
a. Please pay .... the counter.

b. .... next? – Me.

c. .... you ready .... order? – Yes, ...

d. You .... espresso or decaf. – .... have a cup of tea?

e. Just a .... sandwich, please. – .... or .... butter?

f. Can I .... the bill? I'm in a .... I don't have .... time.

4. TRADUISEZ CES PHRASES.

a. Ils apprécient/aiment manger mon pain de viande. C'est fait maison.

→

b. – Y a-t-il autre chose ? – Non, merci. – Ça fera 10 livres et 19 pence *(trois possibilités pour ce montant)*.

→

c. Que puis-je vous servir ? – Juste une tasse de café au lait, s'il vous plaît.

→

d. Passez une bonne journée. – Vous aussi.

→

e. Nous n'avons pas d'espèces. Pouvons-nous payer par carte ? – Oui, bien sûr.

→

f. Je ne peux pas manger trop de sucre ni trop de calories. – Bien sûr que non.

→

II

LA

VIE

QUOTIDIENNE

8. FAIRE DES ACHATS

SHOPPING

OBJECTIFS

- EXPRIMER SES ENVIES, SES BESOINS DANS UN MAGASIN
- DEMANDER DES TAILLES ET DES POINTURES
- DIALOGUER AVEC LE PERSONNEL COMMERCIAL

NOTIONS

- *ONES*
- LE CAS POSSESSIF AVEC LES ENSEIGNES DE MAGASINS
- *CAN* (SUITE)
- LES VERBES À PARTICULE
- LA FORME INTERROGATIVE DES VERBES NON-DÉFECTIFS

LES ACHATS

(Dans un magasin de chaussures)
– J'ai besoin d'une paire de chaussures.

– Certainement. Vous chaussez du combien (quelle taille prenez-vous) ?

– Je pense que je suis (fais) un 10 (équivalent : 49).

– Quelle couleur voulez-vous ?

– Je ne sais vraiment pas.

– Voici, essayez cette paire de mocassins.

– Ils ne sont pas à ma taille, ils sont trop grands. Avez-vous la pointure en dessous ?

– Malheureusement non (pas). Pourquoi n'essayez-vous pas le grand magasin à côté (prochaine porte) ?

(Dans un magasin de vêtements)
– S'il vous plaît (Excusez-moi), vendez-vous des pulls [en] laine avec [des] poches ?

– Oui [nous faisons]. Ils sont là-bas avec les vêtements [d']hiver. Les voyez-vous (Pouvez-vous les voir) ?

– Oui. J'aime ceux en bleu foncé. Puis-je essayer celui-ci ? Il est beau.

– Bien sûr. Les cabines d'essayage sont à côté de l'escalator.

– J'[en] prendrai deux (parmi eux). Et un pantalon (une paire de pantalons).

– Cela (re)vient à 88 £. Comment voulez-vous régler ?

– [En] espèces. Voici 90.

– Voici votre monnaie et votre reçu.

(À la papeterie)
– Combien sont (coûtent) ces imprimantes ?

– La laser (un) coûte 300 £ et la jet d'encre (un) coûte 200.

– Et (quoi autour) celle-ci ?

– Elle n'est pas à vendre. Mais cette vieille (une) est soldée (sur vente) : elle est en réduction (marquée en bas) de 30 %.

– Je vois (peux voir) pourquoi.

(Au supermarché)
– Je cherche du savon, du shampooing et du dentifrice.

– Allez voir (essayez) dans le rayon hygiène (santé) et beauté, là-bas, sur la gauche.

– Merci beaucoup ! À propos (par le chemin), où sont les caisses ?

– Elles sont près de la sortie.

(Dans n'importe quel magasin)
– On s'occupe de vous (êtes-vous étant servi) ?

– Non, je ne fais que regarder, merci beaucoup. Ceci est mon type de shopping préféré : le lèche-vitrines (fenêtre shopping) !

SHOPPING

(In a shoe shop)
– I need a **pair** of **shoes**.

– **Cer**tainly. **What size** do you **take**?

– I **think** I'm a **ten**.

– What **co**lour do you **want**?

– I **don't real**ly **know**.

– **Here**, try on this **pair** of **loaf**ers.

– They **don't fit**; they're **too big**. **Do** you **have** the **next** size down?

– Un**for**tunately **not**. **Why** don't you **try** the de**part**ment store **next door**?

(In a clothes shop)
– Ex**cuse** me, do you **sell wool sweat**ers with **pock**ets?

– **Yes**, we **do**. They're **o**ver **there** with the **win**ter **clothes**. Can you **see** them?

– Yes. I **like** those **dark blue** ones. **Can** I **try on this** one? It's **beau**tiful.

– Of **course**. The **fit**ting rooms are **next** to the **es**calator.

– I'll **take two** of them. And a **pair** of **trou**sers.

– That comes to eighty-eight pounds. How do you **want** to **pay**?

– **Cash**. Here's **nine**ty.

– **Here's** your **change** and your re**ceipt**.

(At the stationer's)
– **How much** are these **print**ers?

– The **la**ser one is three **hun**dred pounds and the **ink**-jet one costs **two hun**dred.

– What a**bout this** one?

– It's **not** for **sale**. But this **old** one is **on sale**: it's **marked down** by **thir**ty per cent.

– I can **see why**.

(At the supermarket)
– I'm **look**ing for some **soap**, some sham**poo** and some **tooth**paste.

– **Try** the **health** and **beau**ty **sec**tion, over **here** on the **left**.

– **Thanks** so **much**. **By** the **way**, **where** are the **check**out **coun**ters?

– They're by the **ex**it.

(In any shop)
– **Are** you **be**ing **served**?

– No, I'm just **look**ing, **thank** you very **much**. This is my **fa**vourite **sort** of **shop**ping: **win**dow **shop**ping!

COMPRENDRE LE DIALOGUE
FORMULES ET EXPRESSIONS

→ **to fit**, *convenir* ou *aller bien à quelque chose*. Dans le cadre de l'habillement, la traduction est *être de la bonne taille* : **Do the loafers fit?** *Est-ce que les mocassins vous conviennent pour la taille ?*

→ **Are you being served?** Un serveur ou un vendeur pose cette question pour savoir si l'on s'occupe de vous. Un peu plus formelle que **Can I help you?**, elle est très courante. (La construction **being served** est au passif, Module n° 29.)

→ **a sweater** : faites attention à ce faux ami, dont le sens est *un pull*. **Sweater** vient de **sweat**, *la sueur*, car ce vêtement provoquerait la transpiration. Ce que nous appelons en français *un sweat* se traduit par **a sweatshirt** litt. *une chemise à transpiration*. Enfin, notez sa prononciation irrégulière : [souèt].

→ **a pair of trousers** : **trousers** et d'autres vêtements « à deux jambes » peuvent être à la fois singulier et pluriel. Le singulier est précédé de la formule **a pair of** : **I want a pair of shorts.** *Je veux un short.* (Voir aussi le Module n° 4.)

→ **That comes to...** est utilisé lorsque l'on énonce le résultat d'un calcul, etc. L'expression est équivalente à *Cela (nous) fait...*

→ **What about...** litt. *quoi à propos* est utilisé en début de phrase pour demander des informations ou pour suggérer ou proposer quelque chose. **What about a cup of tea?** *Et si nous prenions une tasse de thé ?* **What about Jack?** *Et Jack, alors ?*

→ Attention a ne pas confondre **for sale**, *à vendre*, et **on sale**, *en solde* : cela pourrait créer des malentendus !

NOTE CULTURELLE

On pourrait reformuler une remarque attribuée à Napoléon, en disant que la Grande-Bretagne est une nation de boutiquiers ! En effet, outre **a shop**, *un magasin*, et **a boutique**, *un commerce vendant des vêtements ou des objets de mode*, il existe toute une panoplie d'établissements plus ou moins spécialisés qui font le bonheur des **shopaholics**, *les accrocs du shopping* en anglais familier : **a department store**, *un grand magasin* ; **a chain store**, *un grand magasin avec plusieurs succursales* ; ou, encore plus grand, **a superstore** ou **a hypermarket**, *un hypermarché* ; ou encore **a factory outlet store**, *un magasin d'usine*.

◆ GRAMMAIRE
ONES

Nous avons déjà vu que **one** permet d'éviter la répétition d'un nom singulier (bien que la répétition d'un même mot dans une phrase soit tolérée en anglais, contrairement au français) : **I want a blue sweater. That one looks nice.** *Je veux un pull bleu. Celui-là a l'air sympa.* Avec un nom pluriel, il suffit d'ajouter un **-s** à **one** : **I want some loafers. Those dark blue ones look nice.** *Je veux des mocassins. Ceux bleu foncé ont l'air sympa.*

LE CAS POSSESSIF AVEC LES ENSEIGNES DE MAGASINS

Pour certains magasins de proximité, il est possible d'utiliser le cas possessif, signalé par **-'s** (voir Module n° 4), en omettant le mot **shop**, un peu comme on utilise *chez* en français. Par exemple, au lieu de **I'm going to the bakery**, on dirait **I'm going to the baker's** (sous-entendu **the baker's shop**, *le magasin du boulanger*). **He works at a fishmonger's.** *Il travaille dans une poissonnerie.* **Can you buy four pork chops at the butcher's, please?** *Peux-tu acheter quatre côtes de porc chez le boucher, s'il te plaît ?* Cet usage est limité aux petits commerces : il n'y a pas de possessif possible dans la phrase **Can you buy four pork chops at the supermarket**, please? Notons enfin que *une pharmacie* se dit **a chemist** (et obéit à la même règle en ce qui concerne le possessif, **the chemist's**). Ce mot est remplacé progressivement dans le langage courant par **a pharmacy**, qui n'a pas de cas possessif.

▲ CONJUGAISON
CAN (SUITE)

Ce verbe modal est utilisé avec des verbes comme **to see**, *voir* ; **to hear**, *entendre* ; et **to feel**, *sentir*, qui expriment une perception « involontaire ». **I can see the escalator.** *Je vois l'escalier mécanique.* **He can't hear his phone.** *Il n'entend pas son téléphone.*
À la forme interrogative, **can** est en première position dans la phrase : **Can you see those gentlemen over there?** *Voyez-vous ces messieurs là-bas ?* **Can you hear that noise?** *Entends-tu ce bruit ?*

LES VERBES À PARTICULE

En français, nous modifions les verbes en ajoutant un préfixe (**venir** → **revenir**), mais l'anglais préfère les particules (parfois appelées « postpositions », des prépositions placées après le verbe). Par exemple, **to come back**, litt. *venir en arrière*, signifie *revenir* : la particule **back**, *arrière*, est placée après **to come**. Mais si certaines combinaisons de verbes et prépositions sont facilement compréhensibles, d'autres sont totalement idiomatiques et doivent être mémorisées. Nous les signalerons, soit dans les Formules et expressions, soit dans la partie Grammaire.

Dans ce module nous en rencontrons trois :

– **to try**, *essayer*. Mais, lorsqu'il s'agit d'essayer un vêtement, on ajoute la particule **on** : **I want to try on that sweater.** *Je veux essayer ce pull.* Il y a deux façons de former l'interrogation avec le même sens : **Can I try on this dress/Can I try this dress on?** *Puis-je essayer cette robe ?* La seconde formulation est peut-être plus idiomatique, mais nous vous conseillons la première : il est plus facile de mémoriser les verbes à particule en conservant les composants ensemble.

– **to mark**, *marquer*, change légèrement de sens avec l'ajout de **down** : **to mark down**, *réduire le prix de quelque chose* (on retrouve la notion de démarque) : **These shoes are marked down thirty per cent.** *Ces chaussures sont réduites de 30 %.* (On ajoute parfois **by** avant le chiffre : **marked down by**).

– Enfin, **to come to** est une tournure idiomatique utilisée pour donner un montant total : **Two coffees and three teas. That comes to ten pounds.** *Deux cafés et trois thés. Cela revient à 10 £.*

LA FORME INTERROGATIVE DES VERBES NON DÉFECTIFS

• **To do** permet de former les phrases interrogatives des verbes non-défectifs : **Do I want…? Do you …? Does he/she/it…? Do we…? Do they…?**

• Le **-s** qui marque la troisième personne (**wants**) passe du verbe à l'auxiliaire : **He wants → Does he want…? Does she like that blue sweater?** *Aime-t-elle ce pull bleu ?* **Do you have a pair of blue loafers?** *Avez-vous une paire de mocassins bleus ?* **What colour do they want?** *Quelle couleur veulent-ils ?*

VOCABULAIRE

to fit être de la bonne taille
to mark down réduire le prix (faire une démarque)
to need avoir besoin de
to sell vendre
to try/to try on essayer, tenter/ essayer (vêtements)
beautiful beau, belle (Attention à la prononciation : [biou-ti-fël])
dark sombre, foncé
next (door) (la porte) à côté
sort (of) type/sorte de
unfortunately malheureusement
cash des espèces
change la (petite) monnaie
an escalator un escalier mécanique
a fitting room une cabine d'essayage
a size une taille, une pointure
a department store un grand magasin
loafers des mocassins,
  litt. des tire-au-flanc !
per cent (GB), percent (US) pour cent
a pair of trousers, shorts, etc. un pantalon, un short, etc.
a pocket une poche
a printer une imprimante
a pullover un pull
a sale une vente
a sweater un pull
a receipt un reçu
wool la laine
a window, window shopping une fenêtre/une vitrine, le lèche-vitrines
winter l'hiver
soap savon
shampoo shampooing
toothpaste dentifrice
health and beauty section rayon hygiène et beauté
by the way à propos/au fait
checkout counter caisse (d'un magasin)
the exit la sortie
Are you being served? On s'occupe de vous ?
Certainly Certainement/Bien sûr
Excuse me... S'il vous plaît...
Here Tenez/voici

EXERCICES

1. AJOUTEZ LA BONNE PRÉPOSITION OU PARTICULE.

a. This sweater is marked .... twenty per cent in the sales. *Ce pull est soldé de 20 %.*

b. The fitting room is next .... the escalator. *La cabine d'essayage est à côté de l'escalier mécanique.*

c. These printers are not .... sale. *Ces imprimantes ne sont pas à vendre.*

d. Can I try .... that blue dress, please? *Puis-je essayer cette robe bleue, s'il vous plaît ?*

e. The sweaters are .... there with the winter clothes. *Les pulls sont là-bas avec les vêtements d'hiver.*

2. ÉCOUTEZ LES RÉPONSES, PUIS ÉCRIVEZ LES QUESTIONS CORRESPONDANTES.

a. ....

b. ....

c. ....

d. ....

e. ....

3. ÉVITEZ LA RÉPÉTITION EN REMPLAÇANT LE MOT EN GRAS.

a. I want some loafers. Those **loafers** .... look nice.

b. The printer doesn't work. – This **printer** .... or that printer?

c. Sara needs a laptop. – She can use this **laptop** ....

d. You can use the fitting rooms; the **fitting rooms** .... near the escalator.

e. Do you like these shoes? – No, I prefer the **shoes** .... in the department store.

4. RÉPONDEZ À CES QUESTIONS : *WHERE DO YOU BUY...*

a. a pork chop? → ....
d. fish? → ....

b. bread? → ....
e. vegetables? → ....

c. printer ink? → ....
f. all of these? → ....

5. TRADUISEZ CES PHRASES.

a. Mon fils a besoin d'une paire de chaussures. – Bien sûr. Il chausse du combien ?
→

b. Elles ne sont pas à sa taille. Avez-vous la pointure au-dessus ?
→

c. On s'occupe d'elle ? – Non, elle ne fait que regarder.
→

d. Cette imprimante est soldée. – Je vois pourquoi !
→

9. PRENDRE LE TRAIN

TAKING THE TRAIN

OBJECTIFS

- **DEMANDER/DONNER DES INFORMATIONS**
- **POSER ET RÉPONDRE À DES QUESTIONS DE QUANTITÉ**
- **UTILISER LES QUANTIFIEURS**

NOTIONS

- **HOW MUCH/HOW MANY**
- **LES ADJECTIFS**
- **A LITTLE ET A FEW**
- **LE VERBE SINGULIER AVEC UNE MESURE OU UNE QUANTITÉ**
- **LES VERBES PRONOMINAUX RÉFLÉCHIS**

UN VOYAGE COÛTEUX

(Dans une agence de voyage)
– (S'il vous plaît) Asseyez-vous [s'il vous plaît]. Comment puis-je vous aider ?

– Je veux aller (voyager) de Londres à Liverpool (sur) mardi. J'ai une réunion importante à une heure [13 heures] et je ne peux pas être en retard. J'ai aussi quelques personnes (gens) à voir avant de partir (que je parte). Je n'ai pas beaucoup de temps mais nous pouvons nous rencontrer dans la salle (salon) [des] Affaires dans la gare.

– Bien. Il y a un train qui quitte [la gare d']Euston à 9 h 10 (dix passé neuf).

– Est-ce qu'il arrive avant 11 h 30 (moitié passé onze) ?

– Oui (il fait). Cela vous laisse (donne) un peu de temps avant votre rendez-vous.

– Combien coûte un billet aller-retour ?

– Un billet [de] deuxième classe sur ce train est (coûte) 90 £. Le train de 10 h 30 (dix trente) coûte 150.

– C'est beaucoup d'argent. Est-ce qu'il y a un train bon marché à 11 (heures) ?

– Oui, en effet (il y a), mais c'est un train omnibus (un lent). Il arrive à Liverpool à 14 h 40 (vingt à trente). Il y a un train de nuit à minuit (sur) lundi, mais je regrette (ai peur) qu'il soit (est) cher aussi. Voulez-vous prendre l'avion (voler) ?

– Je me sens un peu inquiet quand je prends un avion, mais est-ce que j'ai le (un) choix ? Combien de vols y a-t-il (sur) mardi ?

– Il y a quelques vols le matin, et certains (d'eux) sont bon marché. Par exemple, il y a un SkyJet à 7 h 45 (quart à huit) et il coûte seulement 10 £.

– 10 £ [c']est très raisonnable.

– Ah, mais cela est le tarif aller simple. Un aller-retour coûte (est) 200 £.

– C'est fou ! Avez-vous une autre idée ?

– Oui (je fais). Annulez le rendez-vous ou prenez un autocar.

11 AN EXPENSIVE JOURNEY

(In a travel agency)
– **Please** sit **down**. **How** can I **help** you?

– I want to **tra**vel from **Lon**don to **Li**verpool on **Tues**day. I have an im**por**tant **meet**ing at **one** o'**clock** and I **can't** be **late**. I also have a few **peo**ple to see be**fore** I leave. I **don't** have much **time**, but we can **meet** at the **bus**iness lounge in the **sta**tion.

– **Right**. There's a **train** that leaves **Eus**ton at **ten** past **nine**.

– Does it a**rrive** before **half**-past e**le**ven?

– **Yes** it **does**. **That** gives you a little **time** before your **appoint**ment.

– How **much** does a re**turn ti**cket cost?

– A **se**cond class **ti**cket on **that** train is **nine**ty **pounds**. The **ten thir**ty train costs one **hun**dred and **fif**ty.

– That's a **lot** of **mo**ney. **Is** there a **cheap** train at e**le**ven?

– **Yes** there **is**, but it's a **slow** one. It **gets** to **Li**verpool at **twen**ty to **three**. There is a **night** train at **mid**night on **Mon**day, but I'm a**fraid** that it's ex**pen**sive **too**. **Do** you **want** to **fly**?

– I **feel** a little **ner**vous when I **take** a **plane**, but **do** I **have** a **choice**? **How ma**ny **flights** are there on **Tues**day?

– There are a few **mor**ning flights, and **some** of them are inex**pen**sive. For ex**am**ple, there's a **Sky**Jet at a **quar**ter to **eight**. It arrives at a quarter past nine and it costs **on**ly **ten pounds**.

– **Ten pounds** is **ve**ry **reas**onable.

– **Ah**, but that's the **sin**gle fare. A re**turn** is **two hun**dred pounds.

– That's **mad**! **Do** you **have** a**no**ther id**ea**?

– **Yes**, I do. **Can**cel the **meet**ing or **take** a **coach**.

COMPRENDRE LE DIALOGUE
FORMULES ET EXPRESSIONS

→ **L'horaire** : nous avons appris dans le Module n° 5 à dire l'heure juste (toutes les heures). En voici à présent les divisions. On lit par rapport à l'heure pile.
• On dit **past** de l'heure pile à la demie – **twenty past three** (3 h 20) – et **to** de la demie à l'heure suivante – **ten to four** (3 h 50). Ou encore **five past two** (2 h 05) et **twenty-five to six** (05 h 35). Pour les demi-heures et les quarts, on emploie **half** et **quarter** : **half past ten** (10 h 30) ; **quarter past eight** (08 h 15) ; **quarter to ten** (09 h 45).
• Rappelons que l'horloge de 24 heures n'est pas utilisée dans le langage courant (**twenty-five to six** peut donc signifier 05 h 35 ou 17 h 35). En règle générale, le contexte est suffisamment clair mais, dans le cas contraire, on ajoute **in the morning** le matin ou **at night** la nuit.
• Le mot **minutes** est facultatif pour les divisions de cinq : **ten minutes past five** ou **ten past five** ; mais il est obligatoire pour toute autre division : **three minutes past five** (05 h 03). Bien entendu, il faut un peu de pratique pour que ces mécanismes deviennent un réflexe, donc nous vous conseillons de vous entraîner en regardant votre montre de temps à autre et en prononçant l'heure à haute voix.

→ **please** : notez que **please** (Module n° 1) s'emploie en début de phrase pour proposer ou inviter. **Please sit down.** *Asseyez-vous* ou *Veuillez vous asseoir.*

→ **right** est le contraire de **wrong** (Module n° 1) : **You're right.** *Tu as raison.* Mais **Right!** est une exclamation très utile, dont le sens est *Eh bien ! OK.*

→ **to fly** signifie *voler* (oiseau, etc.). On utilise logiquement dans le sens de prendre ou se déplacer en avion : **I want to fly from London to New York.** *Je veux prendre l'avion de Londres à New York.* Le substantif est **a flight**, *un vol.* Attention : **a fly** est… *une mouche* !

→ **a fare** signifie *le prix à payer pour un voyage*, que ce soit en bus, en avion ou en train (**plane/bus/train fare**). On l'utilise également avec les adjectifs **single** (Module n° 2) pour le prix d'un aller simple et **return** pour un aller-retour : **The return fare is sixty-five pounds.** *Le prix de l'aller-retour est de 65 £.*

→ **people** est le pluriel usuel de **a person**, *une personne* : **The coach can take fifty people.** *Le car peut prendre 50 personnes.* Le pluriel **persons** existe, mais il s'emploie plutôt dans des contextes formels : **Persons under eighteen are not admitted.** *Les personnes de moins de 18 ans ne sont pas admises.*

Enfin, nous verrons un autre sens de **people** dans le Module n° 11. (Quant à nos « pipoles », le terme anglais est **celebrities**.)

→ **to be afraid**, *avoir peur* (encore un exemple de **to be** traduisant *avoir*) : **She's afraid to fly.** *Elle a peur de prendre l'avion.* On emploie l'expression dans la conversation courante pour s'excuser ou exprimer un regret : **I'm afraid it's very expensive.** *J'ai bien peur que ce (ne) soit très cher.*

→ **nervous, important** : attention, ce sont deux faux amis ! L'adjectif **nervous** (de **a nerve**, *un nerf*) signifie *anxieux, inquiet*. **Don't be nervous: it's not dangerous.** *Ne sois pas inquiet : ce n'est pas dangereux. Nerveux* se dit **tense** ou **jittery**. Quant à **important**, tout en partageant la même notion de valeur qu'en français (**an important meeting**, par exemple), il ne fait jamais référence ni à la taille ni à la quantité : *une ville importante* se traduit par **a big city**.

NOTE CULTURELLE

Les chemins de fer britanniques ont été privatisés dans les années 1990. Aujourd'hui, plus d'une vingtaine de sociétés régionales fournissent un service d'acheminement de passagers et de fret sur les **main, intercity** ou **branch lines** (*lignes principales, intercités* ou *secondaires*). Lorsque vous achetez un billet (**a ticket**), comparez les tarifs (**fares**), car il existe de nombreuses possibilités selon que l'on voyage pendant les périodes de pointe ou non (**peak** et **off-peak**). Il existe aussi différents types d'abonnements, sous forme de **season tickets** et **railcards**, *billets saisonniers* et *cartes de chemin de fer*. Enfin, un dispositif en ligne permet de trouver le billet le moins cher (**cheap fare finder**). Notez aussi que le mot **a station** signifie à la fois *une gare (chemin de fer, bus, autocars)* et *une station de métro*. Londres compte une dizaine de gares, dont Euston, desservant l'ensemble de la Grande-Bretagne. Enfin, concernant les transports routiers, les lignes de bus et d'autocars ont été privatisées dès les années 1980, et de ce fait, la Grande-Bretagne est aujourd'hui dotée d'un réseau très dense et efficace d'autocars long-courrier (**coaches**).

◆ GRAMMAIRE
HOW MUCH/HOW MANY

Nous savons que **much** et **many** signifient *beaucoup de*, selon que la quantité désignée est dénombrable ou non. Avec **how much/many**, on pose la question : *Combien… ?* en faisant la même distinction : **How much is a return ticket?** *Combien coûte (est) un (billet) aller simple ?* **How many trains are there today?** *Combien de trains y a-t-il aujourd'hui ?*

LES ADJECTIFS

Nous savons que les adjectifs se placent devant le nom en anglais : **our young son**, *notre jeune fils* ; **a slow train**, *un train lent* (c'est-à-dire un train omnibus). On peut aussi utiliser un nom comme adjectif : **a night train**, *un train de nuit* ; **a morning flight**, *un vol matinal*. Enfin, il est également possible de former des adjectifs composés : **a second class ticket**, *un billet de deuxième classe*. Les règles sont un peu complexes, mais rappelons que les adjectifs ne s'accordent jamais avec leur nom : **two heavy bags**, *deux sacs lourds*.

A LITTLE, A FEW

Ces deux expressions permettent d'exprimer de petites quantités, avec la même logique que **much** et **many**, c'est-à-dire selon que le nom qualifié est dénombrable (**a few**) ou indénombrable (**a little**). **I have a little time before my meeting.** *J'ai un peu de temps avant ma réunion.* **Do you have a few minutes? I want to talk to you.** *Avez-vous quelques minutes ? Je veux vous parler.*

▲ CONJUGAISON
LE VERBE SINGULIER AVEC UNE MESURE OU UNE QUANTITÉ

Avec une mesure, une quantité, une période, etc., désignée par un nombre et considérée comme un tout (10 £, 200 km), etc., le verbe est au singulier : **A hundred pounds is a lot of money.** *100 £, c'est beaucoup d'argent.* **Three days is a long time.** *Trois jours, c'est long.*

LES VERBES PRONOMINAUX RÉFLÉCHIS

Un certain nombre de verbes pronominaux sont réfléchis ou réciproques en français mais pas en anglais. Nous les verrons au fur et à mesure, mais retenez déjà **to meet**, *se rencontrer* ; **to sit**, *s'asseoir* ; et **to feel**, *se sentir*. **Please sit down.** *Asseyez-vous, je vous en prie.* **I feel nervous in a plane.** *Je me sens inquiet en (dans un) avion.* **We can meet after work.** *Nous pouvons nous rencontrer après le travail.*

VOCABULAIRE

to be late être en retard
to cancel annuler
to cost coûter
to feel se sentir (non réfléchi)
to fly voler
to leave quitter, partir
to meet (se) rencontrer (non réfléchi)
to sit (down) s'asseoir (non réfléchi)
to travel voyager

a few quelques (avec un nom dénombrable)
cheap pas cher, bon marché
expensive/inexpensive cher/peu cher
a little un peu (avec un nom indénombrable)
slow lent

For example Par exemple
Right Eh bien, OK

an appointment un rendez-vous
a business lounge un salon Affaires
a coach un autocar
a fare un prix/tarif pour un voyage
a flight un vol (en avion)
an idea une idée (attention à la prononciation en trois syllabes : aï-dii-ë)
a meeting une réunion
midnight minuit
a night une nuit
people des personnes (le pluriel de **a person**)
a single/return ticket un (billet) aller simple/aller-retour
a single/return fare le prix d'un (billet) aller simple/aller-retour
a slow train un train omnibus
a travel agency une agence de voyages

Au fil des chapitres, votre vocabulaire s'étoffe. La liste de mots peut paraître angoissante, mais ne vous inquiétez pas : essayez de les apprendre par petits groupes, et reliez-les toujours au contexte dans lequel vous les avez appris. Vous verrez que l'apprentissage sera assez rapide !

◆ EXERCICES

1. TRANSFORMEZ CES PHRASES AFFIRMATIVES EN INTERROGATIVES.

a. They want to fly to Liverpool on Wednesday. →
b. Steve wants to take the ten fifteen train. →
c. There is a cheap train this afternoon. →
d. I have another idea. (I *devient* you). →

2. COMPLÉTEZ CES PHRASES AVEC *HOW MUCH* OU *HOW MANY*.

a. .... does a return ticket cost?
b. .... time do we have before the meeting?
c. .... flights are there this afternoon?
d. .... money do you have?

3. INDIQUEZ L'HEURE DANS LES DEUX FORMATS : ANALOGIQUE ET NUMÉRIQUE.

a. 9 h 15 : ....
b. 5 h 25 : ....
c. 16 h 10 : ....
d. 9 h 30 : ....
e. 19 h 50 : ....
f. 8 h 45 : ....
g. 12 h 30 : ....

4. TRADUISEZ CES PHRASES, PUIS ÉCOUTEZ L'ENREGISTREMENT POUR VÉRIFIER.

a. J'ai bien peur que le prix de l'aller-retour soit très cher. – Combien ?
→

b. A-t-il une autre idée ? – Oui, en effet. Annuler la réunion.
→

c. Combien coûte un billet aller simple ? – Deux cents livres.
→

d. L'avion arrive-t-il avant minuit ? – Non.
→

e. Veuillez vous asseoir. – Merci. Je me sens un peu inquiet.
→

f. Il y a quelques trains, et certains sont peu chers. – D'accord, mais je ne peux pas être en retard.
→

10. TÉLÉPHONER

USING THE PHONE

OBJECTIFS

- UTILISER LE VOCABULAIRE DE LA TÉLÉPHONIE
- EXPRIMER LA MÊME OPINION QUE SON INTERLOCUTEUR

NOTIONS

- LES PRÉPOSITIONS
- STILL, ALWAYS ET AGAIN (ACTIONS CONSTANTES)
- SO/NEITHER + AUXILIAIRE

LA COMMUNICATION

– Je [m']inquiète car je n'ai pas de nouvelles de Jerry. Passons un coup de fil (Donnons-lui une bague). Où est ton portable ? Ah, le voilà, sur le chargeur. Quel est le numéro de Harry ? Il n'est pas programmé.

– Je pense que c'est [le] 073 655 192. Ou c'est peut-être 198 : essaie les deux. Alors ça marche (de la chance) ? Peut-être (que) la ligne est occupée ? Essaie à nouveau.

– C'est inutile : le signal est trop faible. Regarde ici, au-dessus de l'icône « batterie » : « Pas [de] service ».

– Nous avons toujours le même problème. Notre maison est entre deux collines et une rivière. Il n'y a pas beaucoup de (mâts) relais ici à la campagne. Attends, j'ai une idée. Traverse (va à travers) l'entrée, sors par la porte d'entrée autour de la maison et dans le jardin. Marche jusqu'au bout de l'allée à côté (par) des arbres et de l'herbe et tiens le téléphone au-dessus [de] ta tête.

– Non, c'est inutile. Il n'y a pas beaucoup de différence dans ou hors de la maison. Le signal n'est toujours pas assez fort et il n'y a pas assez [de] puissance. Peut-être pouvons-nous lui envoyer un e-mail ?

– Je ne connais pas son adresse.

– Alors essayons de chatter en ligne avec lui, bien que je n'aie pas beaucoup de temps.

– Moi non plus.

– Et je suis mauvais en (à la) technologie.

– Moi aussi.

– Quel type d'ordinateur as-tu (eu) ?

– Un blanc, avec des touches noires.

– Moi aussi ! [Le] mien est exactement pareil.

COMMUNICATION

— I'm con**cerned** be**cause** I have **no news** from **Jer**ry. Let's give him a ring. **Where's** your **mo**bile? Ah, **there** it **is** on **top** of the **char**ger. What's **Jer**ry's **num**ber? It's **not pro**grammed.

— I **think** that it's 073 655 192. Or **may**be it's 198: try **both** of **them**. Any luck? Per**haps** the **line** is en**gaged**? Try **again**.

— It's **no use**: the **sig**nal is **too weak**. **Look here**, a**bove** the "**bat**tery" **i**con: "**No ser**vice".

— We **al**ways **have** the **same prob**lem. Our house is between two hills and a river. There **aren't ma**ny **masts** out **here** in the **count**ry. **Wait**, I've **got** an **i**dea. Try **out**side. Go through the hall, out the front door a**round** the **house** and **in**to the **gar**den. Walk down to the end of the path by the trees and grass and **hold** the **phone** a**bove** your **head**.

— **No**, it's **no use**. There's **not much dif**ference **in**side or **out**side the house. The **sig**nal is **still not** strong e**nough** and there is **not** e**nough pow**er. **May**be we can **e**mail him?

— I don't **know** his a**ddress**.

— Then let's **try chat**ting on**line** with **him**, al**though** I **don**'t have a **lot** of **time**.

— **Nei**ther do **I**.

— And **I'm bad** at tech**no**logy.

— **So** am **I**.

— **What kind** of **com**puter have you **got**?

— A **white** one with **black but**tons.

— **Me too**! Mine is exa**ctly** the **same**.

■ COMPRENDRE LE DIALOGUE
FORMULES ET EXPRESSIONS

→ **Me too** : cette construction, avec le pronom complément, permet d'exprimer son accord avec un énoncé positif. **I'm hungry – Me too.** *J'ai faim – Moi aussi.*

→ Les numéros de téléphone se lisent chiffre par chiffre, en groupes de trois ou quatre. Le zéro se prononce comme la lettre « o ». Ainsi, le 073 655 192 se lit **oh seven three six five five one nine two**. Si un chiffre se répète, comme le 5, on peut simplement dire **double five** (voire **triple** pour trois chiffres identiques). Un numéro de téléphone n'est jamais précédé de l'article défini : **My number is 075...** *Mon numéro est le 075...* (Cette façon de lire les chiffres s'applique aussi aux numéros de chambres d'hôtel, d'avion, etc., au-delà de 100, Module n° 12).

→ **the country** (ou **countryside**), *la campagne*. Attention au contexte, car ce mot désigne aussi le pays : **I love my country.** *J'adore mon pays ;* mais **I love the countryside.** *J'adore la campagne.*

→ **Any luck?** est une interrogation idiomatique pour savoir si son interlocuteur a réussi l'action qu'il a entreprise, par exemple la recherche d'un objet perdu. On peut la traduire par *As-tu réussi ?* ou *L'as-tu trouvé ?*, selon le contexte. Nous avons déjà vu l'adjectif **lucky**, *chanceux* (comme Lucky Luke : Luc le chanceux !).

→ **engaged** : ce participe passé du verbe **to engage** s'emploie de façon idiomatique dans deux situations courantes. Pour l'état civil, **to be engaged** (ellipse de **engaged to be married**), *être fiancé* : **Harry and Sally are engaged.** *Harry et Sally sont fiancés.* Le deuxième usage concerne la téléphonie : **Harry's line/phone is engaged.** *La ligne/Le téléphone de Harry est occupée* (**busy** en américain).

→ **to chat** : à l'origine, ce n'était pas une activité électronique mais une conversation familière à bâtons rompus. Prononcez bien le son [tch-] en début de mot.

→ **through**, *à travers* ; **enough**, *assez, suffisant* ; **although**, *bien que* : la prononciation des lettres **-ough** pose un vrai problème, car elle est plus ou moins irrégulière. Il existe une vingtaine de mots qui contiennent ce phonème, que l'on peut diviser en trois groupes homogènes. Voici les plus fréquents, présents dans cet ouvrage :

[eu]	**tough** [teuf] *dur, coriace* ; **enough** [ëneuf] *assez, suffisant* ; **rough** [reuf] *rêche, rugueux.*
[ort]	**bought** [bort] participe passé de **to buy**, *acheter* ; **thought** [THort] *une pensée*, participe passé de **to think**, *penser.*
[oo]	**though/although** [DHoo/orlDHoo] *bien que* ; **through** [THrou] *à travers.*

NOTE CULTURELLE

Mr Watson, come here, I want to see you. *M. Watson, venez ici, je veux vous voir.* Depuis 1876, quand Alexander Graham Bell a prononcé cette première phrase au téléphone, le mot **telephone** a presque disparu, remplacé par **a phone**, **a mobile phone** (en américain, **a cell phone/cellphone**), *un téléphone portable.* Cet appareil est devenu **a smartphone** (« téléphone malin »). Le bon vieux téléphone fixe s'appelle encore **a landline**, litt. *ligne de terre,* ou **fixed-line phone**. Certaines expressions anciennes sont restées : on dit toujours **to give someone a ring**, **to dial**, *numéroter* (alors que **a dial** est *un cadran rond*), ou encore **to hang up**, *raccrocher.*

◆ **GRAMMAIRE**
LES PRÉPOSITIONS, RAPPEL

above *au-dessus*	**Hold it above your head.** *Tiens-le au-dessus de la tête.*
around *autour de*	**Go around the house.** *Va autour de la maison.*
at *à*	**He's at the conference.** *Il est au colloque.*
before *avant*	**The plane arrives before eleven.** *L'avion arrive avant 11 heures.*
between *entre*	**The mast is between the hills.** *L'antenne est entre les collines.*
by *par, à côté de*	**The path is by the trees.** *Le chemin est à côté des arbres.*
down *en bas*	**Walk down the path.** *Descends l'allée.*
for *pour*	**I've some questions for you.** *J'ai des questions pour vous.*
from *(à partir) de*	**Where are you from?** *D'où êtes-vous ?*
in *dans*	**The keys are in my pocket.** *Les clés sont dans ma poche.*
into *dans (avec mouvement)*	**Come into the room.** *Venez dans la pièce.*
next to *à côté de*	**The shop is next to the bakery.** *Le magasin est à côté de la boulangerie.*
of *de*	**That's a lot of work.** *C'est beaucoup de travail.*
on *sur*	**The supermarket is on the high street.** *Le supermarché est sur la grand-rue.*
out of *(en) dehors*	**Come out of the house.** *Sortez (en dehors) de la maison.*
through *à travers*	**Go through the garden.** *Traversez le jardin.*
to* *à*	**Give it to me.** *Donne-le-moi (« à moi »).*
under *sous*	**It's under the bed.** *C'est sous le lit.*
up *sur (vers le haut)*	**Go up the road.** *Montez la rue.*

* **to** est aussi le marqueur de l'infinitif.

STILL, ALWAYS ET AGAIN

L'adverbe français *toujours* se traduit de deux façons différentes, selon le sens.

• Lorsque *toujours* veut dire *continuellement* ou *chaque fois*, on utilise **always**, qui se place devant le verbe : **He always orders coffee.** *Il commande toujours du café.* **Do you always fly to Scotland?** *Empruntez-vous toujours l'avion pour aller en Écosse ?*

• Mais quand *toujours* décrit une action en cours, il faut utiliser **still**, placé après l'auxiliaire (**to be**, **to do**) : **His line is still engaged.** *Sa ligne (à lui) est toujours occupée.* **Does her fiancé still live in New York?** *Est-ce que son fiancé habite toujours à New York ?*

Enfin, **again** est utilisé dans le sens de *à nouveau* pour une répétition : **The phone doesn't work. – Try again.** *Le téléphone ne marche pas. – Essaie à nouveau.* **We have the same problem again.** *Nous avons le même problème à nouveau.*

SO/NEITHER + AUXILIAIRE

Ces tournures permettent de répondre à une phrase en signalant un avis ou une expérience partagés, comme *moi aussi* et *moi non plus* en français. Si la phrase est positive, on répond avec **so** plus l'auxiliaire et le sujet : **We're ready to order. – So are we.** *Nous sommes prêts à commander. – Nous aussi.* **I support Manchester United. – So do I.** *Je suis supporteur de Manchester United. – Moi aussi.*

Si la phrase est négative, la réponse se forme avec **neither** : **I don't like Peter's blog posts. – Neither does Jim.** *Je n'aime pas les billets de blog de Peter. – Jim non plus.* **We aren't interested in their offer. – Neither are they.** *Nous ne sommes pas intéressés par leur proposition. – Eux non plus.* Voici encore un exemple de phrase négative formée avec une seule négation (**neither am**, etc.). Nous verrons la forme affirmative **either** ultérieurement.

VOCABULAIRE

to be concerned *s'inquiéter, être inquiet* (attention à ce faux ami !)
to give someone a ring *ou* **a call** *passer un coup de fil à quelqu'un*
to programme *programmer*
to email (e-mail) *envoyer un/des e-mail(s)*
to chat *bavarder, « chatter » (« clavarder »)*

again *encore, à nouveau*
both *les deux*
enough *assez, suffisamment* (prononcé [i-neuf])
engaged *occupé (ligne téléphonique), fiancé(e)*
maybe *peut-être*
(the) same *le/la/les même(s)*
still *toujours, encore*
strong *fort*
weak *faible*

a battery *une batterie, une pile*
a button *un bouton*
a cell (phone) *un (téléphone) portable* (anglais américain)
the country (side) *la campagne*
a front door *une porte principale*
a garden *un jardin*
a hall *une entrée (dans une maison)*
a hill *une colline*

a mast *un mât, une antenne (téléphonie)*
a mobile (phone) *un (téléphone) portable* (anglais britannique)
news *des/les nouvelles*
a (phone) number *un numéro (de téléphone)*
an icon *une icône*
a path *un sentier*
power *la puissance*
a tree *un arbre*

Any luck? *As-tu réussi ?/ L'as-tu trouvé ?*
It's no use *C'est inutile*
Neither do/am I *Moi non plus*
So do/am I *Moi aussi*

● EXERCICES

1. TRADUISEZ LA PRÉPOSITION INDIQUÉE ENTRE PARENTHÈSES.

a. Go (*autour de*) .... the house, (*à travers*) .... the garden and (*en bas*) .... to the end of the path.

b. Your phone is (*sur*) .... the table (*à côté de*) .... the kitchen.

c. The phone mast is (*dans*) .... the forest (*entre*) .... the trees.

d. I want to talk (*à*) .... Harry. – He's in a meeting (*à/en*) .... the moment.

2. COMPLÉTEZ CES PHRASES AVEC *STILL, ALWAYS* OU *AGAIN*.

a. The movie starts at three, but Harry's .... late!

b. The line is .... busy. – Try again.

c. Do you .... order coffee? – Yes, I don't like tea.

d. Ronnie .... lives in New York and I .... visit him when I go to America.

3. TRADUISEZ CES PHRASES.

a. Passe un coup de fil à Mary. As-tu réussi ? – Non, la ligne est toujours occupée (*en anglais britannique et américain*).

→

b. Je suis fatigué et j'ai encore faim. – Moi aussi.

→

c. Je n'aime pas son accent. – Jim non plus.

→

d. Quel type d'ordinateur a-t-il ? – Un blanc. Désolé, je suis mauvais en technologie !

→

🔊 4. LISEZ À HAUTE VOIX CES NUMÉROS, PUIS ÉCOUTEZ L'ENREGISTREMENT POUR VÉRIFIER.

a. 073 654 192

b. 189 402 7156

c. 4454 686 771

d. 33 142 604 066

e. 333 888 1144

f. 007 007 ("The name is Bond, James Bond")

11. PRÉPARER UNE SORTIE

GETTING READY TO GO OUT

OBJECTIFS

- EXPRIMER UN CHOIX
- EXPRIMER UNE CERTITUDE/ UNE SUPPOSITION
- POSER DES QUESTIONS
- DÉCRIRE UNE PERSONNE

NOTIONS

- LES PRONOMS INTERROGATIFS EN WH-
- LES PRONOMS RELATIFS EN WH-

SORTIR

– Qu'est-ce que c'est dans ta main ?

– C'est une carte. Elle dit : « Tu es invitée à un concert jeudi prochain pour fêter un événement très exceptionnel (spécial) ».

– Quand (est) a lieu le concert et qui (est) joue ?

– Je n'ai aucune idée (pas d'indice). Je ne sais même pas où il est. Ni (ou) pourquoi je suis invitée. Tout est terriblement mystérieux.

– De qui vient (est) la carte ? Est-ce que tu reconnais l'écriture ?

– Non… Attends une minute. Je parie qu'elle est d'Alex.

– Comment [le] sais-tu ?

– Parce que jeudi, (c')est la Saint-Valentin.

– Pourquoi as-tu l'air si déçue ? C'est (Il) le type sympa qui possède une librairie, n'est-ce pas ?

– C'est ça. En fait, il est plutôt beau : il est grand et mince, avec les yeux bleus. Ses cheveux sont longs et bouclés, et il rit beaucoup. La plupart des gens pensent qu'il est charmant. Pas moi : je le trouve ennuyeux.

– Pauvre Alex. Pourquoi ne réponds-tu pas [à] son invitation en l'acceptant (dire oui) ?

– Tu as raison. Pourquoi pas ?

(Le jour du concert)
– Je vais à ce concert ce soir mais je ne sais pas quoi mettre.

– Mais ta penderie (garde-robe) est pleine de vêtements !

– Lequel préfères-tu : cette robe rouge ou ce pantalon vert ?

– [Le] vert est joli, mais le rouge te va encore mieux. Maintenant, il est presque temps de partir. Passe un bon moment (aie un bon temps).

– Merci. Souhaite-moi bonne chance !

13 GOING OUT

– What's that in your hand?

– It's a **card**. It says "You are in**vi**ted to a **con**cert next **Thurs**day to **cel**ebrate a **ve**ry **spe**cial **event**".

– **When**'s the **con**cert and who's **play**ing?

– I **have**n't a **clue**. I don't **ev**en **know where** it **is**. Or **why** I'm in**vi**ted. It's **all terr**ibly mys**ter**ious.

– **Who's** the **card from**? Do you **rec**ognise the **writ**ing?

– No… W**ait** a **min**ute. I **bet** it's from **A**lex.

– **How** do you know?

– Be**cause Thurs**day is **Val**entine's Day.

– **Why** do you **look** so disa**ppoint**ed? **He's** the **nice guy** who owns a **book**shop, **is**n't **he**?

– That's **right**. **Ac**tually he's **quite** good-**look**ing: he's **tall** and **slim**, with blue eyes. His **hair** is **long** and **cur**ly and he **laughs** a **lot**. Most **pe**ople **think** that he's **charm**ing. Except me: **I** find him **bor**ing.

– **Poor A**lex. **Why** don't you **an**swer his invi**ta**tion and say **yes**?

– You're **right**. Why **not**?

(The day of the concert)
– I'm **go**ing to that **con**cert this **eve**ning but I **don't** know **what** to **wear**.

– But your **ward**robe is **full** of **clothes**!

– **Which** do you pre**fer**: this **red dress** or these **green trou**sers?

– **Green** is **pre**tty, but **red** suits you **ev**en **more**. Now, it's **near**ly **time** to **go**. **Have** a **good time**.

– Thanks. Wish me good luck!

COMPRENDRE LE DIALOGUE
FORMULES ET EXPRESSIONS

→ **even** : cet adverbe traduit la notion de *même* ou *encore*. **The dress is pretty but the trousers suit you even more.** *La robe est jolie, mais le pantalon te va encore mieux.* **He doesn't even know my name.** *Il ne connaît même pas mon nom.*

→ **a clue**, *un indice* (pour les connaisseurs, on retrouve ce mot dans le nom du jeu de société Cluedo, appelé Clue aux États-Unis). L'expression idiomatique **I don't have a clue.** signifie *Je n'(en) ai pas la moindre idée*. On peut, bien sûr, utiliser un autre pronom : **What does Sue want for her birthday? – She doesn't have a clue.** *Que veut Sue pour son anniversaire ? – Elle n'(en) a aucune idée.*

→ **to bet**, *parier*, est utilisé dans une formule idiomatique – comme en français – pour exprimer une supposition : **I bet you can't answer that question.** *Je parie que tu ne peux pas répondre à cette question.* On peut ajouter **anything you like: I bet anything you like that you can't answer.** *Je parie tout ce que tu veux que tu ne peux pas répondre.* Enfin, pour répondre avec enthousiasme à une question de sollicitation, on peut répondre **You bet!** *Tu peux compter dessus !*

→ **Have a good time** est l'une de ces expressions exclamatives comme **Have a nice day**, vue dans le Module n° 7. Une variante courante est **Have fun.** *Amusez-vous.*

→ **See you**, *À tout à l'heure*, est une forme tronquée de l'expression **See you later**, apprise dans le Module n° 1.

→ **to suit** signifie *convenir à*. Ce verbe est très utile pour exprimer la convenance : **Let's make an appointment. Does Tuesday suit you?** *Fixons un rendez-vous. Est-ce que mardi vous convient ?* Mais c'est aussi une façon de dire que quelque chose (un vêtement, un mode, etc.) va bien à quelqu'un : **That green coat suits you.** *Ce manteau vert vous va (bien).* Un *costume* ou *un tailleur* se traduit par **a suit**, car les différents éléments « vont bien » ensemble.

NOTE CULTURELLE

L'étymologie permet d'en apprendre beaucoup sur une langue et sur ses origines. Nous savons ainsi que l'anglais a adopté, presque sans les modifier, des milliers de mots français d'origine latine. Mais d'autres avancent masqués. Ainsi, **a wardrobe** vient directement du vieux français *wardeureube*, devenu… *une garde-robe* ! Le verbe **to enjoy**, rencontré dans le Module n° 6, est une déformation de « *en joie* ». Citons aussi **a dandelion**, *un pissenlit*, déformation de « *dent de lion* » ; **a curfew**, *un couvre-feu* ; **to endeavour**, *s'efforcer*, de « *en devoir* » ; ou **to surrender**, *se rendre*.

Tout n'est cependant pas importé de France, comme le mot **a guy**, *un type*, qui vient d'un nom propre, Guy Fawkes, l'artificier d'un groupe de catholiques qui, en 1606, a comploté l'assassinat du roi protestant James I (Jacques Ier) en faisant exploser le Parlement. Le complot – **the Gunpowder Plot**, *la conspiration des Poudres* – fut découvert à temps et Guy Fawkes exécuté. De nos jours encore, on brûle son effigie – appelée **a guy** – chaque 5 novembre sur de grands feux de joie à travers le pays. Le mot **guy** fut adopté au XIXe siècle pour désigner un drôle de gars ; aujourd'hui, il signifie simplement *un type*, ou il est utilisé au pluriel comme salutation : **Hi, guys.** *Salut les gars.* Comme quoi, les mots ont une histoire extraordinaire, et l'étymologie est très utile pour élargir rapidement – et facilement – son vocabulaire.

◆ GRAMMAIRE
L'ÉQUIPE DES WH-

Faisons un point plus complet sur cette « famille » de mots commençant par **wh-**, rencontrée pour la première fois au début de ce livre.

• **Pronoms interrogatifs**

Il y a sept pronoms, tous invariables : **who, what, which, where, when, why** et **whose**, ainsi qu'un « renfort » : **how**.

– **who**, *qui*, s'applique toujours aux personnes : **Who do you like?** *Qui aimes-tu ?* Si **who** se réfère au sujet de la question, il n'est pas suivi de **to do** mais directement par le verbe : **Who wants a sandwich?** *Qui veut un sandwich ?* Rappelons enfin que **who**, avec **whose**, sont les seuls des **wh-** qui se prononcent avec un « h » initial (au lieu d'un « w ») : [hou] et [houz] vs [ouot], [ouènn], etc.

– **what**, *que, quoi, quel* : **What do you want?** *Que voulez-vous ?* Comme **who**, **what** n'est pas suivi de **do** s'il est le sujet de l'interrogation, mais directement d'un verbe ou d'un nom : **What happens after lunch?** *Que se passe-t-il après le déjeuner ?* **What sports do you like?** *Quels sports aimez-vous ?*

– **which**, *quel, lequel*, s'emploie dans le cadre d'un choix limité, au contraire de **What…?** Comparez **Which sport do you prefer: soccer or rugby?** *Quel sport préfères-tu : le foot ou le rugby ?* et **What sports do you like?** *Quels sports aimez-vous ?* Et si le contexte le permet (dans notre exemple, une discussion préalable sur le sport), on peut tout à fait omettre le nom : **Which do you prefer: soccer or rugby?** Dans ce cas, **which** se traduit par *lequel/laquelle*, etc.

– Les trois pronoms **where**, *où* ; **when**, *quand*, et **why**, *pourquoi*, se comportent comme leurs équivalents français : **Where do you live?** *Où habites-tu ?*

When is your birthday? *Quand est ton anniversaire ?* **Why does she like him?**
– **Why not?** *Pourquoi l'aime-t-elle ? – Pourquoi pas ?*
– **whose**, *à qui*, se prononce avec un « h » initial aspiré : **Whose are these toys?** *À qui sont ces jouets ?*
– Le dernier de cette famille est **how**, *comment*. Outre la forme interrogative classique – **How do you say "key" in French?** *Comment dit-on « key » (clef) en français ?* –, **how** s'emploie pour s'enquérir de la santé de quelqu'un, avec le verbe **to be** (et non **to go**, *aller*), comme nous l'avons vu dans le Module n° 1 : **How are you?** *Comment vas-tu ?* Mais **how** sert aussi à poser des questions correspondant à *combien* en français. Rendez-vous au Module n° 14 pour plus d'informations.

– Enfin, si une interrogation commençant par une question en **wh-** (ou **how**) contient une préposition, celle-ci est souvent rejetée à la fin de la phrase, contrairement au français. Ainsi, *De qui est la carte ?* se traduit par **Who is the card from?** Ou encore : *Avec qui vas-tu ?* se dit **Who are you going with?**

Nous reviendrons sur ce point, quelque peu déroutant au début, car ce type de construction est très fréquent en anglais courant.

• **Pronoms relatifs**

Who, **which** et **what** fonctionnent aussi comme pronoms relatifs (*ce qui/que*) : **Alex is a friend who owns a bookshop.** *Alex est un ami qui possède une librairie.* **He has a blog which gives useful information on new writers.** *Il a un blog qui donne des informations utiles sur de nouveaux écrivains.* **I don't know what book to buy.** *Je ne sais pas quel livre acheter.*

– En anglais courant, on remplace volontiers **who** et **which** par **that**, sans changer le sens de la phrase : **Alex is a friend that owns** ou **He has a blog that gives**, etc. Cependant, on ne peut pas faire la même chose avec **what**.

– Enfin, lorsque le pronom relatif est le complément de la proposition, il est souvent omis : **The blog which/that he writes is called OnLine.** → **The blog he writes is called OnLine.** *Le blog qu'il écrit s'appelle OnLine.* **Alex is a guy who/that I like very much.** → **Alex is a guy I like very much.** *Alex est un type que j'aime beaucoup.* Dans ce cas, il ne s'agit point d'une règle mais d'un usage, notamment dans la langue parlée. Dans le reste de ce livre, nous emploierons les deux formes.

VOCABULAIRE

to **answer** *répondre*
to **bet** *parier*
to **celebrate** *célébrer, fêter*
to **find** *trouver*
to **invite** *inviter*
to **own** *posséder*
to **play** *jouer*
to **prefer** *préférer*
to **recognise** *reconnaître*
to **suit** *convenir, aller bien avec*
to **wear** *porter (un vêtement)*

Have a good time *Amuse-toi*
I haven't a clue *Je n'en ai aucune idée*
Wait a minute *Attendez une minute*

boring *ennuyeux*
charming *charmant*
disappointed *déçu* (du verbe to **disappoint**, *décevoir*)
mysterious *mystérieux*
nearly *presque* (de **near**, *près, proche*)
terribly *terriblement*

a **bookshop** *une librairie* (a **book**, *un livre* + a **shop**, *un magasin*)
a **clue** *un indice*
an **event** *un événement*
a **suit** *un costume*
writing *l'écriture*
a **wardrobe** *une garde-robe*

◆ EXERCICES

1. FORMEZ DES QUESTIONS À PARTIR DES PHRASES SUIVANTES.

a. The card is from Alex. → .... is the card ....?

b. Her birthday is in February. → .... is her birthday?

c. I'm going to the concert with Sue. → .... are you going to the concert ....?

d. These cards are mine. → .... are .... cards?

2. REMPLACEZ LE PRONOM EN GRAS PAR *THAT*, SI POSSIBLE.

a. The friend **who** .... owns a bookshop is called Alex.

b. We don't know **what** .... film to watch this evening.

c. This is the blog **which** .... I prefer: it's called OnLine.

d. **Which** .... do you prefer: cricket or hockey?

3. ENTOUREZ LES PHRASES DANS LESQUELLES LA SUPPRESSION DU PRONOM EN GRAS EST POSSIBLE.

a. Sue is a woman **that** I like very much.

b. I have a friend **who** owns three cars.

c. The sports **which** he doesn't like are cricket and football.

d. It's a blog **that** gives information on writers.

🔊 4. TRADUISEZ CES PHRASES, PUIS ÉCOUTEZ L'ENREGISTREMENT POUR VÉRIFIER.

13

a. Elle dit qu'il est un type sympa, mais elle ne connaît même pas son nom.

→

b. De qui est la carte ? – Je n'ai aucune idée. Je ne reconnais même pas l'écriture.

→

c. Je parie que tu peux répondre à la question : quand est la Saint-Valentin.

→

d. Fixons un rendez-vous. Est-ce que jeudi vous convient ?

→

e. Lequel préfères-tu : ce pantalon rouge ou cette robe grise ? – La robe est trop grande.

→

12. RÉSERVER UNE CHAMBRE D'HÔTEL

BOOKING A HOTEL ROOM

OBJECTIFS

- POSER ET RÉPONDRE À DES QUESTIONS FERMÉES
- S'ORIENTER DANS UN BÂTIMENT
- SE PLAINDRE/S'EXCUSER

NOTIONS

- MAY
- SOMETHING/ANYTHING
- LES NOMS DÉNOMBRABLES ET INDÉNOMBRABLES
- LA PLACE DES ADVERBES (SUITE)
- HERE IS/HERE ARE + VERBE

À L'HÔTEL

(À la réception)
– Bienvenue à l'hôtel (des) Quarante Tours. Que puis-je faire pour vous ?

– Avez-vous une chambre pour deux nuits ?

– Nous sommes très occupés. Avez-vous une réservation ?

– Non (je n'ai pas).

– Voulez-vous une chambre simple ou double, Madame ?

– Ça m'est égal. Qu'est-ce que vous avez ?

– Nous n'avons rien pour [cette] nuit. Ah, un instant (juste un moment). Nous avons quelque chose au troisième étage. C'est une [chambre] simple. Le tarif est [de] 200 £ la (une) nuit et n'inclut pas le petit déjeuner.

– Est-ce que cela inclut l'accès à Internet ?

– Oui. Et un journal. Puis-je voir (une pièce d') identité s'il vous plaît ? Et avez-vous une carte de crédit ?

– Voici mon permis de conduire et ma carte.

– Merci. Voici votre clé. C'est (Vous êtes dans) la chambre 2019. Avez-vous des bagages ?

– Non. Seulement ce sac. C'est assez léger. Où est l'ascenseur ?

– Il est au bout du couloir sur la gauche. L'escalier est sur la droite.

– Je ne connais pas très bien Birmingham. En fait, je ne connais pas du tout. Avez-vous un plan de la ville ?

– Bien sûr. Bon (Appréciez votre) séjour.

(Plus tard)
– Bonjour. [Ici la] réception. Puis-je vous aider ?

– Je ne peux pas me connecter à (l')Internet, la télé ne fonctionne pas, les fenêtres ne ferment pas, les oreillers sont trop durs et les meubles (le mobilier) sont horribles.

– Je suis désolé, Madame, nous avons quelques problèmes actuellement. Revenez la semaine prochaine.

14 AT THE HOTEL

(At the reception desk)
– **Wel**come to the **For**ty **Tow**ers ho**tel**. **What** can I **do** for you?

– **Do** you have a **room** for **two nights**?

– We're **very bu**sy. **Do** you have a reser**va**tion?

– No, I don't.

– **Do** you **want** a **single** room or a **dou**ble room, **ma**dam?

– I don't **mind**. **What** do you **have**?

– We **don't** have **an**ything for to**night**. Oh, **just** a **mo**ment. I have **some**thing on the third **floor**. It's a **sin**gle. The **rate** is **two hun**dred pounds a night and does **not** in**clude break**fast.

– Does it in**clude in**ternet **ac**cess?

– **Yes** it **does**. And a **dai**ly **pa**per. **May** I **see** some **ID** please? And **do** you **have** a **cre**dit card?

– **Here** are my **dri**ving **lic**ence and my **card**.

– Thanks. **Here's** your **key**. You're in **room** 2019. **Do** you have **a**ny **lu**ggage?

– **No** I **don't**. Just this bag. It's **quite light**. **Where's** the **lift**?

– It's at the **end** of the **co**rridor on the **left**. The **staircase** is on the **right**.

– I **don't** know **Bir**mingham very **well**. In **fact**, I don't **know** it at **all**. **Do** you have a **map** of the **ci**ty?

– Of **course**. En**joy** your **stay**.

(Later)
– He**llo**. Re**cep**tion. **M**ay I **help** you?

– I **can't** co**nnect** to the **in**ternet, the **TV** doesn't **work**, the **win**dows don't **close**, the **pi**llows are too **hard**, the **floor** is **wet** and the **fur**niture is **hor**rible!

– I'm **so**rry **mad**am, we're **hav**ing a few problems. **Come back** next **week**.

COMPRENDRE LE DIALOGUE
FORMULES ET EXPRESSIONS

→ **the mind**, *l'esprit*. On trouve fréquemment ce nom abstrait dans des expressions courantes comme **Do you mind if…?** *Cela vous ennuie si…?* ou encore **I don't mind.** *Ça m'est égal.* Si vous prenez le **Underground**, *métro*, à Londres, vous entendrez certainement l'avertissement **Mind the gap!**, qui vous invite à faire attention à (ou à garder à l'esprit) l'espace (**gap**) entre le train et le quai.

→ On dit que l'Amérique et la Grande-Bretagne sont deux pays frères divisés par la même langue… Ce mot d'esprit prend tout son sens au niveau du vocabulaire. Voici un exemple courant : *un ascenseur* se dit **a lift** en anglais britannique, mais **an elevator** en américain. Nous parlerons de ces différences – assez minimes – tout au long du livre.

→ Comme pour les numéros de téléphone, les chiffres qui n'expriment pas une quantité (année, numéro d'immatriculation, de chambre d'hôtel, etc.) se lisent un à un ou par groupes. La même règle s'applique aux années. Ainsi, l'année 2019 se dit **twenty nineteen** (20 et 19).

→ **The rate** désigne le coût d'une prestation, et est souvent traduit par le pluriel en français : *des frais, des honoraires, des droits.*

NOTE CULTURELLE

La carte nationale d'identité n'existe ni au Royaume-Uni, ni en Irlande, ni aux États-Unis, même si la question se pose régulièrement, sans aboutir. Lorsqu'il est nécessaire pour un citoyen de fournir une preuve officielle de son identité – **identity**, abrégé couramment par les initiales **ID** [aï dii] –, il présente son passeport (s'il en possède un) ou son permis de conduire.

GRAMMAIRE
MAY

L'auxiliaire modal **may** exprime une possibilité. Nous détaillerons ce point dans le Module n° 26. Retenez pour le moment cette formule de politesse, utilisée à la première personne dans une question : **May I help you?** *Puis-je vous aider ?* **May I see some ID?** *Puis-je voir une pièce d'identité ?*
Attention : le substantif **May**, avec une majuscule, désigne le mois de *mai*.

SOMETHING/ANYTHING

Faisons un point sur les pronoms **something**, *quelque chose,* et **anything**, *rien*.

• **Something** est utilisé dans une phrase affirmative : **We have something on the second floor.** *Nous avons quelque chose au deuxième étage.*

• **Anything** est utilisé dans une phrase interrogative ou négative : **I'm hungry. Do you have anything to eat?** *J'ai faim. Avez-vous quelque chose à manger ?* **We don't have anything in common.** *Nous n'avons rien en commun.*

Dans ce deuxième exemple, notez l'emploi de **anything**, et non de **nothing**, pour éviter d'avoir une double négation dans la phrase.

LES NOMS DÉNOMBRABLES ET INDÉNOMBRABLES

Certains noms qui sont au singulier en français prennent un « s » final en anglais (Module n° 4) ; d'autres sont dénombrables en français, mais indénombrables pour les anglophones et appellent un verbe conjugué au singulier. Par exemple :

– **luggage**, *les bagages*, induit un verbe au singulier : **My luggage is heavy.** *Mes bagages sont lourds.*

– **furniture**, *les meubles* : **The furniture in that hotel is old.** *Les meubles dans cet hôtel sont vieux.*

– **business**, *les affaires* (qui partage la même racine que l'adjectif **busy**, *occupé* ou *affairé*). **Business is good and we're very busy.** *Les affaires marchent bien et nous sommes très occupés.* Attention à la prononciation irrégulière de la voyelle « u » dans ce mot : [biz-nes].

LA PLACE DES ADVERBES (SUITE)

On ne sépare pas un verbe de son complément d'objet. Ainsi, les adverbes qui expriment un degré, tels **very well**, **a lot** et **at all**, doivent se placer après ce complément, et non après le verbe, comme en français : **We don't know the city very well.** *Nous ne connaissons pas très bien la ville.* **I like Birmingham a lot.** *J'aime beaucoup Birmingham.* Attention : les adverbes ne se placent pas directement après le verbe !

HERE IS/HERE ARE + VERBE

Tout comme **there + to be** (**there is/there are**, Module n° 3), le verbe **to be** qui suit **here** doit se conjuguer en fonction du nom : **Here is your key.** *Voici votre clé,* mais **Here are my driving licence and credit card.** *Voici mon permis de conduire et ma carte de crédit.*

● EXERCICES

1. CHANGEZ CES PHRASES AFFIRMATIVES AVEC *DO* EN PHRASES NÉGATIVES OU INTERROGATIVES.

a. He wants a city map. (*interrogation*) →
b. We want a single room. (*négation, avec contraction*) →
c. The rate includes internet access. (*interrogation*) →
d. It includes breakfast. (*négation, sans contraction*) →

2. AJOUTEZ LE "TAG" QUI CONVIENT.

a. Do you have any bags? – No, ...
b. Do they have a room for two nights? – Yes, ...
c. Do you want internet access? – Yes, ...
d. Can I see some ID please? – Yes, ...

3. RÉÉCRIVEZ LES PHRASES EN METTANT L'ADVERBE À LA BONNE PLACE.

a. well – I know him. ....
b. always – I stay in the Towers Hotel. ....
c. a lot – We like London. ....
d. usually – I take a double room. ....

🔊 4. TRADUISEZ CES PHRASES, PUIS ÉCOUTEZ L'ENREGISTREMENT POUR VÉRIFIER.

a. Est-ce que cela vous ennuie si je vous pose une question ?
→
b. Je n'ai pas votre permis de conduire. – Tenez.
→
c. Où est l'ascenseur ? – Il est au bout du couloir à droite.
→
d. Il ne peut pas se connecter à Internet et la télé ne marche pas.
→
e. Que voulez-vous et où voulez-vous aller ?
→
f. Un instant, s'il vous plaît. Nous sommes très occupés.
→

VOCABULAIRE

to be busy *être occupé, affairé*
to come back *revenir*
to work *fonctionner*
  (nous connaissons déjà
  le sens de travailler)

a breakfast *un petit déjeuner*
a driving licence *un permis
  de conduire* (en américain :
  driver's licence)
a corridor *un couloir*
a pillow *un oreiller*
a rate *un taux, un tarif*
a room *une chambre, une pièce*
a single room, a double room
  *une chambre individuelle,
  une chambre double*
a staircase *un escalier*
a TV (television) *une télé (télévision)*
luggage *bagages*

at the end *au bout*
hard *dur, difficile*
left *gauche*
light *léger*
right *droite*

Enjoy your stay *Bon séjour*
I don't mind *Ça m'est égal*
I'm sorry *Je regrette, je suis désolé*
Just a moment *(Attendez)
  un instant*
May I…? *Puis-je… ?*

13.
FAIRE UNE CROISIÈRE

ON A CRUISE

OBJECTIFS
- **MAÎTRISER DES DIFFÉRENTES FORMES VERBALES**
- **PARLER DE LOISIRS**

NOTIONS
- **LES VERBES RÉFLÉCHIS**
- **EVER/NEVER**
- **LE PRONOM IMPERSONNEL (PREMIÈRES NOTIONS)**

LA VIE À BORD

– Stan, ici (ceci est) Kelly. Comment va (est la) vie ?
Est-ce que tu [t']amuses (sur la) en croisière ?

– C'est génial. Je [me] sens si détendu !

– Quel est ton programme ?

– Il n'y a pas de programme et il n'y a pas de règle. Je ne regarde jamais ma montre. Ça dépend des jours. Je [me] réveille en général vers 7 heures. Puis je [me] lève, [me] rase, [me] douche (ai une douche) et [m'] habille. Je prends un petit déjeuner tôt et puis je décide de ce que je vais faire.
Pendant la journée il y a tellement d'activités qu'on (vous) [ne] [s'] ennuie jamais. On peut faire de (s'entraîner dans) la gym, jouer [au] golf ou simplement (juste) [se] promener (autour) sur le navire.
Il fait un temps chaud et magnifique : pas un nuage dans le ciel.
On peut [s'] allonger au soleil, [se] baigner (aller pour une baignade) dans une des piscines, jouer aux jeux vidéo, emprunter un livre à la bibliothèque ou apprendre une langue. On dit (Ils disent) que tout est possible en mer. On peut même [se] marier !

– Est-ce que tu te disputes avec les autres passagers ?

– Non, nous [ne nous] disputons jamais.

– Sont-ils [gens] sympas ?

– Oui, ils sont très agréables. Tout le monde [s']entend bien.
On peut prendre le (son) temps et on n'a jamais besoin de [se] presser.

– Et concernant tes e-mails ?

– Il y a une salle Internet haut débit (large bande). On [y] entre, [s']assied et [se] connecte. C'est aussi simple que ça. Je [me] repose [dans] l'après-midi et puis [me] prépare pour [le] dîner – la nourriture est excellente (premier taux). Après cela, je regarde un spectacle et prends (ai) un verre (une boisson) avant [de] retourner dans ma chambre et de [me] coucher. Je [m']endors rapidement car je [me] fatigue quand je [ne] fais rien.

15 LIFE ON BOARD

– **Stan**, this is **Ke**lly. **How's life**? Are you **hav**ing **fun** on the **cruise**?

– It's **won**derful. I **feel** so rel**axed**!

– **What's** your **prog**ramme?

– There is **no prog**ramme and there are **no rules**. I **ne**ver **look** at my **watch**. It all **depends** on the **day**. I **gen**erally **wake up** at a**bout se**ven o'**clock**. Then I **get up**, **shave**, have a **show**er, and get **dressed**. I have an **ear**ly **break**fast and then de**cide what** to **do**.
During the **day** there are **so ma**ny ac**tiv**ities that you're **ne**ver **bored**. You can **train** in the **gym**, play **golf** or just **go** for a **walk around** the **ship**. The **wea**ther is **warm** and **beau**tiful: not a **cloud** in the **sky**. You can **lie** in the **sun**, **swim** in one of the **pools**, play **vid**eo **games**, **borrow** a **book** from the **li**brary or **learn** a **lang**uage. They **say** that **a**nything is possible at **sea**. You can **e**ven get **ma**rried!

– **Do** you **e**ver **argue** with the **o**ther **pas**sengers?

– No, we never argue.

– Are they **nice peo**ple?

– **Yes**, they're very **plea**sant. **Ev**eryone **gets on well**. You can **take** your **time** and you **ne**ver **need** to **hur**ry.

– **What** a**bout** your **e**-mails?

– There's an **in**ternet **ca**fé with **broad**band. You **come in**, **sit down** and **log on**. It's as **sim**ple as **that**. I **rest du**ring the after**noon** and then **get ready** for **din**ner – the food is first-rate. **Af**ter that, I **watch** a **late show** and **have** a **drink** be**fore go**ing **back** to my **room** and **go**ing to **bed**. I **fall** as**leep quick**ly be**cause** I get **tired** when I do **no**thing.

COMPRENDRE LE DIALOGUE
FORMULES ET EXPRESSIONS

→ **How's life?** : cette salutation informelle est utilisée entre amis ou entre personnes assez familières. Le nom **life** signifie *la vie* (**lives** au pluriel). L'expression est un raccourci de **How is your life?** *Comment va votre/ta vie ?*

→ **fun**, *le plaisir, l'amusement* (ou même *le fun* !), est un nom polyvalent utilisé dans un grand nombre d'expressions. Parmi les plus courantes, retenons **to have fun**, *s'amuser* : **I always have fun with you.** *Je m'amuse toujours avec toi.* **Have fun!** *Amusez-vous/Amuse-toi !* (Dans cette deuxième phrase, il s'agit de la forme progressive, qui sera expliquée en détail dans le prochain module.)

→ **o'clock** : dans le Module n° 6, nous avons appris à dire l'heure précise. Voici une autre façon de distinguer le matin de l'après-midi, dans un registre plutôt officiel (programme, affichage, etc.), en ajoutant **a.m.** (pour **ante meridiem**, avant midi) et **p.m.** (**post meridiem**, après midi) après le chiffre. Par exemple : 10 **a.m.** = 10 h ; 10 **p.m.** = 22 h. Il s'agit toutefois d'un usage écrit plutôt que parlé, notamment aux États-Unis, où l'horloge à 24 heures n'est pas utilisée couramment.

→ **around**, vu dans le Module n° 10 avec le sens d'un mouvement circulaire (**Walk around the house.** *Marcher autour de la maison*), signifie aussi *approximativement* en français. **He gets up at around seven o'clock.** *Il se lève à environ 7 heures.* **There are around a thousand people on the ship.** *Il y a environ 1000 personnes sur le navire.*

→ **a shower** est à la fois *une douche* et *une averse*. Au lieu de **to have a shower**, on peut utiliser **to shower** comme verbe : **In hot weather, it's important to shower every day.** *Par temps chaud, il est important de se doucher chaque jour.*

→ **during**, *pendant, au cours de*. **I always fall asleep during long films.** *Je m'endors toujours pendant les longs films.* Nous reviendrons plus tard sur **during**, car cette préposition permet de désigner une durée.

→ **an e-mail** (ou **email**), *un courriel* (ou *un e-mail*). Cette abréviation de **electronic mail** est un nom dénombrable et un verbe : **E-mail is quick and reliable.** *Le courrier électronique est rapide et fiable.* **I want to e-mail my office.** *Je veux envoyer un e-mail à mon bureau.* Il ne faut pas confondre **an e-mail** avec le nom indénombrable **mail**, *le courrier* (parfois baptisé **snail mail**, *le courrier escargot*, par opposition à son équivalent électronique).

→ **before going** : quand on emploie un verbe directement après une préposition, celui-ci est généralement à la forme du participe présent. Nous y reviendrons.

◆ **NOTE CULTURELLE**

Le Royaume-Uni est une grande nation maritime, entourée par l'océan Atlantique, la mer d'Irlande, la mer du Nord et la Manche. Ses côtes sont bordées de grands ports commerciaux – Liverpool, Hull et Barrow-in-Furness dans le nord, Cardiff et Bristol sur la côte ouest, Portsmouth et Southampton au sud et, bien sûr, Londres – ainsi que d'une multitude de ports de pêche ou de plaisance. C'est ainsi que, quel que soit son lieu de vie, un Britannique ne sera jamais à plus de 100 km de la mer !
Cette longue tradition marine se retrouve forcément dans la langue, notamment dans les expressions quotidiennes – à tel point que les personnes qui les utilisent en ignorent souvent l'origine. Par exemple, l'adjectif **first-rate**, *excellent*, vient de l'ancien système de classification des navires de guerre, où ceux équipés de plus de 100 canons étaient dans cette première catégorie. De même, **to feel groggy** (expression adoptée en français) vient des effets du **grog**, ce mélange de rhum et d'eau introduit dans la marine anglaise au XVIIIe siècle par un officier qui portait un manteau en **grogram**, un tissu rêche dont le nom vient… du français « gros grain » !
Même une expression « terre à terre » comme **to be under the weather**, *se sentir mal fichu*, vient de ces jeunes matelots qui n'avaient pas encore le pied marin.

◆ **GRAMMAIRE**

LES VERBES RÉFLÉCHIS

De nombreux verbes utilisés dans la conversation courante sont à la forme réfléchie. Contrairement au français, l'anglais n'emploie pas une construction pronominale si le sens réfléchi peut être déduit du contexte. Ainsi, le pronom réfléchi (**myself**, **himself**, etc.) est absent de verbes comme **to wake up**, *se réveiller*, car l'action est réfléchie par défaut :
I wake up at ten o'clock every morning when I'm on holiday. *Je me réveille à 10 heures tous les matins quand je suis en vacances.*
En revanche, lorsque l'agent n'est pas l'objet de l'action, on le précise : **Don't wake the kids ! They're on holiday.** *Ne réveillez pas les enfants. Ils sont en vacances.*
Voici les verbes les plus fréquents, pronominaux en français, mais pas en anglais :

to argue	se disputer	to get married	se marier
to be bored	s'ennuyer	to get up	se lever
to feel	se sentir	to go for/ take a walk	se promener
to get dressed	s'habiller		

to go to bed	se coucher	to sit (down)	s'asseoir
to have fun	s'amuser	to stop	s'arrêter
to hurry	se dépêcher	to swim	se baigner (nager)
to lie	s'allonger	to wake up	se réveiller
to rest	se reposer	to wash	se laver

Notez que les verbes du premier groupe décrivent des actions habituelles quotidiennes alors que ceux du second sont plutôt idiomatiques. Il existe quelques autres verbes répondant à ces critères, que nous rencontrerons plus tard.

EVER/NEVER

Ces deux adverbes traduisent respectivement les notions de *parfois* et *ne… jamais*.
- **Ever** s'emploie principalement dans une question :
Do you ever get bored on holiday? *Est-ce que parfois tu t'ennuies en vacances ?*
Are you ever jealous? *Est-ce qu'il t'arrive d'être jaloux ?*
Dans une question comme celle-ci, l'adverbe se place après le sujet.
- Pour la négation, on utilise **never** (avec le verbe affirmatif) : **I'm never late for work.** *Je ne suis jamais en retard pour le travail.*
Never se place après le verbe **to be** et les auxiliaires.

LE PRONOM IMPERSONNEL (PREMIÈRES NOTIONS)

Ne possédant pas d'équivalent du pronom impersonnel *on*, l'anglais utilise d'autres constructions pour le remplacer, mais il n'y a pas de règle unique. Une des plus simples est l'emploi du pronom personnel **you** : **There are so many activities that you are never bored.** *Il y a tellement d'activités qu'on ne s'ennuie jamais.*
You can even get married on the ship. *On peut même se marier sur le navire.*
Quand *on* représente un groupe dont le locuteur est exclu, il est possible d'utiliser **they**, notamment avec une construction comme **they say that**, *on dit que*.
They say that anything is possible if a person believes. *On dit que tout est possible si une personne (y) croit.*

VOCABULAIRE

to borrow *emprunter*
to decide *décider*
to have fun *s'amuser*
to fall asleep *s'endormir,*
  litt. tomber dans le sommeil
to feel *se sentir*
to go for a walk/a swim
  se promener/aller nager
to train *(s')entraîner*
to learn *apprendre*
to lie *(s')allonger*
to swim *(se) baigner*
to log on/in *se connecter*
  à Internet (notez que le login
  se traduit par **username**)
to rest *se reposer*

an activity *une activité*
broadband *haut débit,*
  litt. large bande
a shower *une douche, une averse*
a language *une langue*
a gym *une [salle de] gym*
the sea *la mer*
a show *un spectacle*

as *aussi*
bored *ennuyé, lassé*
during *pendant, au cours de*
quick(ly) *rapide(ment)*
first-rate *excellent*
  (voir Note culturelle)
wonderful *merveilleux, super*

How's life? *Comment ça va,*
  litt. Comment est la vie ?

127

● EXERCICES

1. AJOUTEZ, LORSQUE C'EST NÉCESSAIRE, LA PRÉPOSITION MANQUANTE.

a. You can lie .... the sun, swim .... the pool or borrow a book .... the library.

b. Everyone is very friendly. They all get .... well.

c. The internet café is wonderful: you come .... , sit .... and log ....

d. On holiday, she rests .... the afternoon and then gets ready .... dinner.

2. FORMEZ DES QUESTIONS À PARTIR DES PHRASES SUIVANTES.

a. They rest in the afternoons. ....

b. The other passengers are very nice. ....

c. You can train in the gym. ....

d. There's an internet café with broadband. ....

🔊 3. METTEZ LES MOTS ENTRE CROCHETS DANS LE BON ORDRE, PUIS ÉCOUTEZ
15 L'ENREGISTREMENT POUR VÉRIFIER.

a. You [can't your time take]. You [to hurry need].
→

b. Let's [to eat have something] and then [to do what decide].
→

c. I [want my office e-mail to]. →

d. She [asleep falls always long films during]. →

e. It's important [shower before to back going to] your room.
→

f. Stan [a walk doesn't for want go to] because [quickly bored gets he].
→

4. TRADUISEZ CES PHRASES.

a. Il se lève, se rase, se douche et s'habille avant le petit déjeuner.
→

b. Tu peux te reposer au soleil, te baigner dans la piscine ou te promener.
→

c. Comment va la vie ? Est-ce que tu t'amuses ? – Cela dépend des jours !
→

d. On dit que tout est possible. C'est génial.
→

14.
ORGANISER SES VACANCES

ORGANISING A HOLIDAY

OBJECTIFS

- PARLER D'UNE ACTION EN COURS AU PRÉSENT
- DIFFÉRENCIER UNE ACTION EN COURS D'UNE ACTION HABITUELLE AU PRÉSENT
- DÉCRIRE SES PROJETS (AVENIR PROCHE)
- PARLER DE LA MÉTÉO

NOTIONS

- LA FORME CONTINUE DES VERBES NON-DÉFECTIFS
- LES VERBES PRONOMINAUX
- HOW
- LES ADVERBES DE MANIÈRE

OÙ ALLER ?

– Que fais-tu avec ces livres de voyage ? Es-tu [en train de] chercher quelque chose ?

– Non, je prépare (suis en train de planifier) des vacances pour ma famille. Nous prenons toujours deux semaines en mars ou avril. Nous allons d'habitude à l'étranger, mais cette année nous allons (sommes allant) en Écosse.

– Vraiment ? Comment [y] allez-vous ? En (par) avion ou en train ?

– Non, nous (y) allons souvent en avion, mais cette fois[-ci], nous allons y aller en voiture. Je veux [m']arrêter quelque part pour (et) visiter la Région des lacs sur le chemin de Glasgow.

– Combien de temps (long) prend le voyage ?

– Environ quatre heures : je prends l'autoroute M6.

– Vas-tu (es-tu allant) avec tes amis, Pete et Meg ? Vous partez parfois ensemble.

– Non (nous ne [le] sommes pas). Malheureusement, ils ne partent (vont) pas en vacances cette année. Ils économisent (épargnent) leur argent car ils veulent aller en Chine [en] été ou [à l'] automne prochains. Maintenant, donne-moi une minute. Je vérifie (suis vérifiant) la météo (temps prévision) en ligne.

– Je suppose qu'il pleut (est pleuvant) en Écosse. D'habitude il pleut très fort (lourdement) au printemps.

– Non, il neige (est neigeant) ! La neige tombe (est tombant) sur les Cairngorms et [les] gens sont en train de faire du ski. Normalement il [ne] neige pas à ce moment de l'année. Que [se] passe-t-il avec le temps ?

– Que veux-tu dire ? Tu [t']inquiètes trop.

– Je parle du réchauffement climatique (global). Tu sais, les températures montent (sont montants), [la] glace fond (est fondant) et le climat change (est changeant). Je suis en train de lire (lisant) un livre réellement intéressant sur le problème.

– Puis-je te poser une question ? Si le monde [se] réchauffe, pourquoi je porte (suis portant) un pull ?

16 WHERE TO GO?

– **What** are you **do**ing with those **tra**vel **books**? **Are** you **loo**king for **some**thing?

– **No**, I'm **plan**ning a **ho**liday for my **fa**mily. We **al**ways take a **fort**night in **March** or **A**pril. We **u**sually go a**broad**, but **this** year we're **go**ing to **Sco**tland.

– **Re**ally? **How** are you **go**ing? By **plane** or train?

– **No**, we **of**ten **fly** but **this** time we're **dri**ving. I **want** to **stop some**where and **vi**sit the **Lake Dis**trict on the **way** to **Glas**gow.

– How **long** does the journey **take**?

– About **four hours**: I'm **tak**ing the M6 **mo**torway.

– Are you **go**ing with your **friends**, Pete and Meg? You **some**times go **away** together.

– **No** we're **not**. Un**for**tunately, they're not **go**ing on **ho**liday this year. They're **sa**ving their **mo**ney because they **want** to go to **Chi**na next **su**mmer or **au**tumn. Now **give** me a **mi**nute: I'm **check**ing the **wea**ther **fore**cast online.

– I su**ppose** it's **rain**ing in **Scot**land. It **u**sually rains **hea**vily in spring.

– **No**, it's **snow**ing! The **snow** is **fall**ing on the **Cairn**gorms and **peo**ple are **ski**ing. It **doesn't nor**mally snow **at this** time of **ye**ar. What's **happ**ening with the **wea**ther?

– **What** do you **mean**? You **wo**rry too **much**.

– I'm **talk**ing about **glo**bal **warm**ing. **You know**, **tem**peratures are **ri**sing, **ice** is **mel**ting and the **cli**mate is **chang**ing. I'm **rea**ding a **real**ly **in**teresting **book** a**bout** the **prob**lem.

– **May** I **ask** you a **ques**tion? If the **world** is **warm**ing, **why** am I wearing a **sweat**er?

COMPRENDRE LE DIALOGUE
FORMULES ET EXPRESSIONS

→ **a fortnight** désigne une période de deux semaines, un mot-valise pour dire **fourteen nights**, *14 nuits*, ce qui semble plus logique que notre terme français, *une quinzaine de jours*. Les Américains n'emploient pas **fortnight**, et parlent simplement de **two weeks**, *deux semaines*.

→ **abroad** : l'adjectif **broad** signifie *large* ; ainsi, l'adverbe **abroad** veut dire littéralement *au large* et, par extension, *à l'étranger*. **They live abroad.** *Ils vivent à l'étranger.* Ne pas confondre avec l'adjectif **foreign**, *étranger* : **a foreign country**, *un pays étranger* ou encore **the Foreign Office**, le nom courant du ministère britannique des Affaires étrangères.

→ **to drive** : nous connaissons **to fly**, qui combine les notions de déplacement et de moyen de transport (*aller en avion*). Voici un autre verbe de la même famille : **to drive**, *conduire, aller en voiture*. **She's driving to Scotland tomorrow.** *Elle va en Écosse en voiture demain.* (Rappelons que *un permis de conduire* se dit **a driving licence**.)

→ **to go away** : voici un autre verbe à particule (verbe + postposition), formé de **to go**, *aller*, et l'adverbe **away**, *au loin*. Ainsi, **to go away** signifie *partir, s'en aller*, etc. Dans le texte de ce module, le sens précis est *partir en vacances*.

→ Les mois et les saisons. Voici quelques éléments simples pour élargir votre vocabulaire : **spring**, *le printemps* ; **summer**, *l'été* ; **autumn**, *l'automne* ; **winter**, *l'hiver* (Module n° 8). Notez que, contrairement au français, les saisons ne prennent pas l'article défini **the**. Aux États-Unis, l'automne se dit **fall**, du verbe **to fall**, *tomber*, car les feuilles tombent des arbres. Joli, non ? Les mois, comme les jours de la semaine, s'écrivent **toujours** avec une majuscule initiale :

January	janvier	July	juillet
February	février	August	août
March	mars	September	septembre
April	avril	October	octobre
May	mai	November	novembre
June	juin	December	décembre

Notons que, lorsque la date est écrite en chiffres, les Britanniques gardent le même ordre que les Français, à savoir jour/mois/année ; les Américains commencent par le mois. Ainsi, le jour de Noël est le 25/12/20XX en Grande-Bretagne mais

12/25/20XX aux États-Unis. Cela peut parfois poser quelques problèmes : ainsi le 12/3/20XX est le douzième jour du mois de mars pour les Britanniques, mais le troisième jour de décembre pour les Américains ! Soyez vigilant…

NOTE CULTURELLE

La Grande-Bretagne est dotée d'un réseau routier très complet, composé surtout d'autoroutes (indiquées par la lettre **M**, et sans péage), de routes principales au départ de Londres (signalées par la lettre **A** et un seul chiffre), de routes importantes (**A** plus deux, voire trois chiffres) ainsi que des routes secondaires (désignées par la lettre **B** suivie de trois ou quatre chiffres). Les routes **M** et **A** forment une catégorie appelée **trunk roads** (littéralement des « routes troncs », ou routes nationales). Si vous devez conduire outre-Manche, ne confondez pas les routes **A** avec nos autoroutes – et, surtout, n'oubliez pas que l'on roule à gauche !

GRAMMAIRE
LA FORME CONTINUE DES VERBES NON DÉFECTIFS

La plupart des verbes anglais font une distinction entre une action habituelle et une action en cours d'exécution. Pour cette deuxième catégorie, dite « continue » (ou progressive), on utilise **to be** suivi du participe présent du verbe en question :

I am	
you are	
he/she/it is	reading.
we are	
they are	

I'm reading a really interesting book. *Je suis en train de lire un livre très intéressant.* Les formes négative et interrogative se construisent comme pour le verbe **to be** : **We're not** (ou **We aren't**) **staying at the Towers hotel.** *Nous ne sommes pas à l'hôtel Towers.* **Were the temperatures rising?** *Les températures montaient-elles ?* Cette forme continue peut se traduire en français par un présent, sans précision. Mais si la notion d'actualité est importante, elle doit être traduite par une locution comme *en train de*. La forme simple désigne une habitude. Observez la différence entre :
– **She drives slowly.** *Elle conduit (*sous-entendu *toujours) lentement.*
– **She's driving slowy because it's raining.** *Elle conduit lentement en ce moment, car il pleut (*les deux actions ont lieu maintenant*).*

Cette forme continue peut aussi exprimer une action qui aura lieu de façon certaine dans un avenir assez proche : **I'm driving to Glasgow tomorrow afternoon.** *Je vais à Glasgow en voiture demain après-midi.* **They're coming to see us next week.** *Ils viennent nous voir la semaine prochaine.*
En français, cette même notion est rendue par le présent simple.
Bien entendu, les formes négative et interrogative se forment comme pour le verbe **to be** : **I'm not driving to Glasgow tomorrow afternoon.** *Je ne vais pas à Glasgow en voiture demain après-midi.* **Are they coming to see us next week?** *Viennent-ils nous voir la semaine prochaine ?*
Notez, enfin, que la forme continue n'existe pas pour tous les verbes. Les auxiliaires modaux **can** et **must** (nous verrons ce dernier dans un prochain module), par définition, n'ont qu'un nombre limité de temps, mais certains verbes qui expriment la perception involontaire, comme **to see** ou **to want**, ne se conjuguent pas au présent continu.

LES VERBES PRONOMINAUX

Vous avez sans doute remarqué que les verbes **to happen**, *se passer,* et **to stop**, *s'arrêter*, pronominaux en français, ne le sont pas en anglais : **What is happening?** *Que se passe-t-il ?* En effet, la forme réfléchie est moins courante qu'en français.

HOW

L'adverbe **how**, *comment*, est très utile pour formuler des questions demandant *combien*. Nous avons déjà appris **how much**, *combien* + nom indénombrable, et **how many**, *combien* + nom dénombrable, ainsi que **how old**, *quel âge* (vus dans le Module n° 2). La formulation **How long...** concerne la longueur, **How long is the M6?** *Quelle est la longueur de l'autoroute M6* mais aussi la durée : **How long is the summer holiday?** *Combien de temps durent les vacances d'été ?*

LES ADVERBES DE MANIÈRE

Les adverbes de manière se terminent en **-ly** : ils sont formés à partir d'un adjectif auquel on ajoute ce suffixe. Si le mot se termine déjà en **-y**, on transforme d'abord cette lettre en **i**. Le tableau ci-contre en présente quelques-uns. Les autres règles seront abordées ultérieurement.

VOCABULAIRE

to check *vérifier*
to drive *conduire, aller en voiture*
to fall *tomber*
to go away *partir, s'en aller*
to happen *se passer*
to increase *augmenter*
to look for *chercher* (notez bien la préposition **for**)
to mean *signifier, vouloir dire*
to melt *fondre*
to plan *planifier, prévoir*
to rain *pleuvoir*
to read *lire*
to rise *se lever*
to save *économiser, épargner*
to snow *neiger*
to stop *(s)'arrêter*
to talk about *parler*
to warm *se chauffer*
to worry *s'inquiéter* (ce verbe n'est pas réfléchi en anglais)

a country *un pays*
a forecast *une prévision*
weather forecast *les prévisions météorologiques*
a friend *un(e) ami(e)*
a holiday *des vacances* (singulier en anglais, pluriel en français)
a journey *un voyage*
global warming *réchauffement climatique*
people *les gens*
the world *le monde*

abroad *à l'étranger*
foreign *étranger (adj.)*
heavy *lourd*
heavily *lourdement*
often *souvent*
online *en ligne*
on the way to *sur le chemin (de)*
sometimes *parfois*

May I...? *Puis-je... ?*

heavy	heavily	*lourd → lourdement*
normal	normally	*normal → normalement*
probable	probably	*probable → probablement*
real	really	*réel → réellement*
unfortunate	unfortunately	*malheureux → malheureusement*
usual	usually	*habituel → habituellement*

● EXERCICES

1. METTEZ LE VERBE ENTRE PARENTHÈSES À LA FORME CONTINUE.

a. We (to plan) .... our spring holidays. (*sans contraction*)

b. They (to save) .... their money because they want to go away somewhere. (*avec contraction*)

c. It (to snow) .... on the Cairngorms at the moment. (*sans contraction*)

d. She (to read) .... an interesting book about global warming. (*avec contraction*)

2. METTEZ LE VERBE À LA BONNE FORME : SIMPLE OU CONTINUE.

a. We often (to take) .... our holidays in March.

b. I sometimes (to take) .... the motorway, but not always.

c. Let's go shopping. Oh look, it (to rain) ....!

d. It doesn't normally (to snow) .... in Scotland in May. – But it (to snow) .... now!

3. METTEZ CES PHRASES AFFIRMATIVES À LA FORME INTERROGATIVE (I) OU NÉGATIVE (N).

a. You're driving to Glasgow tomorrow evening. (I) →

b. I'm planning a holiday in China this year. (N) →

c. They are coming to see us next week. (I) →

d. I think she's talking about climate change. (N) →

🔊 4. TRADUISEZ CES PHRASES, PUIS ÉCOUTEZ L'ENREGISTREMENT POUR VÉRIFIER.

16

a. Il vient me voir la semaine prochaine. Il vient toujours ici en automne.
→

b. Le voyage prend combien de temps ? – Probablement trois heures.
→

c. Quelle ville préfères-tu, Glasgow ou Edimbourg ?
→

d. Partez-vous en vacances avec vos amis ? – Non. (*N'oubliez pas la question-tag !*)
→

e. Donnez-moi une minute s'il vous plaît, je vérifie la météo.
→

15. DÉMÉNAGER

MOVING HOUSE

OBJECTIFS

- PARLER DU FUTUR IMMÉDIAT
- PROPOSER QUELQUE CHOSE
- ÉMETTRE UNE OBJECTION/ CONTREDIRE
- UTILISER L'IMPÉRATIF

NOTIONS

- LES VERBES SUIVIS D'UN GÉRONDIF
- GET/GOT
- ELSE
- MUST
- LE FUTUR IMMÉDIAT AVEC GOING TO
- L'IMPÉRATIF

UN NOUVEL APPARTEMENT

Steve et Gillian visitent un appartement à louer à Hounslow. Il (y) a un salon, deux chambres à coucher, une chambre d'amis [de réserve], une cuisine, une salle de bains et des toilettes (une toilette).

– Nous allons déménager (bouger) la semaine prochaine si nous aimons l'endroit, mais aujourd'hui nous devons décider où mettre nos meubles et nos affaires. Je suis excitée. J'adore décorer, choisir les couleurs et des trucs comme ça.

– Je déteste déménager. C'est fatigant et il y a toujours tant à faire.

– Tu as (es) tort. C'est passionnant. Maintenant, tais-toi et aide-moi ! Plaçons le vieux canapé là, contre le mur, nos deux fauteuils ici, près de la fenêtre et la table basse au centre de la pièce. Qu'y a-t-il (quoi là-haut) Steve ? Pourquoi me regardes-tu comme ça ?

– Nous avons trop de trucs. Où allons-nous tout mettre ?

– Arrête de te plaindre. Tu vas m'énerver (me mettre en colère) !

– Qu'allons-nous faire de nos livres ? Nous (en) avons des centaines !

– Nous pouvons installer quatre bibliothèques dans les angles du salon.

– Je suppose que oui (ainsi). Mais que faire (quoi autour) du frigo et de la cuisinière ? Où allons-nous les mettre ?

– Dans la cuisine, idiot. À quel autre endroit (où autre) ? Quelle pièce veux-tu pour ton bureau ?

– La chambre d'amis. Mon bureau et (mon) ordinateur peuvent aller devant la fenêtre. Et je mettrai l'imprimante derrière la porte.

– Que peut-on décider d'autre ? Je sais : de quelle couleur allons-nous peindre l'appartement ? Pourquoi pas (comment autour) en bleu ?

– Attends… Qu'est-ce que ce bruit dehors ? C'est très très fort !

– Ah non, nous sommes à côté de l'aéroport de Heathrow ! Il y a un avion toutes les cinq minutes !

17 — A NEW FLAT

Steve and *Gil*lian are *vi*siting a **flat** to rent in **Hounslow**. It has a **li**ving room, two **bed**rooms, a **spare** room, a **kit**chen, a **bath**room and a **toil**et.

– We're **go**ing to **move** next **week** if we **like** the **place** but to**day** we must de**cide** where to **put** our **fur**niture and **things**. I'm ex**cit**ed. I **love** dec**or**ating, **choo**sing **co**lours and **stuff** like **that**.

– I **hate mo**ving. It's **ti**ring and there's **al**ways so **much** to **do**.

– You're **wrong**. It's ex**cit**ing. Now **shut up** and **help** me! Let's **place** the old **so**fa there, against the wall, **our** two **arm**chairs here, by the **win**dow, and the **co**ffee **ta**ble in the **mid**dle of the **room**. What's **up** Steve? **Why** are you **look**ing at me like that?

– We've **got too** much **stuff**. **Where** are we **go**ing to **put** ev**ery**thing?

– **Stop** com**plain**ing. You're **go**ing to **make** me **ang**ry!

– **What** are we **go**ing to **do** with our **books**? We've got **hund**reds!

– We can **put** four **book**cases in the **cor**ners of the **liv**ing room.

– I sup**pose** so. But **what** a**bout** the **fridge** and the **cook**er? **Where** are we **go**ing to put **them**?

– In the **kit**chen, **sill**y. Where **else**? **Which** room do you **want** for your **o**ffice?

– The **spare** room. My **desk** and com**pu**ter can go in **front** of the **win**dow. And I'm **go**ing to put the **print**er be**hind** the **door**.

– What **else** can we **de**cide? I know: what **co**lour are we **go**ing to **paint** the flat? **What** about **blue**?

– **Hang** on. **What's** that **noise** out**side**? It's **really re**ally **loud**!

– Oh **no**, we're **next** to **Heath**row **air**port! There's a **plane** every **five min**utes!

COMPRENDRE LE DIALOGUE
FORMULES ET EXPRESSIONS

→ **flat**, *plat (adjectif)*. En anglais britannique, **a flat** est *un appartement* (car disposé à plat, sans étages). Les Américains utilisent **an apartment** (avec un seul « p »).

→ Dans ce module, nous rencontrons **bedroom** (*chambre à coucher*), **bathroom** (*salle de bains*) et **living room**. Les règles concernant la fusion des mots composés sont assez complexes, mais, d'une façon générale, si le premier élément est monosyllabique, il fusionne avec le second : ainsi **bed** et **room** deviennent **bedroom**, mais **living room** reste en deux mots.

→ **stuff** : dérivé du mot français *estoffe*, le nom **stuff** – au sens familier tel qu'on l'utilise couramment – signifie *des trucs, des choses*, etc. Par ailleurs, nous avons déjà rencontré **a thing**, *une chose*, qui figure dans des mots composés comme **everything**, **something**, etc. Le pluriel **things** signifie *affaires*. **Stuff** et **thing(s)** sont très utiles si l'on ne connaît pas le mot précis pour quelque chose : …**and stuff/things like that**, *des trucs comme ça*.

→ **shut up** : **to shut** signifie *fermer*. **Shut the door please.** *Ferme la porte s'il te plaît.* L'injonction **Shut up** veut dire *Tais-toi* (ou, en plus familier, *Ferme-la*). Dans la conversation courante, cette expression n'est ni vulgaire ni agressive.

→ **What's up?** Cet idiotisme s'enquiert d'un problème, d'une anomalie.

→ **hundreds** : dans un nombre précis, **hundred**, *cent*, **thousand**, *mille*, **million**, *million*, etc., ne prennent pas de « -s » final : **two hundred**, *deux cents*. Cependant, on ajoute le « s » lorsque l'on donne un ordre de grandeur (*centaines*, *milliers*, etc.). Ainsi, **hundreds of people**, *des centaines de gens* ; **thousands of pounds**, *des milliers de livres*.

→ **silly** : ce mot, plutôt affectueux, signifie *bête*, *idiot*. **Don't be silly.** *Ne sois pas bête.* Si vous traitez quelqu'un de **silly**, vous lui dites qu'il est *bêta*.

→ **Hang on** : voici un autre exemple d'idiotisme. **To hang** signifie *suspendre* (ou *pendre*), mais l'expression idiomatique **Hang on**, à la forme impérative (voir plus bas), signifie *Attends* ou *Attendez*.

NOTE CULTURELLE

L'anglais possède deux mots pour le domicile : **house** et **home**. Si le premier se traduit simplement par *maison*, le second a une notion plus intime ou personnelle, que l'on peut rendre par *chez soi* ou *foyer* (la langue bretonne fait cette même distinction avec *ker* et *ti*). Lorsqu'on achète un logement, il y a une particularité un peu déconcertante en Grande-Bretagne : certains titres de propriété sont **freehold**, alors que d'autres sont **leasehold**. Dans le premier cas – le plus courant –, il s'agit de la propriété foncière libre (on possède la maison et le terrain sur lequel elle est construite), alors que dans le second il s'agit d'une propriété avec un bail entre 99 et 125 ans : on achète le droit d'habiter la maison sans en être le propriétaire.

◆ GRAMMAIRE
LES VERBES SUIVIS D'UN GÉRONDIF

Quand on parle de ses intérêts, de ses plaisirs ou de ses souhaits en anglais, le verbe **to like**, aimer (ou, plus intensif, **to love**, adorer) est suivi du gérondif : **I love choosing colours.** J'adore choisir les couleurs. **Do you like living in Hounslow?** Aimez-vous vivre à Hounslow ?

Cette même règle s'applique à un certain nombre d'autres verbes (dont **to hate**, détester), que vous découvrirez au fur et à mesure.

GET/GOT

To get, que nous avons vu plusieurs fois (Modules n° 2 et n° 7), et son participe passé **got**, peut sembler omniprésent quand on débute l'apprentissage de l'anglais. Il est utilisé à la fois comme verbe et auxiliaire. Nous allons apprendre progressivement à maîtriser ce petit mot idiomatique, en commençant par une révision de ce que nous savons déjà.

• Suivi d'un objet direct, **get** signifie obtenir, recevoir, se procurer, etc., remplaçant ainsi un verbe plus précis (et moins idiomatique), comme **obtain** ou **receive**. Ainsi, **The kids get lots of presents at Christmas.** Les enfants reçoivent beaucoup de cadeaux à Noël. On pourrait, bien sûr, dire **The kids receive lots of presents.** mais la phrase serait moins idiomatique.

• **Get** suivi d'une préposition ou d'une particule indique un mouvement : **The train gets to** (ou **gets into**) **Liverpool at 10 in the morning.** Le train arrive à Liverpool à 10 heures. **They got on a plane to Edinburgh.** Ils sont montés dans un avion à destination d'Édimbourg. Ici, **to get** remplace **to arrive**, arriver et **to board**, monter à bord.

• Avec la contraction du verbe **to have** dans le sens de posséder (par exemple, **We've too much stuff.** On a trop de trucs.), on ajoute souvent le participe passé **got** : **We've got too much stuff.** Cela ne change en rien le sens de la phrase, mais permet à l'interlocuteur de comprendre (ou mieux entendre, à l'oral) la notion de possession. Notons enfin que, en anglais américain, le participe passé **got** devient **gotten**.

ELSE

La traduction de cet adverbe varie selon le contexte. Nous connaissons **What else?** *Quoi d'autre ?* et **Where else?** *À quel autre endroit ?* Dans le même ordre d'idées, **Who else?** signifie *Qui d'autre ?* et **Why else?** *Pour quelle autre raison ?*
Enfin, deux autres constructions utiles sont **Do you want anything else?** *Voulez-vous autre chose ?* (contractée parfois en **Anything else?** – voir Module n° 7) et **Nothing else thank you.** *Rien d'autre, merci.*

MUST

Cet auxiliaire modal exprime une obligation (*devoir, être obligé de*). Comme **can** (Module n° 3), **must** est suivi de l'infinitif nu, la négation se forme avec **not** (mais toujours séparé du verbe, contrairement à **can**) et l'interrogation est formée par inversion :

Indicatif	Négatif	Interrogatif
I must	I must not/mustn't	Must I?
you must	you must not/mustn't	Must you?
he/she/it must	he/she/it must not/mustn't	Must he/she/it?
we must	we must not/mustn't	Must we?
they must	they must not/mustn't	Must they?

▲ CONJUGAISON
LE FUTUR IMMÉDIAT AVEC GOING TO

Le présent continue peut être utilisé pour parler d'une action qui aura certainement ou prochainement lieu. Voici une autre façon, proche du français, d'exprimer une idée similaire avec le verbe **to go** à la forme continue + **to** : **I'm going to paint the bedroom.** *Je vais peindre la chambre.* Le verbe qui suit **go** est à l'infinitif nu. Les formes négative et interrogative sont régulières : **They aren't going to rent that flat in Hounslow.** et **Are you going to rent that flat in Hounslow?**

L'IMPÉRATIF

L'impératif est très simple. Il se forme avec l'infinitif nu : **Shut up.** *Tais-toi.* S'il est suivi d'un verbe, ce dernier est au gérondif : **Stop complaining.** *Arrête de te plaindre.* La négation est aussi simple : **Don't look at me like that.** *Ne me regarde pas comme ça.*

VOCABULAIRE

to be wrong *avoir tort*
to be right *avoir raison*
to complain *se plaindre*
to decide *décider*
to decorate *décorer*
to hate *détester*
to move *se mouvoir, bouger, mais aussi déménager*
to paint *peindre*
to rent *louer*

an armchair *un fauteuil, litt. chaise à bras*
a bathroom *une salle de bains*
a bedroom *une chambre, une pièce*
a bookcase *une bibliothèque*
a computer *un ordinateur*
a cooker *une cuisinière (appareil)*
a desk *un bureau (meuble)*
furniture *les meubles, le mobilier*
a fridge *un réfrigérateur*
a kitchen *une cuisine (pièce)*
a living room *un salon*
a noise *un bruit*
an office *un bureau (pièce)* (pensez à **post office**, *bureau de poste*)
a place *un endroit*
a printer *une imprimante*
a sofa *un canapé*
a spare room *une chambre d'amis*
stuff *un truc, une chose*
a wall *un mur*

against *contre*
angry *énervé, en colère*
behind *derrière*
by *près de*
in front of *devant*
loud *bruyant, fort*

Hang on. *Attends.*
What's up? *Quel est le problème/ Qu'est-ce qui ne va pas ?*

◆ EXERCICES

1. METTEZ LE VERBE ENTRE PARENTHÈSES À LA BONNE FORME.

a. He (to visit) .... his family in Hounslow. (*affirmatif, contracté*)

b. We (to put) .... the printer behind the door. (*négatif, futur proche*)

c. You (to rent) ....that flat on Parish Street? (*interrogatif, futur proche*)

d. She (to paint) ....the bedroom. (*négatif, contracté, futur proche*)

2. TRADUISEZ LA PRÉPOSITION INDIQUÉE ENTRE PARENTHÈSES.

a. Put the fridge (*contre*) .... the window.

b. The computer is (*devant*) .... the window and the printer is (*derrière*) .... the door.

c. The armchair is (*près de*) .... the sofa.

d. There are two bookcases (*dans le coin*) .... the living room.

🔊 3. COMPLÉTEZ L'INTERROGATION AVEC LE PRONOM INTERROGATIF ADÉQUAT, PUIS ÉCOUTEZ L'ENREGISTREMENT POUR VÉRIFIER.
17

a. .... are you going to put the printer? – By the desk.

b. .... colour are we going to paint the kitchen?

c. .... are you looking at me?

d. .... else can we decide today? – Nothing.

e. .... are you moving into the flat? – Next week.

f. .... is living in the flat at the moment? – My sister.

4. TRADUISEZ CES PHRASES.

a. Qu'est-ce qui ne va pas ? – Je déteste déménager, décorer, peindre et des trucs comme ça.
→

b. Quelle pièce veut-elle pour son bureau ? – La chambre d'amis, à côté de la cuisine.
→

c. Que faire des fauteuils et du canapé ? Où allons-nous les mettre ?
→

d. Quelle couleur allons-nous le peindre ? Que penses-tu du bleu ?
– Je suppose que oui.
→

III

EN

VILLE

16.
PRENDRE LES TRANSPORTS

TAKING PUBLIC TRANSPORT

OBJECTIFS

- **DEMANDER/REFUSER POLIMENT**

NOTIONS

- **UTILISATION DU PARTICIPE PRÉSENT APRÈS CERTAINS VERBES**
- **PRONOMS RÉFLÉCHIS**
- **PRÉFIXES NÉGATIFS : DIS- ET UN-**

UN VOISIN AGAÇANT

(Dans le bus)

– Je suis désolé de vous déranger, mais est-ce que cela vous dérange si je [m']assieds à côté [de] vous ?

– Non, pas du tout. La place (siège) est libre.

– Cela vous dérangerait [d']ouvrir la fenêtre ? On manque d'air (Il est très étouffant dans) ici.

– Pas [de] problème. Est-ce mieux ?

– Oui, merci beaucoup. C'est très gentil à vous. J'évite [de] monter dans (sur) le métro à l'heure de pointe (ruée heure). C'est trop bondé et je n'aime pas parler aux étrangers. Ils sont si peu aimables.

– Je vois (sais) ce que vous voulez dire...

– Je déteste marcher. Il y a trop de pollution. J'adore prendre [les] taxis, mais ils coûtent une [petite] fortune. Et j'ai arrêté de faire du vélo (quand je suis venu) à Londres, car c'est trop dangereux pour les cyclistes (trop de cyclistes [se] blessent eux-mêmes). En fait, j'aime prendre le bus. J'aime parler aux gens. Il fait beau (sympa temps), n'est-ce pas ?

– Excusez-moi ? Oh oui, très beau (très sympa).

– Pourriez-vous (possiblement) déplacer vos jambes ?

– Bien sûr. Mettez-vous à l'aise (rendez-vous confortable). N'avez-vous pas quelque chose à lire ou à écouter ?

– Non. Je [me] demandais si vous pouviez me prêter votre journal ? Je n'ai pas envie (me sens pas) [de] parler.

– Je regrette (suis désolée), mais je suis en train de le lire.

– Alors, cela vous dérangerait-il si je fermais les (mes) yeux 5 minutes ? Je suis si exténué que je ne peux [même] pas parler.

– Faites donc (Par tous les moyens) ! Je descends au prochain arrêt.

18 AN ANNOYING NEIGHBOUR

(In the bus)

– I'm **sor**ry to **bo**ther you, but do you **mind** if I **sit next** to **you**?

– **No**, not at **all**. The **seat** is **free**.

– Would you **mind open**ing the **win**dow? It's **ve**ry **stuf**fy in **here**.

– **No prob**lem. Is **that bet**ter?

– Yes, **thanks** a **lot**. It's very **kind** of **you**. I a**void get**ting on the **Tube** at **rush hour**. It's **too crowd**ed… and I dis**like lis**tening to **stran**gers. They're **so** un**friend**ly.

– I **know** what you **mean**…

– I hate **walk**ing. There's **too much** pol**lu**tion. I **love ta**king **ta**xis but they **cost** a **for**tune. And I **gave up cyc**ling when I **came** to **Lon**don. It **isn't safe** and **too** many **cyc**lists in**jure** them**selves**. I **ac**tually en**joy tak**ing the **bus**. I **like talk**ing to people. **Nice wea**ther, **isn't** it?

– Pardon? Oh **yes**, **ve**ry n**ice**.

– **Could** you **poss**ibly **move** your **legs**?

– **Sure**. **Make** your**self** com**for**table. **Don't** you have **any**thing to **read** or **lis**ten to?

– No. I **won**der if you could **lend** me your **pa**per? I don't feel like talking.

– I'm **sor**ry but I'm **read**ing it my**self**.

– Then **would** you **mind** if I **closed** my **eyes** for **five mi**nutes? I'm so ex**haus**ted that I **can't speak**.

– By **all means**! I'm getting off at the **next stop**.

COMPRENDRE LE DIALOGUE
FORMULES ET EXPRESSIONS

→ **to bother**, *ennuyer, déranger*, est souvent utilisé dans des expressions de politesse : **[I'm] sorry to bother you but...** *[Je suis] désolé de vous déranger, mais...* Mais le complément peut être une action : **Does it bother you if I open the window?** Une variante, aussi très polie, est **I'm sorry to trouble you.** Dans ce cas, bien sûr, **to trouble** est un faux ami (il signifie *déranger* et non *troubler*).

→ Nous avons déjà rencontré **to mind** (Module n° 12). Ici, la formulation – un peu plus formelle que **Do you mind...**, – s'emploie pour demander à quelqu'un de faire quelque chose : **Would you mind closing the door?** *Cela vous ennuierait-il de fermer la porte ?*

→ **better** est le comparatif irrégulier de **good**, *bon* (voir Module n° 22).

→ **crowded** vient de **crowd** *la foule* et signifie *bondé, plein de monde*.

→ **a stranger**, *un étranger* dans le sens de quelqu'un que l'on ne connaît pas, différent de **a foreigner**, *une personne d'un autre pays* (Module n° 14).

→ **actually** : attention à ce faux ami ! L'adjectif **actual** signifie *réel, exact*, etc. Ainsi, **actually** se traduit par *réellement, en fait* : **Actually it rained for a whole week.** *En fait, il a plu toute une semaine.* On place souvent cet adverbe au début ou à la fin de l'énoncé. **It was very tiring**, **actually.** *En réalité, c'était très fatigant.*

→ **Make yourself comfortable.** *Mettez-vous à l'aise.* L'adjectif **comfortable** ([keumftèbël], en trois syllabes) est utilisé pour décrire quelque chose qui contribue au confort matériel : **This chair is very comfortable.** *Cette chaise est très confortable –*, mais aussi pour exprimer le confort (physique ou moral) des personnes : **She is not comfortable with that idea.** *Elle n'est pas à l'aise avec cette idée.*

→ **By all means** (litt. *par tous les moyens*) est une expression polie, comme *Certainement* ou *Bien sûr* en réponse à une requête : **Can I come in? – By all means.** *Puis-je entrer ? – Mais bien sûr !* Elle s'emploie dans d'autres formulations, mais le sens est toujours le même. Notez que **means** est toujours au pluriel. (Comparez avec **Go ahead** dans le Module n° 2.)

→ **Don't you have anything to listen to?** Le verbe et son pronom ne doivent pas être séparés dans une construction interrogative.

→ L'anglais possède deux verbes pour exprimer l'affection : **to like** et **to love**. **I like my job.** *Mon emploi me plaît* MAIS **I love my wife/husband.** *J'adore ma femme/mon mari.* Cependant, dans la conversation courante, on utilise souvent **to love** pour intensifier le propos : **I love your shoes!** *J'adore tes chaussures !*

NOTE CULTURELLE

L'offre de transports en commun (**public transport**) en zones urbaines et périurbaines est conséquente et de qualité. Les Londoniens bénéficient d'un métro souterrain, **the London Underground**, universellement connu sous le nom de **the Tube**. Pour se déplacer, on peut acheter des tickets individuels (**tickets**), mais aussi un pass (**Travelcard**) ou une carte d'abonnement, la fameuse **Oyster card** (litt. *carte huître*). Il existe aussi un réseau d'autobus (**bus**, pluriel **buses**), dont certains « à impériale » (**double-decker bus**), ainsi qu'un **tramway** (**tram**).

◆ GRAMMAIRE
UTILISATION DU PARTICIPE PRÉSENT APRÈS CERTAINS VERBES

Le participe présent (**-ing**) est utilisé à la place de l'infinitif après un certain nombre de verbes courants.

I *Je*	like	*aime*	listening to music. *écouter de la musique.*
	enjoy	*prends plaisir*	
	love	*adore*	
	dislike	*n'aime pas*	
	hate	*déteste*	
	avoid	*évite*	
	feel like	*ai envie*	

• Parmi les autres verbes de cette catégorie, signalons **to give up**, *abandonner*, et **to mind** ainsi que **to finish**, *finir,* et **to suggest**, *suggérer*.
• Dans certains cas, notamment avec **to like** et **to hate**, on peut trouver un infinitif avec **to** à la place de **-ing**, mais contentons-nous d'apprendre la formulation avec le participe, de loin la plus fréquente.

PRONOMS RÉFLÉCHIS

• Nous avons déjà vu (Module n° 13) que certains verbes pronominaux français ne le sont pas en anglais. Mais, pour exprimer la notion de réflexivité, l'anglais utilise un groupe de pronoms construit avec **-self** (pluriel : **-selves**) – qui correspond à la notion du « moi » en français. (Pour le mémoriser, pensez à **a selfie**, une photo qu'on prend de soi-même…)

I	myself	*moi-même*
you	yourself	*toi-même/vous-même*
he/she/it	himself/herself/itself	*lui-même/elle-même*
we	ourselves	*nous-mêmes*
you	yourselves	*vous-mêmes*
they	themselves	*eux-mêmes / elles-mêmes*

Notez la différence entre **yourself** (singulier) et **yourselves** (pluriel).

Outre les verbes pour lesquels l'anglais se passe de la forme pronominale (voir Module n°13), les verbes réfléchis se construisent avec les pronoms ci-dessus : **Nora is teaching herself to write computer code.** *Nora apprend elle-même à écrire du code informatique.*

Nous verrons la forme réciproque dans le module suivant.

PRÉFIXES NÉGATIFS *DIS-* ET *UN-*

L'utilisation de préfixes pour former l'antonyme d'un nom ou d'un verbe affirmatif est assez complexe. Souvent, la forme est la même qu'en français – **to appear/disappear**, *paraître/disparaître* –, mais parfois une reformulation est nécessaire, souvent avec la forme négative. Par exemple :

to agree	to disagree	être en désaccord
to like	to dislike	ne pas aimer
to allow	to disallow	rejeter, refuser
to believe	to disbelieve	ne pas croire
to regard	to disregard	ne pas tenir compte de

Le préfixe **un-** (Module n° 4) correspond souvent à *im-* ou *in-* en français, mais le passage par des périphrases, souvent avec l'adjectif *peu*, est incontournable.

kind	unkind	peu aimable
friendly	unfriendly	froid, hostile
clear	unclear	obscur, pas net
comfortable	uncomfortable	mal à l'aise
original	unoriginal	banal, manquant d'originalité

VOCABULAIRE

to bother *ennuyer, déranger*
to dislike *ne pas aimer*
to feel like *avoir envie de*
to get off *descendre de (bus, métro, etc.)*
to get on *monter dans (bus, métro, etc.)*
to give up *arrêter, abandonner*
to injure *blesser (attention, faux ami !)*
to lend *prêter*
to listen *écouter (le « t » est muet)*

a crowd *une foule*
a cyclist *un cycliste*
cycling *bicyclette (activité)*
a (news)paper *un journal*
rush hour *l'heure de pointe*
a seat *un siège, une place (transports en commun, etc.)*
a stranger *un inconnu (personne qu'on ne connaît pas)*
the Tube/tube *le métro londonien (litt. le tuyau)*

better *meilleur (adj.), mieux (adv.)*
comfortable *confortable, à l'aise (personne)*
crowded *bondé*
exhausted *épuisé*
free *libre*
stuffy *mal aéré, étouffant*
unfriendly *peu aimable, hostile*

By all means! *Certainement !*
It/they cost(s) a fortune *Cela coûte une petite fortune*

● EXERCICES

1. METTEZ LE VERBE ENTRE PARENTHÈSES À LA BONNE FORME.

a. She doesn't enjoy (cycle) .... in London. It's too dangerous.
b. Fred really wants (meet) .... you.
c. I avoid (talk) .... to strangers on the Tube.
d. We need (give up) .... smoking. It costs too much.

2. COMPLÉTEZ AVEC LE BON PRONOM RÉFLÉCHI.

a. We are really enjoying .... on holiday.
b. John is teaching .... to play the piano.
c. Hello Mrs Swan, please help .... to coffee or tea.
d. They aren't preparing .... for the future.

3. METTEZ LE VERBE OU L'ADJECTIF EN GRAS À LA FORME NÉGATIVE EN AJOUTANT UN PRÉFIXE.

a. That is a really **kind** .... thing to say.

b. We **agree** .... that cyclists in London are dangerous.

c. I really feel **comfortable** .... when a stranger talks to me.

d. Roger doesn't **like** .... listening to music when he's in the Tube.

🔊 4. TRADUISEZ CES PHRASES, PUIS ÉCOUTEZ L'ENREGISTREMENT POUR VÉRIFIER.

18
a. Cela vous dérangerait-il d'ouvrir la fenêtre ? – Pas de problème.
→

b. Je suis désolé de vous déranger, mais puis-je m'asseoir à côté de vous ?
– Faites donc. Je descends au prochain arrêt.

→

c. Êtes-vous bien dans cette chaise ? – Oui, [c'est] très confortable.

→

d. Il y a plein de monde dans les magasins à Noël. – Je sais ce que vous voulez dire !

→

e. Il a arrêté de fumer la semaine dernière et il se sent très mal.

→

17.
AU CAMPING
CAMPING

OBJECTIFS

- PARLER DU PASSÉ

NOTIONS

- SOMEBODY/ANYBODY/NOBODY
- EACH/EVERY/BOTH
- LE GENRE DES NOMS
- LE PASSÉ SIMPLE (VERBES RÉGULIERS)
- LE PASSÉ SIMPLE DE TO BE

DES VACANCES HORRIBLES

– L'année dernière, nous avons décidé d'aller au pays de Galles pour nos vacances d'été. C'était un désastre !

– Pourquoi ? Que [s'est-il] passé ?

– Tout avait bien commencé. Nous avions réservé un camping en ligne. Nous avons voyagé en train jusqu'à Cardiff et puis en bus jusqu'au camping, à 10 miles [16 km] de distance. Nous sommes arrivés le lundi à l'heure du thé, mais il n'y avait personne au (dans le) bureau. J'ai téléphoné et envoyé un SMS [au] directeur, mais personne n'a répondu, alors nous avons attendu (pour) 2 heures. Enfin quelqu'un est arrivé (tourna au-dessus). Je pense que c'était la directrice adjointe. Je me suis plaint auprès d'elle et elle s'est excusée, mais elle n'était pas très sympa. Nous avons commencé à mettre nos affaires (choses) dans la tente, mais il s'est mis (a commencé) à pleuvoir. Il a plu tous les jours (chaque jour) et toute la journée pendant une semaine entière (et ne s'est jamais arrêté). Le (sur) vendredi, nous avons fait nos valises (empaqueté) et appelé un taxi pour nous amener à la gare. Mais le chauffeur n'est pas arrivé à temps et nous avons raté le dernier train. Nous avons essayé de trouver un hôtel ou une chambre d'hôte en (dans) la ville. Nous avons cherché partout, mais tout était complet ou fermé. Donc nous nous sommes retrouvés (avons terminé) dans un café (ouvert toute la nuit) et y sommes restés jusqu'au matin.

– Quelle horreur ! As-tu demandé un remboursement ?

– Non, parce que je ne voulais pas en faire tout un plat. Et toi, alors ? Comment étaient tes vacances ?

– En fait, c'était très fatigant. J'ai rendu visite à mes beaux-parents (sous loi) qui habitent (vivent à) Plymouth. Ma femme voulait marcher ou faire du vélo le long du chemin de Drake. Elle a fait 20 miles [32 km] chaque jour et j'ai travaillé dans le jardin.

– Donc nous avons tous les deux besoin d'autres vacances pour nous remettre de nos vacances !

HORRIBLE HOLIDAYS

– Last **year** we de**ci**ded to go to **Wales** for our **su**mmer holidays. It was a di**sas**ter!

– Why? What **happ**ened?

– **Ev**erything **start**ed well. We **booked** on**line** at a **camp**site. We **trav**elled by **train** to **Car**diff and **then** by **bus** to the **site**, ten **miles** a**way**. We **arrived** on **Mon**day at **tea**time but there wasn't **a**nybody in the **off**ice. I **phoned** and **text**ed the **man**ager but **no**body **answ**ered, so we **wait**ed for **two hours**. **Fi**nally **some**body **turned** up. I **think** it was the a**ssis**tant **man**ager. I com**plained** to her and she a**pol**ogised, but she **was**n't very **nice**. We **start**ed to **put** our **things** into the **tent**, but it **start**ed to **rain**. It **rain**ed **ev**ery **day** for a **whole week** and **ne**ver stopped. On **Fri**day we **packed** and **called** a **taxi** to **take** us to the **sta**tion. But the **dri**ver didn't a**rrive** on **time** and we **missed** the last **train**. We **tried** to find a ho**tel** or a **B&B** in the **town**. We looked **ev**erywhere but **ev**erything was **full** or **closed**. So we **end**ed **up** in an **all-night ca**fé and **stayed** there un**til** the **mor**ning.

– How **aw**ful! **Did** you **ask** for a **re**fund?

– **No**, be**cause** I **did**n't want to **make** a **fuss**. **What** about **you**? **How** was **your ho**liday?

– It was **ve**ry **tir**ing, ac**tu**ally. I **vi**sited my **par**ents-in-**law**, who **live** in **Ply**mouth. My wife **want**ed to walk or **cy**cle a**long** Drake's Trail. She **cy**cled **twen**ty **miles each day** and I **worked** in the **gar**den.

– So we **both** need a**no**ther **ho**liday to re**co**ver from our **ho**liday!

■ COMPRENDRE LE DIALOGUE
FORMULES ET EXPRESSIONS

→ **A book** signifie *un livre*. Mais, grâce à la souplesse de l'anglais, ce nom peut être un verbe, dont le sens littéral serait « inscrire dans un livre » et, par extension, *réserver*, *retenir* : **I want to book a room.** *Je veux réserver une chambre.*

→ **by** : en parlant des modes de transport, on emploie la préposition **by**, *par*, avec le verbe adéquat. **To go by train and by bus.** *Voyager en train et en bus.* La seule exception concerne la marche : **to go on foot**, *aller à pied*.

→ **away** : cet adverbe est très utile pour parler de la distance ou de l'éloignement. **The campsite is ten miles away.** *Le camping est à 10 miles/16 km.* Mais on peut aussi l'utiliser dans un sens plus général : **The manager is away today.** *Le directeur est absent aujourd'hui.*

→ **How awful!** Ici, **how** n'est pas un interrogatif, mais une exclamation : *Que c'est horrible !* Dans ce cas, **how** renforce l'adjectif qui le suit. Dans le même ordre d'idées, retenez **How nice!** *Comme c'est gentil !*

→ **a fuss** peut se traduire par *l'agitation* ou *les histoires*, donc l'expression **to make a fuss** signifie *faire des histoires* ou, dans le contexte de ce module, *en faire tout un plat*. Ainsi, si vous proposez un choix à quelqu'un – par exemple, **What do you want to drink?** – et que l'on vous répond **I'm not fussy.** *Ça m'est égal*, vous saurez que votre interlocuteur n'est pas difficile et boira n'importe quoi.

NOTE CULTURELLE

Outre les faux amis, il y a un autre domaine où la proximité du français et de l'anglais ne fait pas toujours bon ménage : le franglais ! Le français a en effet adopté un certain nombre de mots anglais, en faisant une entorse soit à leur sens initial, soit à leur construction grammaticale. Dans ce module, par exemple, **camping** désigne l'activité dérivée du verbe **to camp** – **I hate camping.** *Je déteste faire du camping* – et le terrain où l'on installe une tente s'appelle **a campsite** (ou **a camping site**). La vigilance s'impose donc, car l'usage des mots anglais francisés n'a parfois rien à voir avec le mot ou le terme anglais (par exemple, *un smoking* se dit **a dinner jacket** ou **dinner suit** !). Pire, on risque de provoquer l'incompréhension ou l'amusement de son interlocuteur (**pressing** est un adjectif qui signifie *urgent* ou *pressant*, et non une boutique de nettoyage/repassage, qui se dit **a dry cleaner's** !).

◆ GRAMMAIRE
SOMEBODY/ANYBODY/NOBODY

• **Somebody** et **anybody** traduisent le pronom indéfini *quelqu'un,* respectivement dans une phrase affirmative et négative/interrogative. Ils suivent exactement les mêmes règles que **some** et **any** (voir Module n° 3) : **Somebody was in the office.** *Il y avait quelqu'un au bureau.* **Was anybody in the office?** *Y avait-il quelqu'un au bureau ?*

• Le pronom **nobody** signifie *personne* : **Nobody answered my texts.** *Personne n'a répondu à mes textes.* Rappelons que l'on ne met jamais deux négatifs ensemble : **nobody** s'emploie toujours avec un verbe à la forme affirmative.

• **Anybody** peut aussi se traduire par *personne* : **I don't know anybody in Cardiff.** *Je ne connais personne à Cardiff.*

• Voici d'autres mots composés avec **some-**, auxquels ce même mécanisme s'applique : **something**, **anything**, **somewhere**, **anywhere**, **somebody**, **anybody.**

EACH/EVERY/BOTH

• **Each** traduit *chaque* et **every** signifie *tout/tous*, mais on les confond parfois. Le premier s'applique lorsque l'on considère chaque élément d'une série individuellement (**each day**, *chaque jour*), et le second lorsqu'on considère tous ces éléments ensemble (**every day**, *tous les jours*). Souvenez-vous, dans le Module n° 5 : **The family comes to us for Christmas every year.** *La famille vient chez nous pour Noël tous les ans.* On pourrait ajouter **and each Christmas**, **we eat too much**, *et chaque Noël [c'est-à-dire, individuellement] nous mangeons trop.*

• **Both**, *tous les deux* ou *l'un et l'autre* s'emploie comme un pronom : **We both need a holiday.** *Nous avons besoin de vacances tous les deux.*

LE GENRE DES NOMS

Les noms anglais n'ayant pas de genre, **a manager** peut être un homme ou une femme. Cette règle de parité s'impose pour une série de fonctions et de professions : **teacher**, *professeur* ; **author**, *auteur* ; **doctor**, *médecin*, etc. Et si, autrefois, on utilisait des mots se terminant en **-man** pour ces métiers : **policeman**, *policier* ; **fireman**, *pompier*, la tendance en anglais moderne est de trouver une dénomination neutre : **police officer**, *officier de police* ; **firefighter**, *combattant du feu*. Ces usages sont en pleine évolution. Par exemple, **an actress**, *une actrice*, *une comédienne* est l'équivalent féminin de **an actor**, mais ce dernier mot s'emploie de plus en plus pour les deux sexes. Affaire à suivre…

▲ CONJUGAISON
LE PASSÉ SIMPLE (VERBES RÉGULIERS)

Pour former le passé simple (ou « prétérit ») d'un verbe régulier, on ajoute **-ed** à la racine, ou **-d** si celle-ci se termine en [e]. Cela suffit, quelle que soit la personne :

to wait	I waited	j'ai attendu
to answer	she answered	elle a répondu
to pack	we packed	nous avons fait nos valises
to arrive	he arrived	il est arrivé
to close	it closed	il/elle s'est fermée
to decide	you decided	tu as décidé

• Si la racine se termine en **-y** précédé d'une consonne, on transforme cette lettre en [i] avant d'ajouter **-ed** : **to try** = **tried** ; **to worry** = **worried**. En revanche, si le **-y** est précédé d'une voyelle, rien ne change : **to stay** = **stayed**. Il y a quelques exceptions, que nous verrons dans le prochain module.
• Les règles de prononciation sont un peu compliquées, mais, sommairement, le [d] terminal se prononce comme un [t] dans certains cas. Écoutez bien les enregistrements et, ensuite, reportez-vous au chapitre « Prononciation ».
• Le passé simple s'emploie pour décrire une action qui a eu lieu dans une période déterminée, qui est achevée et n'a aucun lien avec le présent. Ce dernier détail est important, car il existe un autre temps passé que nous verrons plus tard.
• Le prétérit anglais correspond à la fois au passé simple et au passé composé en français : **he phoned**, il téléphona/il a téléphoné. Il faut donc veiller à ne pas traduire l'auxiliaire être/avoir : **he answered**, il répondit/a répondu ; **she arrived**, elle arriva/est arrivée. De même, le présent de narration français, que nous retrouvons couramment dans la presse, est toujours traduit en anglais par le passé simple, car il s'agit d'événements ou d'actions révolus.
Enfin, vous découvrirez la forme interrogative, détaillée dans le Module n° 20.

LE PASSÉ SIMPLE DE TO BE

Au passé simple, le verbe **to be** est irrégulier et ne suit pas la règle ci-dessus, mais il n'existe que deux formes : **was** et **were**.

VOCABULAIRE

to apologise *s'excuser*
to ask for *demander*
to book *réserver*
to complain *se plaindre*
to cycle *aller à/faire du vélo*
to end up *se retrouver*
to miss *manquer*
to phone *téléphoner*
to pack *faire ses valises*
to recover *récupérer*
to turn up *arriver* (synonyme familier de **to arrive**)

a B&B (bed and breakfast) *une chambre d'hôte, un « café-couette »*
a campsite *un camping*
a disaster *un désastre*
a driver *un conducteur, un chauffeur* (vous connaissez **driver's licence**, Module n° 12)
a manager *un directeur/une directrice*
parents-in-law *beaux-parents*
a refund *un remboursement*
teatime *l'heure du thé (vers 16 heures, 17 heures)*
both *tous les deux*
each *chaque*
every *tout/tous*
on foot *à pied*
until *jusqu'à*
whole *entier, complet*

How awful! *Quelle horreur !*
What about you? *Et toi/vous, alors ?*

Forme affirmative

I was *j'ai été*	
you were *tu as/vous avez été*	
he/she/it was *il/elle a été*	**in Cardiff last week.**
we were *nous avons été*	*à Cardiff la semaine dernière.*
they were *ils ont été*	

La négation se forme comme au présent, avec **not**

I was not *je n'ai pas été*	**wasn't**	
you were not *tu n'as/vous n'avez pas été*	**weren't**	
he/she/it was not *il/elle n'a pas été*	**wasn't**	**in Cardiff last week.** *à Cardiff la semaine dernière.*
we were not *nous n'avons pas été*	**weren't**	
they were not *ils/elles n'ont pas été*	**weren't**	

EXERCICES

1. METTEZ LES VERBES ENTRE PARENTHÈSES AU PASSÉ SIMPLE.

a. I (to travel) .... by bus to Cardiff last week.

b. She (to complain) .... and he (to apologise) .... but he (to be) ....not very nice.

c. We (to miss) .... the last train, which (to stop) .... at every station.

d. I (to ask) .... for a refund from the camping company.

2. AJOUTEZ LE MOT QUI CONVIENT, SE TERMINANT PAR -BODY OU -THING, PUIS ÉCOUTEZ L'ENREGISTREMENT POUR VÉRIFIER.

a. I don't know .... body in Plymouth.

b. I think Margaret has .... thing to tell you.

c. .... body called you but I don't know who.

d. I don't want .... thing to eat. I'm not hungry.

e. .... body answered the phone because the office was closed.

f. The shops were closed and there was .... thing to do.

3. COMPLÉTEZ CES PHRASES AVEC LA BONNE PRÉPOSITION.

a. We wanted to walk .... Drake's Trail.

b. They travelled .... train and then .... bus.

c. My wife and I worked .... the garden every day.

d. It rained every day .... two weeks.

4. TRADUISEZ CES PHRASES.

a. Mes vacances étaient horribles. Et toi, comment étaient tes vacances ?

→

b. En fait, c'était très fatigant. J'ai travaillé pendant une semaine !

→

c. Ma femme a cherché partout mais tout était complet. – Quelle horreur !

→

d. Nous avons rendu visite à mes beaux-parents. Et toi, alors ?

→

18.
L'ENTRETIEN
INTERVIEW

OBJECTIFS

- PARLER AU PASSÉ SIMPLE AVEC DES VERBES IRRÉGULIERS COURANTS
- PRÉSENTER UNE CHRONOLOGIE D'ÉVÉNEMENTS

NOTIONS

- LE PASSÉ SIMPLE (ET LE PARTICIPE PASSÉ) DES VERBES IRRÉGULIERS
- LE RELATIF WHICH
- LES VERBES DE PERCEPTION LIÉS AUX SENS
- TO SAY ET TO TELL

L'ENTRETIEN

– Pourriez-vous nous raconter (dites-nous autour de) votre vie, Dawn Patel. Vous êtes une millionnaire très jeune !

– Je suis (étais) née à Leicester. Mes parents [sont] venus au Royaume-Uni en 1972. Je [suis] allée à l'école secondaire jusqu'à mes (étais) 16 ans (vieille). Le jour de (sur) mon dix-septième anniversaire, je (suis) partie et (suis) devenue coiffeuse. Après quelques années, je savais que je voulais faire quelque chose [de] différent. J'ai parlé à ma maman et (mon) papa et ils m'(ont) dit qu'ils étaient d'accord avec moi. Puis ils m'(ont) donné un (du) bon conseil : « Travaille dur, apprends (gagne des connaissances) et progresse (fais des progrès) ». J'ai écrit à des dizaines d'universités pour demander [des] informations à propos des carrières. Un jour j'ai entendu parler d'une licence (degré) en affaires à l'université [de] Bristol donc j'ai passé l'examen d'entrée, que j'ai réussi (passé) assez facilement. J'ai trouvé le cursus assez difficile, mais j'ai étudié assidûment (dur). J'étais une bonne étudiante et heureusement j'avais d'excellents professeurs. J('ai) aussi rencontré un [des] tas de gens cool et me suis fait des amis fantastiques.

– Cela m'a l'air (Il sonne) fascinant. Veuillez continuer (aller sur).

– J'(ai obtenu) décroché un emploi comme (un) directrice d'une société pétrolière à Bath. Ils m'ont très bien payée, mais, au bout de quelque temps, je m'ennuyais et je savais qu'il était temps de chercher (pour) autre chose. J('ai) vu une annonce pour un(e) directeur/rice [de] marketing dans une start-up. Ça avait l'air intéressant, aussi j'y (suis) allée pour un entretien et [j'ai] eu le poste. La société a grandi très vite et j'étais promue régulièrement.

– Je ne suis pas surprise. Est-ce comme ça que vous êtes devenue riche et célèbre ?

– Non, pas vraiment. Ce n'était pas du tout la raison. C'est facile à expliquer : j'ai épousé l'homme qui a acheté la société !

– Félicitations !

🔊 20   THE INTERVIEW

– **Could** you **tell*** us about your life, Dawn Pa**tel**? You're a **ve**ry **young** millio**naire**!

– I was **born** in **Leic**ester. My **pa**rents **came*** to the **UK** in **1972**. I **went*** to **sec**ondary **school** until I was six**teen** years **old**. On my **sev**enteenth **birth**day I **left*** and be**came*** a **hair**dresser. **Af**ter a few **years**, I **knew*** that I **want**ed to **do*** some**thing dif**ferent. I **spoke*** to my **mum** and **dad** and they **told*** me that they a**greed** with me. **Then** they **gave*** me some **good** ad**vice**. They said: "**Work hard**, gain **know**ledge and **make*** **pro**gress". I **wrote*** to **do**zens of uni**ver**sities to **ask** for infor**ma**tion about ca**reers**. **One day** I **heard** a**bout** a **bus**iness de**gree** at **Bris**tol uni**ver**sity so I **took*** the **en**trance ex**am**, which I **passed** quite **ea**sily. I **found*** the course **fair**ly **dif**ficult but I **stud**ied hard. I was a **good stu**dent and **for**tunately I had **some*** **ex**cellent **teach**ers. I **al**so **met*** **loads** of cool **pe**ople and **made*** some fan**tas**tic **friends**.

– It sounds **fa**scinating. **Please** go* **on**.

– I **got*** a **job** as a **man**ager with an **oil com**pany in **Bath**. They **paid*** me **ve**ry **well**, but **af**ter a **while** I **felt*** **bored** and I **knew*** it was **time** to **look** for some**thing else**. I **saw*** an ad**vert** for a **mar**keting di**rec**tor at a small **start**-up. It **looked in**teresting so I **went*** for an **in**terview and **got*** the **job**. The **com**pany **grew*** very **fast** and I **was*** pro**mo**ted regularly.

– I'm **not** sur**prised**. Is **that** how you be**came*** **rich** and **fa**mous?

– **No**, not **re**ally. That **was**n't the **rea**son at **all**. It's **ea**sy to ex**plain**: I **marri**ed the **man** who **bought*** the **com**pany!

– Congra**tu**la**tions**!

* *L'astérisque signale les verbes irréguliers que vous rencontrez pour la première fois et les formes irrégulières de ces verbes que vous connaissez déjà au présent.*

COMPRENDRE LE DIALOGUE
FORMULES ET EXPRESSIONS

→ **years old** : nous avons vu dans le Module n° 2 que le nombre cardinal suffit pour donner son âge. **I'm sixteen.** *J'ai 16 ans.* Sans modifier le sens, on peut ajouter **years old** : **She's ninety years old.** *Elle a 90 ans.*

→ **mum** et **dad** sont les formes familières de **mother** et **father**, *mère et père.*

→ **advice, knowledge, progress**, *conseils, connaissances, progrès*, font partie des noms qui, contrairement au français, sont indénombrables en anglais (Module n° 12). C'est pour cette raison qu'ils sont souvent précédés de l'adjectif **some** (ou **any** dans une phrase interrogative : **Do you have any advice for me?**, *Avez-vous un conseil à me donner ?*)

→ **pass an exam**, *réussir un examen*. Pour traduire *passer un examen*, on dit **to take an exam**.

→ **a load**, *un chargement*, mais en anglais courant, **loads of** signifie *des tas de*. Il est synonyme de **lots of** (Module n° 5).

→ **hard** est à la fois un adjectif (Module n° 12 et ci-dessous) et un adverbe – très utile – qui traduit la notion d'effort ou d'assiduité : **You must work hard and study hard.** *Tu dois travailler dur et étudier assidûment.* De manière générale, il modifie le verbe en l'intensifiant : **I tried hard but the exam was too difficult.** *J'ai vraiment essayé, mais l'examen était trop difficile.*

→ **quite** et **fairly**. Ces deux adjectifs synonymes sont utiles pour modifier un nom : **It's quite/fairly hard.** *C'est assez difficile.* Nous verrons ultérieurement une autre utilisation de **quite**.

→ **to go on** est un verbe à particule qui signifie *continuer, se poursuivre* ; tout comme **to look for**, *chercher* (rappelons que **to look at** signifie *regarder*) et **to hear about**, *entendre parler de.*

NOTE CULTURELLE

Environ 50 % des jeunes qui quittent l'enseignement secondaire (**secondary school**) en Grande-Bretagne s'inscrivent dans un premier cycle à l'université (**university**, abrégé couramment en **uni**, l'équivalent de notre « fac ») pour obtenir un *diplôme*, **degree**. Ils suivent généralement un cursus (**a course**) de trois ans afin de décrocher **a bachelor's degree**, soit **a BA** (prononcé [bii-éé], les arts, au sens large) soit **a BSc** (prononcé [bii-ess-sii], les sciences). Certains poursuivent leurs études pour obtenir **a master's degree** ou éventuellement un doctorat (appelé

PhD, [pii-éétch-dii], qui signifie « philosophiae doctor » mais s'applique à tous les diplômes doctoraux, quelle que soit la matière). Pour plus d'informations, voir www.studying-in-england.org/england-educational-system

◆ GRAMMAIRE
LE RELATIF WHICH

Nous avons déjà rencontré **which** dans le sens de *lequel/laquelle*, etc. Mais c'est aussi un pronom relatif très courant, traduisant *qui* ou *que* : **The job which I wanted was in Bath.** *Le travail que je voulais était à Bath.*

Which s'applique uniquement aux choses, et non aux personnes, pour lesquelles on emploie **who** : **She married the man who bought the company.** *Elle épousa l'homme qui acheta la société.* Notez que **which** et **who** sont invariables et s'appliquent aussi bien au singulier qu'au pluriel.

LES VERBES DE PERCEPTION LIÉS AUX SENS

Nous connaissons **to fly**, **to drive** et **to walk**, respectivement, *aller en avion, en voiture* et *à pied*, qui allient la notion de mouvement à celle du moyen de transport. Mais il y a une autre famille de verbes qui décrivent la perception par les sens, et pour lesquels il n'y a pas d'équivalents exacts en français : par exemple **to sound**, du nom **the sound**, *le son*. **The course sounds very interesting.** *Le stage (sous-entendu que vous m'avez décrit) a l'air intéressant.* Mais si on lit un descriptif du même stage, la phrase deviendrait : **The course looks very interesting.** *Le stage a l'air intéressant* (d'après la brochure). Il existe une petite dizaine de ces verbes, que nous apprendrons au fur et à mesure.

TO SAY ET TO TELL

Ces verbes signifient *dire*, mais présentent des différences importantes.
• **To tell** s'emploie pour informer, donner des instructions à quelqu'un et est suivi d'un complément de personne décrivant celui ou celle à qui on s'adresse. **They told her that they agreed.** *Ils lui ont dit qu'ils étaient d'accord.* **Tell me what you want.** *Dites-moi ce que vous voulez.*
• En revanche, **to say** s'applique à toutes les affirmations et présente ce qui est dit, sans nécessairement préciser l'interlocuteur. **Alice said "Hello".** *Alice a dit : « Bonjour ».* **You said that you were rich and famous.** *Tu as dit que tu étais riche et célèbre.*

LE PASSÉ SIMPLE (ET LE PARTICIPE PASSÉ) DES VERBES IRRÉGULIERS

Infinitif	Passé simple	Participe passé	Traduction
to be	was/were	been	être
to become	became	become	devenir
to buy	bought	bought	acheter
to feel	felt	felt	se sentir
to find	found	found	trouver
to get	got	got*	obtenir
to give	gave	given	donner
to go	went	gone	aller
to grow	grew	grown	s'agrandir, croître
to have	had	had	avoir
to hear	heard	heard	entendre
to know	knew	known	savoir, connaître
to leave	left	left	laisser
to make	made	made	faire, fabriquer
to meet	met	met	rencontrer
to pay	paid	paid	payer
to say	said	said	dire
to see	saw	saw	voir
to speak	spoke	spoken	parler
to take	took	taken	prendre
to tell	told	told	raconter, dire (voir ci-dessus)
to write	wrote	written	écrire

* Rappel : en anglais américain, le participe passé **got** est **gotten.**

Plusieurs de ces participes passés se terminent en **-n**. En effet, il y a plusieurs familles de verbes irréguliers (voir Annexes).

VOCABULAIRE

to agree *être d'accord*
to be born *naître*
to be promoted *être promu*
to buy, bought, bought *acheter*
to explain *expliquer*
to marry *épouser, marier*
to offer *offrir, proposer*
to be surprised *être surpris*
to surprise *surprendre*

an advert (advertisement) *une annonce, une publicité*
a birthday *un anniversaire* (**birth** = *naissance*)
a career *une carrière (professionnelle)*
a degree *un diplôme universitaire*
a dozen *une douzaine*
an exam (examination) *un examen*
oil *l'huile*
an oil company *une société pétrolière*
a reason *une raison*
a student *un/une étudiant/e*
a start-up (ou **a start-up company)** *une jeune pousse (entreprise nouvelle)*
a university *une université* (**a uni** en anglais familier)

bored *lassé, ennuyé*
famous *célèbre*
fantastic *fantastique*
fascinating *fascinant*
fast *rapide/rapidement*
fortunately *heureusement*
hard *assidûment (adv.)*

Not really *pas vraiment*
Please go on. *Continuez s'il vous plaît.*
Congratulations! *Félicitations !*

Comme dans beaucoup de langues, les verbes anglais les plus fréquents sont aussi ceux qui ne suivent pas la règle « normale » pour former les temps passés (**-d** ou **-ed** ajouté à la racine). Les verbes irréguliers sont moins complexes qu'en français, mais il faut néanmoins les mémoriser. Par convention, on apprend l'infinitif, ainsi que le prétérit et le participe passé. Vous connaissez déjà deux des verbes irréguliers principaux, **to be**, *être* et **to have**, *avoir*. Mémorisez bien la petite liste ci-contre.

● EXERCICES

1. CONJUGUEZ LES VERBES IRRÉGULIERS AU PASSÉ SIMPLE.

a. She (to go) .... to school in Leicester and (to leave) .... when she (to be) .... sixteen.

b. He (to speak) .... to his parents and they (to give) .... him some good advice.

c. My brother (to hear) .... about an interesting job and (to write) .... to the company.

d. I (to meet) .... loads of people at university.

2. AJOUTEZ LA BONNE PRÉPOSITION (SI NÉCESSAIRE).

a. I heard .... a business degree at Bath university.

b. We spoke .... her teachers and asked .... some information.

c. It's time to look .... a new job.

d. That job advertisement looks .... very interesting.

🔊 3. METTEZ LE BON ADJECTIF ET/OU ADVERBE, PUIS ÉCOUTEZ L'ENREGISTREMENT POUR VÉRIFIER.
20

a. I worked very .... at university.

b. She had some .... teachers and made some .... friends.

c. Alistair passed all his exams very ....

d. They gave me some .... advice.

e. The company was ....

f. It grew very .... : in two years, it was huge.

4. TRADUISEZ CES PHRASES.

a. Mon père m'a donné des conseils et j'ai fait des progrès, mais j'ai raté l'examen.

→

b. J'ai entendu parler d'un poste qui a l'air très intéressant.

→

c. Ils lui ont dit qu'ils étaient d'accord avec elle.

→

d. L'annonce que j'ai vue a l'air fascinante, n'est-ce pas ? – Non, pas vraiment.

→

19.
SORTIR AU RESTAURANT

GOING TO A RESTAURANT

OBJECTIFS

- POSER DES QUESTIONS CONCERNANT LES ÉVÉNEMENTS PASSÉS
- POSITION DES PRÉPOSITIONS DANS UNE QUESTION
- VERBES DE PERCEPTION (SUITE)

NOTIONS

- LE VERBE ET SA PRÉPOSITION
- LES VERBES DE PERCEPTION LIÉS AUX SENS (SUITE)
- PAYS ET NATIONALITÉS : ADJECTIFS ET NOMS PROPRES
- LES VERBES IRRÉGULIERS (PRESQUE) IDENTIQUES AU PRÉSENT, PASSÉ SIMPLE ET PARTICIPE PASSÉ

UN AMI CURIEUX

– Où es-tu allé hier soir (nuit), Paul ? Tu n'as pas répondu [à] mes appels.

– Je suis allé à ce nouveau restaurant italien à (dans) Charing Cross.

– Comment était-ce ? J'ai lu qu'il était incroyablement tendance (populaire).

– Tu peux le (re)dire ! Il était bondé et très très bruyant. Il y avait (on pouvait voir) des dizaines de serveurs, mais ils étaient trop occupés pour prendre notre commande.

– Quel dommage ! Comment était la nourriture ?

– (Il n'était) Rien d'extraordinaire (spécial) et les portions étaient minuscules !

– La plupart des restaurants du secteur sont comme ça. Qu'as-tu mangé ?

– En entrée (démarreur) j'ai commandé une salade [de] tomates et [de] poivrons verts, qui avait bon goût, mais [qui] n'était pas très fraîche. Pour le plat principal, j'ai choisi un filet de bœuf, mais il était dur et sentait mauvais. Je n'ai pas pris (eu) de dessert (pudding) car je n'avais plus faim (me sentais plein).

– Mon Dieu (bonté), ça a l'air (sonne) horrible ! Pauvre [de] toi ! Avec qui y es-tu allé ?

– J'y suis allé avec une fille que tu ne connais pas.

– D'où vient-elle ?

– Cela ne te regarde pas (c'est aucune de tes affaires). Pourquoi (À quoi) souris-tu ?

– Je sais avec qui tu y es allé. Votre photo était sur Facebook.

– Tu es insupportable (Il est impossible de te parler). Je rentre (vais) chez moi.

– Ok. À plus.

21 A NOSY FRIEND

– **Where** did you **go** last **night**, **Paul**? You **did**n't **an**swer my **calls**.

– We **went** to that **new** I**tal**ian **res**taurant in **Cha**ring **Cross**.

– How **was** it? I **read** that it was in**cred**ibly **pop**ular.

– You can **say that a**gain! It was **packed** and **ve**ry **ve**ry **noi**sy. You could **see do**zens of **ser**vers, but they were **too bu**sy to **take** our **or**der.

– **What** a **pi**ty! **What** was the **food** like?

– It was **no**thing **spe**cial, and the **por**tions were **ti**ny!

– **Most** of the **rest**aurants in the **a**rea are **like that**. **What** did you **eat**?

– For a **star**ter I **or**dered a to**ma**to and **green pep**per sa**l**ad, which **tas**ted quite **nice** but **was**n't **ve**ry **fresh**. For the **main** course, I chose a **fill**et steak, but it was **tough** and **smelled bad**. I **did**n't have a **pud**ding because I **felt full** and I **could**n't **eat a**nything else.

– **Good**ness, it sounds **ter**rible! **Poor you**! **Who** did you **go** with?

– I went with a **girl** who you **don't know**.

– **Where** does she **come** from?

– That's **none** of your **bus**iness. **What** are you **sm**iling **at**?

– I **know** who you **went** with. Your **pho**to was on **Face**book.

– You're im**poss**ible to **talk to**. I'm **go**ing **home**.

– O**kay**. **See** you.

COMPRENDRE LE DIALOGUE
FORMULES ET EXPRESSIONS

→ **last night**, litt. *la nuit dernière*. Cette expression signifie à la fois *hier soir* et *cette nuit* (au sens passé) : **I saw them last night.** *Je les ai vus hier soir/la nuit dernière.* La nuit prochaine se dit **tonight** (voir Module n° 12).

→ **You can say that again!** est une expression idiomatique, litt. *Tu peux dire cela à nouveau*, qui confirme ou souligne ce qui vient d'être dit. **That new Italian restaurant is really expensive. – You can say that again!** *Ce nouveau restaurant italien est vraiment cher. – À qui le dis-tu !* Pour signaler qu'il s'agit d'un idiotisme, on met l'accent tonique fermement sur le **that** pour éviter toute confusion avec la question **Can you say that again?** *Peux-tu répéter (redire) ?*

→ L'adjectif **full** signifie *complet*, *plein* (voir Module n° 7), mais l'expression idiomatique **I'm full/I feel full** signifie simplement que l'on est rassasié.

→ **Noisy/nosy** : attention à ne pas confondre ces deux adjectifs ! Le premier, *bruyant*, vient de **a noise**, *un bruit* (Module n° 15). Le second, dont la racine est **a nose**, *un nez*, signifie *curieux* ou *fouineur* – quelqu'un qui met son nez partout.

→ **What is X like?** permet de demander à quoi ressemble quelqu'un ou quelque chose, que ce soit physiquement ou virtuellement : **What's Paul like? – He's tall**, *Il est grand* ou **He's very nice.** *Il est très sympa.* Retenez bien le verbe **to be** dans cette expression, car il y a une différence importante entre : **What is Paul like?** *Comment est Paul ?* et **What does Paul like?** *Qu'aime Paul ?*

→ **most of** : nous avons appris **most people**, *la plupart des gens* (Module n° 11), qui veut dire *la majorité des gens*. Comparez ces deux phrases : **Most people like Italian food.** *La plupart des gens aiment la nourriture italienne* et **Most of the people that I know like Italian food.** *La plupart des gens que je connais aiment la nourriture italienne.* Dans le second exemple, il s'agit d'un groupe spécifique (les gens que je connais), donc on utilise **of the**.

→ **goodness** signifie litt. *la bonté* (de **good**, *bon*), mais le mot est utilisé dans certaines exclamations, soit seul, comme dans notre dialogue, soit avec un complément : **Goodness me!** ou **My goodness!** *Mon Dieu !*, *Bon sang !*, etc. Cela permet d'exprimer la surprise sans vulgarité. Enfin, l'exclamation **Thank goodness!** exprime l'équivalent de *Dieu merci !*

→ **It's/That's none of your business** : nous savons que **business** signifie *les affaires*. Cette expression est proche du français : *Ce ne sont pas vos affaires, Cela ne vous regarde pas.* On la raccourcit souvent en **None of your business.**

NOTE CULTURELLE

Au-delà du **café** (parfois **cafe**, sans accent) et du **coffee shop**, les amateurs de bonne chère ont l'embarras du choix en Grande-Bretagne, entre **a fine dining restaurant** (*un restaurant gastronomique*), **a casual dining restaurant** (*un restaurant familial* ou « *décontracté* »), ou **a steak house** (*restaurant spécialisé en viandes grillées*), **a gastropub** (*un pub servant une cuisine gastronomique*) – sans parler des **bistrots** et **brasseries**. Le français reste la langue de référence dans ce secteur, qu'il s'agisse de **a chef, an aperitif, a dessert** ou du mot **cuisine**.

Voici quelques mots de base pour commander son **lunch**, *déjeuner,* ou **dinner**, *dîner,* sans se tromper. Il faut d'abord demander *la carte*, **the menu**. Le repas est divisé en **courses**, *plats*, donc **the first course**, appelé aussi **the starter** ou encore… **the entrée**, suivi du **main course** et enfin **the dessert** (parfois **the sweet** ou **the pudding**). En fin de repas, vous pouvez emporter les restes en demandant **a doggie bag**, litt. *un « sac à toutou »*, sauf dans un établissement haut de gamme… Mais en tout état de cause, vous terminerez avec **the bill**, *l'addition*. Vérifiez si le service est compris – **service charge** (ou **gratuity**) **included** ou **not included** – et laissez **a tip**, *un pourboire*, que le personnel appréciera certainement.

◆ GRAMMAIRE
LE VERBE ET SA PRÉPOSITION

On évite de séparer un verbe de sa préposition habituelle, surtout dans le langage courant. C'est le cas notamment avec la forme interrogative, avec comme résultat qu'une question se termine souvent par une préposition. Prenons les verbes **to look at**, *regarder*, et **to talk to**, *parler à*, et posons les questions : **What are you looking at?** *Que regardez-vous ?* **Who are you talking to?** *À qui parles-tu ?* On trouve ce même mécanisme – qui existe en français avec *D'où es-tu ?* – à l'affirmatif, notamment après un adjectif : **You're impossible to talk to.** *Il est impossible de te parler* ; **Her photos are beautiful to look at.** *Ses photos sont belles à regarder*. Ces formulations peuvent étonner – et faire tiquer les puristes, pour qui une phrase anglaise ne devrait pas se terminer par une préposition. Mais le langage courant souligne ainsi la nécessité de toujours apprendre un verbe et sa particule ensemble !

LES VERBES DE PERCEPTION LIÉS AUX SENS (SUITE)

Dans le Module n° 18, nous avons vu le verbe **to sound**, qui décrit la perception auditive. En voici deux autres : **The steak smelled delicious…** *Le steak avait une odeur* *délicieuse…* **but it tasted terrible…** *mais son goût était horrible.* Tous deux réguliers, **to smell** et **to taste** indiquent respectivement la perception par l'odorat et le goût.

PAYS ET NATIONALITÉS : ADJECTIFS ET NOMS PROPRES

• Il est important de toujours utiliser une majuscule initiale, même pour l'adjectif des nationalités : **The English are coming!** *Les Anglais arrivent !*
• L'adjectif est aussi utilisé pour désigner la langue du pays : **You speak good English.** *Vous parlez bien l'anglais.* On n'utilise pas l'article défini **the** avec le nom d'un pays, sauf si celui-ci est considéré comme un pluriel. Ainsi, **Holland**, *la Hollande*, mais **the Netherlands**, *les Pays-Bas* ; **Britain**, mais **the British Isles**.
• En parlant des habitants d'un pays, on emploie généralement le pluriel du nom, précédé de l'article défini : **the Swedes**, *les Suédois*. Dans certains cas, notamment si l'adjectif se termine en **-sh** ou **-ch**, on ajoute **-man** ou **-woman** pour former le nom propre (**an Englishman, an Englishwoman, a Frenchwoman**). Les usages et les sensibilités diffèrent (l'emploi de **person** plutôt que **-man/-woman**).
• Enfin, précisons que **an Englishman**, *un Anglais,* ou **Englishwoman**, *une Anglaise,* désigne une personne née en Angleterre : ne dites jamais à un Écossais ou à un Gallois qu'il est anglais ! Le nom propre **a Briton** est utilisé dans des contextes officiels, mais rarement au quotidien. Vous entendrez ou lirez peut-être le terme **a Brit**, mais il s'agit d'un usage plutôt argotique. Quant aux États-Unis, il est plus courant d'utiliser **the US** comme nom et adjectif plutôt que simplement **America**. Enfin, notez que **the United States** est singulier : **The United States is a big country.** *Les États-Unis sont un grand pays.*

▲ CONJUGAISON
LES VERBES IRRÉGULIERS (PRESQUE) IDENTIQUES AU PRÉSENT, PASSÉ SIMPLE ET PARTICIPE PASSÉ

Un certain nombre de verbes irréguliers ont exactement la même forme au passé simple, participe passé et présent (avec l'exception de la troisième personne du singulier, bien sûr). Ainsi, une phrase comme **I read a book every week.** peut signifier *Je lis* OU *J'ai lu un livre chaque semaine.* Le contexte détermine bien entendu le sens ! Voici les verbes les plus courants qui suivent ce schéma (avec la troisième personne du singulier pour souligner la différence). D'autres verbes irréguliers présentent un passé simple et un participe identiques. Nous les aborderons plus tard.

VOCABULAIRE

to smile *sourire*
to taste *goûter, avoir le goût de*
to know, knew, known *savoir, connaître (voir Module n° 4)*
to smell *avoir une odeur (intransitif), sentir (transitif)*
to take, took, taken *prendre*

fresh *frais (fraîcheur)*
noisy *bruyant*
nosy *curieux, fouineur*
packed *bondé*
popular *en vogue, prisé, populaire, tendance (la notion de « proche du peuple » est absente)*

incredible/incredibly *incroyable/incroyablement*
Italian *italien(ne) (notez la majuscule initiale)*
terrible *affreux*
tiny *minuscule*
tough *dur, coriace*
none *aucun/aucune*
an area *un secteur (prononciation avec trois syllabes)*
a fillet *un filet (de viande)*
an order *un ordre, une commande*
a photo *une photo*
a pepper *un poivron*
a pudding *un pudding, un dessert*
a server *une serveur(euse) (restaurant), un serveur (informatique)*

Verbe irrégulier	Traduction	Présent simple	Passé simple/Participe passé
to bet	parier	he bets	he bet
to cost	coûter	it costs	it cost
to cut	couper	she cuts	she cut
to forecast	prévoir	he forecasts	he forecast
to hit	frapper	she hits	she hit
to hurt	avoir/faire mal	it hurts	it hurt
to let	permettre	he lets	he let
to put	mettre	she puts	she put
to set	poser, placer	he sets	he set
to shut	fermer	it shuts	it shut
to spread	(s)étendre	it spreads	it spread
to upset	déranger	he upsets	he upset

● EXERCICES

1. POSEZ LES QUESTIONS QUI CORRESPONDENT AUX RÉPONSES SUIVANTES.

a. She is talking to her husband. Who is .... ?

b. Michael is looking at the menu. What is .... ?

c. Sally is smiling at her daughter. Who is .... ?

d. Piotr and Sasha come from Russia. Where do.. ?

2. COMPLÉTEZ CES PHRASES AVEC LE VERBE ADAPTÉ, PUIS ÉCOUTEZ L'ENREGISTREMENT POUR VÉRIFIER.
21

a. The salad that I had yesterday (*odorat*) .... very fresh.

b. Your steak (*vue*) .... huge! Can you finish it?

c. The menu (*ouïe*) .... very complicated. I'll just have a sandwich.

d. Yuk! That fish pie (*goût*) .... terrible!

e. I don't want anything else to eat. I (*se sentir*) .... full.

3. TRADUISEZ CES PHRASES.

a. Les serveurs sont très occupés. Pouvons-nous avoir la carte s'il vous plaît ?

→

b. J'ai pris le menu à prix fixe : une entrée, un plat et un dessert.[*] Ce n'était rien d'extraordinaire.[**]

→

c. Comment est ce restaurant ? – C'est très sympa mais bondé.

→

d. La plupart des gens que nous connaissons n'aiment pas la nourriture anglaise.

→

[*] (Si vous mettez *a dessert*, ce n'est pas faux, mais souvenez-vous que les deux « s » se prononcent comme un « z »).
[**] (N'utilisez pas de mots français ! Cela vous laisse le choix entre deux termes pour le dessert...).

20.
FAIRE SES COURSES

FOOD SHOPPING

OBJECTIFS	NOTIONS
• POSER DES QUESTIONS AVEC LE PASSÉ SIMPLE • DONNER UNE RÉPONSE NÉGATIVE AVEC LE PASSÉ SIMPLE • POSER DES QUESTIONS AVEC HOW…	• EITHER… OR • GET/GOT • HOW + ADJECTIF • L'INTERROGATION ET LA NÉGATION AU PASSÉ SIMPLE

LES COURSES

– Te voilà enfin de retour. Es-tu allé à l'hypermarché ?

– Oui, mais je ne suis pas allé à celui (autour le) du coin. Je suis allé à Bon Prix à côté de la gare (station) routière.

– C'est à combien (combien loin est-il) de ton bureau ?

– Pas trop loin. J'ai été bête : j'ai oublié la liste des courses. Mais je n'ai pas dépensé trop (d'argent).

– Ne t'en fais pas (jamais esprit). As-tu acheté des carottes ? J'en veux pour [faire] une salade ce soir.

– Non (je ne fis pas). Mais j'ai acheté des épinards, des pommes de terre et du riz.

– Combien d'épinards as-tu achetés ? J'ai besoin d'au moins deux livres.

– J'ai pris trois grands paquets. J'espère que c'est suffisant. Et j'ai pris du café, du thé et du jus [de] fruits.

– As-tu pris du beurre ? Il ne nous en reste plus.

– Quel idiot ! Cela m'est sorti de la tête (glissé de l'esprit).

– Enfin (honnêtement), tu as une mémoire comme une passoire ! As-tu pris des poireaux ?

– Oui (je fis). Ils en avaient des bio, donc je les ai pris. Mais je n'ai pas acheté de champignons, car ils étaient beaucoup trop chers.

– As-tu trouvé des fruits ? Je voulais soit des oranges, soit des poires.

– Oh là là, j'ai pris des mangues, des fraises et des raisins à la place.

– Mais ils ne sont pas de (en) saison ! Tu n'as aucun (pas une once de) bon sens ! Tu ne connais rien aux courses (de nourriture) et tu ne connais rien à l'alimentation saine.

– Ce n'est pas vrai. Ne sois pas bête.

– Combien de fois achètes-tu la bonne nourriture ?

– J'achète toujours les quatre principaux groupes [alimentaires] : poulet congelé, haricots en sauce (cuits au four), hamburgers et glace.

22 FOOD SHOPPING

– You're **back** at **last**.
Did you **go** to the **su**perstore?

– **Yes**, but I **did**n't **go** to the **one round** the **cor**ner. I **went** to **Good** Price be**side** the **bus sta**tion.

– How **far** is it from your **o**ffice?

– Not **too far**. I was **stu**pid be**cause** I for**got** the **sho**pping list. But I **did**n't **spend** too much.

– Never **mind**. Did you **buy** any **ca**rrots? I **want** some for a **sa**lad this **eve**ning.

– **No**, I **did**n't. But I **bought** some **spi**nach, some po**ta**toes and some rice.

– How much **sp**inach did you **buy**? I need at **least two pounds**.

– I got **three** big **pa**ckets. I **hope** that's e**nough**. And I **got** some **co**ffee, some **tea** and some **fruit juice**.

– Did you **get a**ny **bu**tter? We **don't** have **a**ny **left**.

– **What** an **i**diot! It **slipped** my **mind**.

– **Ho**nestly, you've **got** a **me**mory like a **sieve**! Did you **get** any **leeks**?

– **Yes** I **did**. They **had** some or**ga**nic ones, so I **took** them. But I **did**n't buy any **mush**rooms because they were **far** too ex**pen**sive.

– Did you **find** any **fruit**? I **wan**ted either some **o**ranges or some **pears**.

– Oh **dear**, I got some **man**goes, **straw**berries and **grapes** in**stead**.

– But they're **not** in **seas**on! You **don't** have an **ounce** of **co**mmon **sense**! You don't know **any**thing about **food sho**pping and you know **no**thing a**bout** a **heal**thy **di**et.

– That's **not true. Don't** be **si**lly.

– How **of**ten do you **buy** the right **food**?

– I always buy the **four** main **groups**: **froz**en **chick**en, baked beans, **bur**gers and **ice cream**.

COMPRENDRE LE DIALOGUE
FORMULES ET EXPRESSIONS

→ **You're back** : **to be back** signifie *être de retour*.

→ **round** (ou **around**) **the corner** : **a corner**, *un coin, un angle* s'emploie comme adjectif pour indiquer la notion de proximité. Ainsi, **a corner shop** est une *boutique de proximité*. De même, l'expression **round** (ou **around**) **the corner** peut se traduire par *à deux pas d'ici*. Au sens figuré, cette expression signifie *être pour bientôt, demain* : **A change is just around the corner.** *Un changement s'annonce pour demain.*

→ **Never mind** : dans le Module n° 12, nous avons appris le nom **the mind**, *l'esprit*, et l'expression **I don't mind.** *Ça m'est égal.* Voici une autre expression utile, une forme impérative qui veut dire, selon le contexte, *Ce n'est pas important* ou encore *Ne t'en fais pas*. Enfin, signalons l'expression **It slipped my mind.** *Ça m'est sorti de la tête*, littéralement *Il a glissé hors de mon esprit*.

→ **at last/at least** : ne confondez pas ces deux tournures. **Last** signifie *dernier*, donc **at last** se traduit par *enfin* et se place au début ou à la fin de la locution : **The train is here at last.** *Le train est enfin ici.* **At last they arrived.** *Enfin ils sont arrivés.* **Least** est un comparatif, et l'expression **at least** veut dire *au moins* : **I need at least fifty pounds.** *J'ai besoin d'au moins 50 £.* N'oubliez pas d'insister sur la longueur de la diphtongue [li : st].

→ **What**, *quel, lequel*, etc. peut, comme en français, s'utiliser pour une exclamation : **What an idiot!** *Quel idiot !* Bien sûr, si le nom qui suit est pluriel ou indénombrable, il n'y a pas d'article indéfini : **What nice people!** *Quels gens sympas !*

→ **left** a ici le sens de *rester* : **Is there any fruit juice left?** *Reste-t-il du jus de fruits ?* **We don't have any butter left.** *Il ne nous reste plus de beurre.* **There were no mangoes left in the superstore.** *Il ne restait plus de mangues à l'hypermarché.*

NOTE CULTURELLE

La Grande-Bretagne utilise officiellement le système métrique depuis les années 1970, mais la réalité est plus complexe. Si la grande distribution vend ses produits en kilos et en grammes, certains clients parlent toujours en **ounces**, *onces* et en **pounds**, *livres*, lesquelles mesures figurent sur les emballages, à côté de leurs équivalents métriques. Et même si l'essence est vendue en litres, les panneaux de distance et de vitesse, eux, sont en miles. Enfin, si tout ceci vous donne soif, vous pouvez vous rendre dans un pub, où la bière est consommée en pintes, pas en litres !

Bref, la métrification est obligatoire – sauf quand elle ne l'est pas. Cette ambiguïté – encore plus nette aux États-Unis, où le système métrique est très peu utilisé – est flagrante dans le langage courant.

◆ GRAMMAIRE
EITHER… OR

Cette conjonction permet de proposer ou de parler d'un choix : **You can have either apples or pears.** *Tu peux avoir soit des pommes, soit des poires.* **They want either to fly or to take the train.** *Ils veulent ou prendre l'avion, ou voyager en train.* Retenez bien ce petit mot **either**, très utile. En termes de prononciation, les Britanniques disent en général [aï-Dhe] alors que les Américains préfèrent [ii-DHe].

GET/GOT

Nous poursuivons notre maîtrise de **get/got**. Le voici ajouté derrière la contraction de **to have** : **You've got a memory like a sieve.** *Tu as une mémoire comme une passoire.* mais aussi comme synonyme de **buy** ou **to take** : **Did you get any leeks?** *As-tu acheté des poireaux ?* **I got some coffee.** *J'ai pris du café.*

HOW + ADJECTIF

Dans le Module n° 14, nous avons vu **How long…** pour poser une question sur la longueur ou la durée. Voici un autre exemple de ce type de formulation, qui n'a pas d'équivalent précis en français : **How far is the superstore from his office?** *À quelle distance de son bureau (à lui) l'hypermarché se trouve-t-il ?* Sur le même modèle, apprenons les interrogations suivantes : **How wide is this carpet?** *Quelle est la largeur de ce tapis ?* **How high is the Shard?** *Quelle est la hauteur du Shard [gratte-ciel londonien] ?* **How often do you do the shopping?** *Combien de fois est-ce que tu fais les courses ?*

▲ CONJUGAISON
L'INTERROGATION ET LA NÉGATION AU PASSÉ SIMPLE

Nous avons entrevu la forme interrogative du passé simple dans le dialogue du Module n° 17. Regardons-la de plus près maintenant. Elle se forme avec **did**, le prétérit de **to do**, à toutes les personnes, avec l'infinitif nu :

Présent	Passé simple, affirmatif	Passé simple, interrogatif
I go	I went	Did I go?
You get	You got	Did you get?
He/She/It buys	He/She/It bought	Did he/she/it buy?
They hope	They hoped	Did they hope?

Simple, n'est-ce pas ?
La négation suit le même schéma au passé qu'au présent :

Présent	Interrogatif, forme complète	Interrogatif, contraction
I go	I did not go	I didn't go
You get	You did not get	You didn't get
He/She/It buys	He/She/It did not buy	He/She/It didn't buy
They hope	They did not hope	They didn't hope

Cette même symétrie avec les formes du temps présent se retrouve au passé :
Did you buy any carrots? – No I didn't. *As-tu acheté des carottes ? – Non.*
Did she get any mushrooms? – Yes she did. *A-t-elle pris des champignons ? – Oui.*

VOCABULAIRE

to find, found, found *trouver*
to forget, forgot, forgotten *oublier*
to hope *espérer*
to know, knew, known *savoir, connaître (voir Module n° 4)*
to slip *glisser*
to spend, spent, spent *dépenser (de l'argent)*
to take, took, taken *prendre*

enough *suffisant*
frozen *congelé*
healthy *sain (de* **health**, *santé)*
often *souvent*
organic *biologique (légumes, etc.)*
(in) season *(de) saison*

a bean *un haricot*
a bus station *une gare routière*
butter *le beurre*
a carrot *une carotte*
coffee *le café (boisson)*
common sense *le bon sens*
a chicken *un poulet*
a corner *un coin, un angle*
a diet *un régime, alimentation*
fruit *le/des fruits*
grapes *du raisin*
ice cream *de la glace*
juice *du jus*
a mango (pluriel : **mangoes**) *une mangue*
a mushroom *un champignon*
an ounce *une once*

a packet *un paquet*
a pear *une poire*
a potato (pluriel : **potatoes**) *une pomme de terre*
a pound *une livre (poids et monnaie)*
a salad *une salade*
a shopping list *une liste de courses*
a sieve *une passoire*
a strawberry *une fraise*
spinach *des épinards*
a superstore *un hypermarché*

Don't be silly. *Ne sois pas bête.*
Never mind. *Ne t'inquiète pas.*
You're back. *Tu es de retour.*
Oh dear! *Oh là là !*
Of course I do *Bien sûr que oui/si*

● EXERCICES

1. METTEZ CES PHRASES À LA FORME INTERROGATIVE DU PASSÉ SIMPLE.

a. He went to that new place in the city centre. →
b. She got some mushrooms. →
c. I found some fruit in the superstore. →
d. They bought three bags of potatoes. →

2. METTEZ CES MÊMES PHRASES À LA FORME NÉGATIVE.

a.
b.
c.
d.

3. AVEC *HOW*, POSEZ LES QUESTIONS QUI CORRESPONDENT AUX RÉPONSES SUIVANTES.

a. The superstore is ten miles from his office : .... the superstore from his office?
b. The carpet is six feet wide : .... the carpet?
c. Those nails are nine inches in length : .... those nails?
d. The building is a thousand feet high : .... the Shard?
e. He does the shopping three times a week : .... he do the shopping?

🔊 4. TRADUISEZ CES PHRASES, PUIS ÉCOUTEZ L'ENREGISTREMENT POUR VÉRIFIER.

a. As-tu la liste des courses ? – Quel idiot ! Je l'ai oubliée.
→

b. Elle est allée à l'hypermarché du coin mais il était fermé. – Ça ne fait rien.
→

c. J'ai oublié les fraises, les raisins et les poires ! – Tu as la tête comme une passoire.
→

d. As-tu acheté des carottes ? J'en veux pour [faire] une salade. – Non, j'ai oublié.
→

e. Combien de temps avons-nous ? – Au moins deux heures.
→

21.
ALLER AU CINÉMA

GOING TO THE CINEMA

OBJECTIFS	NOTIONS
- **COMPARER LES ADJECTIFS** - **CONSOLIDER LES ACQUIS POUR LE PASSÉ SIMPLE** - **SE SITUER DANS LE PASSÉ (MESURE DU TEMPS)** - **UTILISER DES QUESTIONS-TAGS POUR REBONDIR DANS UNE CONVERSATION**	- **LES FORMES COMPARATIVE ET SUPERLATIVE DES ADJECTIFS (I)** - **AGO** - **L'UTILISATION DES QUESTIONS-TAGS POUR REBONDIR** - **LES NOMS PLURIELS IRRÉGULIERS**

UNE VEDETTE DE CINÉMA

– Tu sais (Devine) quoi ? J'ai vu Matt Madon [le jour] avant-hier !

– Ah bon (Fis-tu) ? Veinarde (Toi chanceuse chose) !
Il était comment ?

– Si tu veux (dois) vraiment [le] savoir, il était un peu décevant.

– Allons (viens sur), est-ce que tu me dis (racontes) la vérité ?

– Bien sûr que oui (je suis). Il était plus petit (court) que
je [ne l']imaginais. Je pensais qu'il était plus grand que moi,
mais non (il n'était pas). Il était aussi plus vieux et plus gros.
En fait, il était laid, avec des dents affreuses !

– Ah bon (fut-il) ? Quel [un] dommage ! Je l'aimais bien
quand il était plus jeune et plus mince, dans ce film,
[L']heure de déjeuner triste.

– Ouais, c'était génial (brillant). C'était une grande vedette (étoile),
plus grande que Billy Bell. Il était marié à Jade Jones et je pense
qu'il était plus heureux. Mais elle est morte dans un accident
de voiture. Beaucoup plus tard, il a été la vedette d'un film
catastrophe avec sa sixième femme, mais il a fait un bide.

– C'est vrai ? Je ne me souviens pas de celui-ci.

– Ah bon ? Il était vraiment affreux – ou catastrophique !
Quoi qu'il en soit, ses films sont devenus plus chers
et les budgets (sont devenus) plus gros.

– Oui, ils étaient plus commerciaux – et beaucoup plus longs aussi.
As-tu vu le dernier (un), *La Nuit la plus longue et la plus sombre* ?

– Non (je ne fis pas). Quand est-il sorti ?

– Il est sorti il y a environ deux ans, mais je l'ai regardé en vidéo.
Il n'était pas mauvais. Il était plus singulier et plus intéressant
que *[L']heure de déjeuner triste*. Mais il était beaucoup moins
distrayant et moins drôle. Il avait une fin heureuse, cependant :
le public a applaudi à la fin (quand il a été terminé).

🔊 23   A MOVIE STAR

– Guess **what**? I saw Matt **Ma**don the **day** before **yes**terday!

– **Did** you? You **lu**cky **thing**! **What** was he **like**?

– If you **must** know, he was a **bit** disap**poin**ting.

– **Come on**, are you **tell**ing me the **truth**?

– Of **course** I **am**. He was **shor**ter than I **imag**ined. I **thought** he was **tall**er than **me**, but he **was**n't. He was **al**so **ol**der and **fat**ter. In **fact** he was **ug**ly, with **horr**ible **teeth**!

– **Was** he? What a **shame**! I **liked** him when he was **young**er and **slimm**er, in that **mo**vie *Sad **Lunch**time*.

– Yeah, that was **bri**lliant. He was a **big star**, **bigg**er than **Bi**lly **Bell**. He was **ma**rried to J**ade Jones** and I think he was **ha**ppier. But she **died** in a **car crash**. Much **la**ter, he **starred** in a di**sas**ter **mo**vie with his **sixth** wife, but it **flopped**.

– Is **that right**? I don't re**mem**ber **that** one.

– **Don't** you? It was **aw**ful – or di**sas**trous! **A**nyway, his films got more ex**pen**sive and the **bud**gets became **bigg**er.

– **Yes**, they were more co**mmer**cial – and much **long**er, too. Did you **see** the **last** one, *The **Long**est and **Dark**est Night*?

– **No** I **did**n't. **When** did it come **out**?

– It came **out** a **cou**ple of **years** ag**o** but I **watched** it on **vi**deo. It **was**n't **bad**. It was more un**us**ual and more **int**eresting than *Sad **Lunch**time*. But it was **much less** enter**tai**ning and less **funn**y. It had a **ha**ppy **end**ing, though: the **au**dience **cheered** when it **fin**ished.

COMPRENDRE LE DIALOGUE
FORMULES ET EXPRESSIONS

→ **Guess what? To guess**, *deviner* : **Can you guess my age?** *Est-ce que tu peux deviner mon âge ?* Le **gu-** se prononce avec un « g » dur, comme en français.

→ **You lucky thing!** *Tu en as de la chance !* ou *Veinard !* Une variante, qui a le même sens, se forme avec le pronom personnel complément : **Lucky you!/Lucky her!**

→ **lunchtime**. Nous avons déjà vu **teatime**. En fait, **time**, *le temps, l'heure*, peut s'utiliser comme suffixe pour désigner une période de temps : **summertime**, *l'été* ; mais aussi **nighttime**, *la nuit* ; **dinnertime**, *l'heure du dîner* ; ou encore **playtime**, *la récréation*.

→ **star** et **flop** : si, dans le ciel, **a star** est *une étoile*, sur scène ou à l'écran, c'est *une vedette* ou… *une star*. Mais remarquez que ce mot peut aussi être un adjectif : **a star part**, *un premier rôle* ; et un verbe : **Tom Hanks is starring in the new Spielberg movie.** *Tom Hanks est la vedette du nouveau film de Spielberg.* De même, le sens premier du verbe **to flop** est *s'affaler* : **She flopped into the big armchair next to the kitchen.** *Elle s'est affalée dans le grand fauteuil à côté de la cuisine.* Mais pour un film ou un spectacle, il signifie *faire un bide*. Utilisé en nom, il décrit cet échec : **His last film was a flop.** *Son dernier film était un bide.*

→ **to come out**, *sortir*, littéralement *venir hors* s'utilise pour une personne : **He came out of the kitchen.** *Il est sorti de la cuisine*, ou un film qui sort sur les écrans. Par extrapolation, il exprime l'idée de révéler son homosexualité : *faire son coming out* est entré dans le dictionnaire français.

→ **a couple** signifie bien sûr *un couple*, mais le mot est aussi un adjectif dans un sens moins précis : *quelques, deux ou trois*. **We had a couple of drinks after work.** *On a pris un verre ou deux après le travail.* Dans l'ensemble, cependant, l'anglais est une langue précise. Ainsi, la terminaison française *-zaine* (*dizaine, quinzaine*, etc.), qui dénote l'approximation, n'a pas d'équivalent (sauf **dozens**, Modules n° 18 et 19).

→ **to cheer**, *acclamer, accueillir* avec des vivats (il y a toujours une notion de bruits et de sons). **Cheers!** est utilisé lorsque l'on boit à la santé de quelqu'un : *À la vôtre !/la tienne !* En anglais familier, **Cheers!** est une salutation équivalente à *Salut !* (ou *Ciao…*).

NOTE CULTURELLE

Le cinéma est l'une des meilleures et des plus agréables façons d'apprendre ou d'entretenir son anglais, en optant toujours pour la version originale, avec ou sans sous-titres ! Pour trouver un film, le choix du support est vaste – salles obscures (**cinemas**), DVD, streaming (du verbe **to stream**, *ruisseler*), etc. **A film**, *un film*, se dit **a movie** (de **moving picture**, *image mouvante*) outre-Atlantique, mais les Britanniques ont tendance à reprendre le terme américain. On peut choisir **a cinema** en Grande-Bretagne ou **a movie theater** aux États-Unis, mais aussi **a multiplex**, *un complexe multisalles*, ou l'un des **drive-ins**, qui redeviennent à la mode. Pour choisir son film, on peut lire **a review**, *une critique de film*, écrite par **a critic**, *un critique de cinéma*. Côté distribution, **an actor** s'emploie aussi bien pour les *actrices* (au lieu de **an actress**) que pour les *acteurs*. Pour plus d'informations et de vocabulaire, consultez un site Internet tel que www.oscar.go.com. **That's all, folks!** *C'est tout, les amis !*

◆ GRAMMAIRE
LES FORMES COMPARATIVE ET SUPERLATIVE DES ADJECTIFS (I)

Les adjectifs se divisent grossièrement en deux catégories : ceux composés d'une syllabe (ou de deux syllabes, se terminant en **-y**) et ceux plus longs.
Dans le premier cas, on ajoute les suffixes **-er** pour le comparatif et **-est** précédé de l'article **the**, pour le superlatif. Attention, si l'adjectif se termine :
- en **-e**, il suffit d'ajouter **-r** et **-st** ;
- en **-y**, on change celui-ci en **-i** avant d'ajouter les terminaisons ;
- par une consonne précédée d'une seule voyelle, on double cette consonne.

Adjectif		Comparatif	Superlatif
old	vieux, âgé	older	the oldest
tall	haut	taller	the tallest
fat	gros	fatter	the fattest
big	grand	bigger	the biggest
funny	drôle	funnier	the funniest
ugly	laid	uglier	the ugliest

Les adjectifs de deux syllabes ou plus ne prennent pas de terminaison, mais sont précédés de **more** (*plus*) et **the most** (*le plus*) :

expensive	more expensive	the most expensive
entertaining	more entertaining	the most entertaining
unusual	more unusual	the most unusual

Pour comparer deux éléments, on emploie la conjonction **than** : **The movie was more interesting than the book**. *Le film était plus intéressant que le livre.*

Notez que, à défaut d'un deuxième nom propre dans la comparaison, on emploie le pronom personnel complément (**me**, **her**, **them**, etc.), comme en français.

Pour le superlatif, n'oubliez pas l'article défini **the** : **This is the most interesting film of the year**. *C'est le film le plus intéressant de l'année.*

Nous avons aperçu le comparatif « négatif » **less**, *moins*. Nous le verrons plus en détail dans le prochain module, avec quelques formes irrégulières.

AGO

Cet adverbe (qui vient du verbe **to go**) permet de situer une action à un moment précis dans le passé. Il s'emploie généralement avec le passé simple et se place toujours après l'expression de temps : **We saw him in Leeds two months ago**. *Nous l'avons vu à Leeds il y a deux mois.*

L'UTILISATION DES « QUESTIONS-TAGS » POUR REBONDIR

Ces fameuses « queues de phrases » peuvent s'utiliser simplement pour répondre à son interlocuteur et lui montrer qu'on l'écoute – l'équivalent anglais de notre *Ah bon ?* ou *C'est vrai ?* Dans ce contexte, l'auxiliaire est suivi simplement d'un pronom : **He's actually smaller than his wife. – Is he?** *En fait, il est plus petit que sa femme. – Ah bon ?* **Jade Jones made that film twenty years ago. – Did she?** *Jade Jones a tourné ce film il y a 20 ans. – C'est vrai ?*

Le « tag » est affirmatif si la phrase est affirmative et négatif dans le cas contraire.

LES NOMS PLURIELS IRRÉGULIERS

Faisons un point sur les pluriels irréguliers les plus courants appris jusqu'à présent :

a man	men	un/les homme(s)
a woman	women	une/les femme(s)
a child	children	un/les enfant(s)
a foot	feet	un/les pied(s)
a penny	pence	un/des centième(s) d'une livre (l'argent)
a tooth	teeth	une/les dent(s)

Il y a plusieurs autres exemples, mais ceux-ci sont les plus courants.

VOCABULAIRE

to be married (to) être marié (à)
to cheer acclamer
to come out, **came out**, **came out** sortir
to flop s'affaler, (sens figuré) faire un four
to guess deviner
to imagine (s')imaginer
must devoir (verbe défectif)
to remember se rappeler, se souvenir de
to star être la vedette d'un film, une pièce de théâtre, etc.
to tell, **told**, **told*** raconter, dire
to think, **thought**, **thought*** penser
to watch regarder

a movie un film
shame la honte
a star une étoile, une vedette
the truth la vérité

Come on Allez
Guess what? Tu sais quoi ?
Of course I am Bien sûr que oui
What a shame Quel dommage
You lucky thing! Veinard !

awful affreux
big grand
brilliant génial, brillant
disappointing décevant
disastrous désastreux
entertaining distrayant
expensive cher, onéreux
fat gros
funny amusant (même origine que **fun**, Module n° 11)
old vieux, âgé
sad triste
short court, petit (taille)
tall haut
ugly laid
unusual insolite, étrange
yesterday hier

● EXERCICES

1. METTEZ CES ADJECTIFS À LA FORME COMPARATIVE.

a. Michael is three years (old) .... me.

b. His last film was (entertaining) .... this one.

c. But his new one is (funny) ....

d. My brother is (fat) .... me because he eats a lot.

2. METTEZ CES ADJECTIFS AU SUPERLATIF.

a. Cardiff is a (big) .... city in Wales, isn't it?

b. What is (expensive) .... food you can buy?

c. Brown's is (old) .... hotel in London.

d. This really is (funny) .... programme on television.

🔊 3. RÉPONDEZ À VOTRE INTERLOCUTEUR AVEC LA BONNE QUESTION-TAG, PUIS ÉCOUTEZ L'ENREGISTREMENT POUR VÉRIFIER.
23

a. Steve is ten years older than me. →

b. I worked in her company ten years ago. →

c. We aren't interested in his new movie. →

d. My friends are arriving from Leeds this evening. →

e. She didn't buy any carrots at the supermarket. →

f. His new movie is funnier than the last one. →

4. TRADUISEZ CES PHRASES.

a. Tu sais quoi ? J'ai vu le film il y a deux semaines. – C'était comment ?

→

b. J'ai pris un verre ou deux avec elle après le travail. – Veinard !

→

c. Leur dernier film est sorti avant-hier, mais c'était un bide. – Quel dommage.

→

22.
RENDEZ-VOUS PROFESSIONNEL

A BUSINESS MEETING

OBJECTIFS

- LE COMPARATIF D'INFÉRIORITÉ
- COMPARATIFS IRRÉGULIERS
- FORMULES DE POLITESSE DANS UN REGISTRE FORMEL
- UTILISATION DU PRONOM POSSESSIF

NOTIONS

- LE COMPARATIF ET LE SUPERLATIF D'INFÉRIORITÉ
- LES COMPARAISONS IRRÉGULIÈRES
- UTILISATION DU PRONOM POSSESSIF POUR ÉVITER LA RÉPÉTITION D'UN NOM

UNE RÉUNION COMMERCIALE

– M. Hall ? Enchantée (Comment faites-vous faire ?). Je suis Valérie Hague, la directrice [des] ventes.

– Enchanté, Mme Hague. Heureux de faire votre connaissance (vous rencontrer).

– Désolée de vous avoir fait attendre. Voudriez-vous (aimeriez-vous) quelque chose à boire ? Un thé ou un café ?

– Non merci, ça va (je suis fin). Je n'ai pas beaucoup de temps. Mettons-nous au travail, si cela ne vous gêne pas.

– Pas du tout. Je suis tout ouïe (oreilles).

– Je pense (sens) que notre aspirateur est le meilleur produit du (sur le) marché. Il est silencieux, utile et totalement fiable. De plus, il offre le meilleur rapport qualité/prix (meilleure valeur pour argent).

– Vous savez que j'ai eu une réunion avec CleanCo, votre concurrent. Il m'a montré son produit, [le] Poussière Diable, et je dois dire que j'ai été impressionnée. Il est plus petit et moins lourd que le vôtre et il est moins cher. En fait (matière de fait), c'est la machine la moins chère [que l'on peut trouver] en magasin (dans les magasins).

– Mais ce n'est pas le meilleur. Notre produit est meilleur que [le] leur. Et leur publicité est pire que [la] nôtre.

– Peut-être, mais votre produit est beaucoup plus cher.

– Nous faisons payer plus parce que nos clients peuvent payer plus.

– C'est le pire argument commercial (de vente) au monde ! Veuillez (s'il vous plaît) m'excuser, j'ai une réunion dans dix minutes.

– Merci [remerciements] pour [m'avoir consacré] votre temps, Mme Hague.

🔊 24 — A SALES MEETING

– Mr **Hall**? **How** do you **do**? I'm **Va**lerie **Hague**, the **sales** di**rec**tor.

– **How** do you **do**, Ms **Hague**? **Glad** to **meet** you.

– **So**rry to keep you **wait**ing. Would you **like some**thing to **drink**? A tea or a coffee?

– **No thanks**, I'm **fine**. I **don't** have much **time**. **Let's** get **down** to **bus**iness, if you **don't mind**.

– **Not** at **all**. I'm **all ears**.

– I **feel** that our **vac**uum **clean**er is the **best pro**duct on the **mar**ket. It's **qui**et, **use**ful and **to**tally re**li**able.
What's **more**, it **gives** the **best val**ue for **mo**ney.

– You **know** that I had a **meet**ing with **Clean**Co, your com**pe**titor. He **showed** me **his pro**duct, **Dust Devil**, and I **must say** that I was im**pressed**. It's **small**er and less **heav**y than **yours**, and it's less ex**pen**sive. It's **ac**tually the **least** ex**pen**sive ma**chine** in the **shops**.

– But it's **not** the **best**. Our **pro**duct is **bett**er than **theirs**.
And their **ad**vertising is **worse** than **ours**.

– Per**haps**, but **your pro**duct's also much **pri**cier.

– **We** charge **more** be**cause** our **cus**tomers can **pay** more.

– **That's** the **worst** sales **ar**gument in the **world**! Please ex**cuse** me, I have a **mee**ting in **ten mi**nutes.

– **Thanks** for your **time**, Ms **Hague**.

COMPRENDRE LE DIALOGUE
FORMULES ET EXPRESSIONS

→ **How do you do?** litt. *Comment faites-vous ?* se traduit par *Comment allez-vous ?* et s'emploie dans un contexte formel ou professionnel.

→ **glad**, *content, heureux*, s'emploie dans les formules de politesse telles que **Glad to meet you.** *Heureux de faire votre connaissance* ; **Glad to see you.** *Heureux de vous voir*, ou encore **Glad to hear it.** *Heureux de l'entendre (ou apprendre)*.

→ **would** est l'auxiliaire du conditionnel (voir Module n° 25), souvent utilisé pour poser une question polie : **Would you like a coffee?** *Voudriez-vous un café ?*

→ **fine.** Cet adjectif s'emploie bien au-delà de son sens littéral de *fin* (par exemple, **fine wines**, des *vins fins*) et dans des échanges de politesse, où on l'utilise pour répondre à l'affirmative : **How are you today? – Fine, thanks.** *Comment allez-vous aujourd'hui ? – Très bien.* Cela dit, **a fine** signifie *une amende*, ce qui n'est pas… très bien !

→ **Let's get down to business** : nous connaissons **business**, *les affaires*. Le verbe à particule **to get down to** signifie *se mettre à faire quelque chose*. L'expression peut être utilisée au sens propre – *Mettons-nous au travail* – comme au figuré : *Passons aux choses sérieuses.*

→ **If you don't mind** : encore une expression avec le verbe **to mind**. On l'utilise au début ou à la fin d'un énoncé qui pourrait déranger ou ennuyer l'interlocuteur. **If you don't mind**, can I ask you something? *Si cela ne vous gêne pas, puis-je vous demander quelque chose ?*

→ **I'm all ears.** *Je suis tout ouïe.* Remarquez la différence par rapport au français : nous passons du sens de la perception, l'ouïe, à l'organe d'audition, les oreilles.

→ **value for money** signifie que l'*on en a pour son argent*. L'équivalent le plus proche en français est *un bon rapport qualité/prix*. L'expression s'emploie souvent avec **to get** : **She got good value for money when she bought that vacuum cleaner.** *Elle a eu un bon rapport qualité/prix en achetant cet aspirateur.*

→ **to charge** : dans un contexte de prix ou d'argent, ce verbe a le sens de *faire payer, facturer*, etc. À ce titre, il n'a pas d'équivalent exact en français. Retenez ces trois exemples : **The hotel charges four pounds a night for internet service.** *L'hôtel facture 4 £ par nuit pour une connexion Internet.* **How much do you charge for breakfast?** *Combien coûte le petit déjeuner ?* **There is no charge for this service.** *Ce service n'est pas payant.* Enfin, le substantif **a charge** signifie *un prix, un tarif*, etc.

NOTE CULTURELLE

L'absence de distinction entre *vous* et *tu* évoquée dans le Module n° 1 peut rendre les rapports sociaux, et surtout professionnels, assez difficiles à appréhender. Doit-on traduire une question comme **Can I help you?** en *Puis-je vous aider ?* ou *Puis-je t'aider ?* De plus, utiliser très vite le prénom de son interlocuteur se retrouve dans les milieux professionnels, laissant entendre un degré de familiarité qui, en fait, n'est nullement présent : il ne s'agit pas de l'équivalent du tutoiement, mais d'une façon de créer un lien. C'est pour cette raison qu'il faut « lire » (ou écouter) entre les lignes pour reconnaître le niveau de discours : **How do you do?** est très formel, alors que **How are you?** est plutôt neutre. La première s'emploie en anglais britannique lors d'une première rencontre dans un contexte professionnel. La réponse « classique » est la répétition de **How do you do?** Par ailleurs, **Hi** au lieu de **Hello** est plutôt familier, de même que **If you'll excuse me** est plus formel que **Excuse me**.

◆ **GRAMMAIRE**
LE COMPARATIF ET LE SUPERLATIF D'INFÉRIORITÉ

Après avoir vu dans le précédent module le comparatif et le superlatif de supériorité (**more**, **the most**), voici le comparatif et le superlatif d'infériorité, qui se forment avec **less** et **least**, quel que soit le nombre de syllabes de l'adjectif. Quelques exemples, reprenant certains des mots appris dans le Module n° 21 :

Adjectif	Comparatif	Superlatif
funny	less funny	the least funny
ugly	less ugly	the least ugly
entertaining	less entertaining	the least entertaining
unusual	less unusual	the least unusual
heavy	less heavy	the least heavy
expensive	less expensive	the least expensive

LES COMPARAISONS IRRÉGULIÈRES

Cinq ou six adjectifs ont des formes irrégulières. Pour l'instant, retenons les deux plus courants :

good	bon	better	the best
bad	mauvais	worse	the worst

The X25 is better than the X30. In fact it's the best product on the market.
Le X25 est meilleur que le X30. En effet, c'est le meilleur produit du marché.
That spaghetti western was the worst film he made, worse than his last one.
Ce western-spaghetti est le pire film qu'il ait jamais tourné, pire que son dernier.

UTILISATION DU PRONOM POSSESSIF POUR ÉVITER LA RÉPÉTITION D'UN NOM

Nous savons que l'emploi de **one(s)** permet d'éviter la répétition. Nous pouvons faire la même chose avec les pronoms possessifs, vus dans le Module n° 4 :

Our product is better than their product → **Our product is better than theirs.**
Dunham's advertising was worse than our advertising → **Dunham's advertising was worse than ours.**

VOCABULAIRE

to charge *faire payer*
to expect *s'attendre à, supposer*
to get down to *se mettre à*
to keep, **kept**, **kept** *garder*
to show *montrer*

bad *mauvais*
glad *heureux*
heavy *lourd*
impressed *impressionné*
pricy (adv.) *cher*
reliable *fiable*
useful *utile*

advertising *la publicité*
   (voir **advert**, Module n° 18)
an argument *une dispute,*
   un argumentaire
a customer *un client*
dust *la poussière*
a devil *un diable, un démon*
an ear *une oreille*
a line *une ligne*
a market *un marché*
a meeting *une réunion*
a vacuum cleaner *un aspirateur*
   (**clean**, *propre*)
value *de la valeur*

How do you do? *Comment allez-vous ?*
If you don't mind. *Si cela ne vous gêne pas.*
Thanks for your time. *Je vous remercie de m'avoir consacré votre temps.*

● **EXERCICES**

1. UTILISEZ LE COMPARATIF OU LE SUPERLATIF D'INFÉRIORITÉ.

a. Their new video game is *(comparatif,* reliable) .... than the old one.
b. What is *(superlatif,* expensive) .... machine on the market?
c. The tea that they serve in that café is *(comparatif,* bad) .... their coffee!
d. *Devil* was *(superlatif,* bad) .... film he made.

2. REMPLACEZ LE SECOND NOM EN GRAS PAR UN PRONOM POSSESSIF.

a. I loved his last book, but I didn't like **her book** ....
b. Sally's new flat is much bigger than **our flat** .... , isn't it?
c. His favourite city is London, but **my favourite city** .... is Glasgow.
d. Our product is like **their product** .... : convient and reliable.

🔊 3. COMPLÉTEZ LE OU LES MOTS MANQUANTS DANS CES EXPRESSIONS (UNE SÉRIE DE POINTILLÉS = UN MOT), PUIS ÉCOUTEZ L'ENREGISTREMENT POUR VÉRIFIER.
24

a. How do you do? – How .... ? .... to meet you.
b. Let's .... to business. .... you .... a coffee?
c. Sorry .... you waiting.
d. Thanks .... time. – Not at ....
e. Can I .... you .... to drink? – No thanks, ...
f. How .... do you .... for breakfast?

4. TRADUISEZ CES PHRASES.

a. Le CleanCo est pire que le Dust Devil. C'est le pire produit du marché.
→
b. Ils ont obtenu le meilleur rapport qualité/prix en achetant cet aspirateur.
→
c. L'hôtel m'a facturé 25 £ pour le petit déjeuner !
→

23.
AU BUREAU
AT THE OFFICE

OBJECTIFS

- LE VOCABULAIRE INFORMATIQUE
- UTILISER LE TEMPS PASSÉ CONTINU

NOTIONS

- WHILE
- LES ADJECTIFS COMPARATIFS AVEC UN INTENSIF : FAR, EVER
- LE POSSESSIF INCOMPLET
- LE PASSÉ CONTINU

UN PROBLÈME INFORMATIQUE

(Au bureau)

– Ici (ceci est) Rana du service informatique. Quel est le problème (quoi est faux) ?

– Je n'en ai aucune idée. C'est pour ça que je vous téléphone. Nous passions (courions) un programme antivirus quand mon ordinateur s'est arrêté de fonctionner et je ne pouvais plus (pas) l'ouvrir.

– Que faisiez-vous lorsqu'il est tombé en panne (s'est écrasé) ?

– Je faisais des (un) mots croisés et j'envoyais un texto à ma petite amie à propos d'une fête chez un ami.

– Je vois (pige). Que s'est-il passé ensuite ?

– L'écran s'est figé pendant que j'étais en train de taper [au clavier]. J'ai essayé de redémarrer, mais rien n'a changé, alors j'ai téléphoné (sonné) [à] un(e) collègue. Mais elle envoyait des e-mails à sa colocataire et n'a pas répondu. Je suis un peu inquiet parce que nous sommes plus occupés que jamais en ce moment.

– Que faisiez-vous avant que le problème ne survienne (se passe) ? Jouiez-vous ([des] jeux) ou utilisiez-vous un moteur de recherche, par exemple ? Je parie que vous étiez en train de regarder une vidéo pendant que vous travailliez !

– Pour être honnête, je cherchais des astuces de voyage sur la Toile.

– Avant de commencer, avez-vous sauvegardé le travail que vous faisiez ?

– Oui, j'ai mis mes fichiers dans mon répertoire et [j'ai] quitté le traitement de texte.

– Avez-vous supprimé quelque chose ou installé une appli ?

– Pourquoi me posez-vous toutes ces questions ?

– Je me demandais si vous avez fait quelque chose [de] stupide.

– Je téléchargeais un jeu lorsque l'ordinateur est mort soudainement.

– Ceci explique cela. La situation est beaucoup plus simple que je [ne] pensais et bien (loin) plus simple à résoudre. C'est ce que nous appelons un « picnic » (pique-nique) : [le] problème [est] dans la chaise, pas dans l'ordinateur !

25 AN I.T. PROBLEM

(At the office)

– This is **Ra**na in the **IT** de**part**ment. **What's wrong**?

– I've **no** i**de**a. **That's** why I'm **phon**ing you. We were **runni**ng an **an**ti-**vi**rus **pro**gram when my com**pu**ter stopped **wor**king and I **could**n't **o**pen it.

– What were you **do**ing when it **crashed**?

– I was **do**ing a **cross**word and I was **text**ing my **girl**friend a**bout** a **par**ty at a **friend's**.

– **I** get **it**. What **happ**ened **then**?

– The **screen froze** while I was **typ**ing. I **tried** to re**boot** but **noth**ing **changed**, so I **rang** a **coll**eague. But **she** was **send**ing **e**mails to her **flat**mate and **did**n't **ans**wer. I'm a bit **wo**rried because we're **bu**sier than **ev**er at the **mo**ment.

– **What** were you **do**ing before the **prob**lem **happ**ened? Were you **play**ing **games** or **u**sing a **search en**gine, for **in**stance? I **bet** you were **watch**ing a **vid**eo while you were **work**ing!

– To be **ho**nest, I was **look**ing for **tra**vel tips on the web.

– Be**fore** you **start**ed, did you **save** the **work** you were **do**ing?

– **Yes**, I put my **files** in my di**rec**tory and **quit** the **word** processor.

– **Did** you de**lete any**thing or in**stall** an **app**?

– **Why** are you **ask**ing me **all** these **ques**tions?

– I was **wond**ering if you **did some**thing **stu**pid.

– I was **down**loading a **game** when the computer **sudd**enly **died**.

– That ex**plains** it. The situation is a lot **simp**ler than I **thought** and **far eas**ier to **solve**. It's **what** we **call** a **pic**nic: **Pro**blem in **Chair**, **not** in Com**pu**ter!

COMPRENDRE LE DIALOGUE
FORMULES ET EXPRESSIONS

→ **What's wrong?** *Qu'est-ce qui ne va pas* ? Plus précis, un médecin demande : **What's wrong with your hand?** *Qu'avez-vous à la main* ? Dans ce même contexte, d'autres expressions avec **wrong** évoquent un dérangement ou un problème éventuel : **Something is wrong with my computer.** *Mon ordinateur ne fonctionne pas bien.*

→ **kind** est un adjectif utilisé dans des expressions de politesse (Module n° 5). C'est aussi un nom, signifiant *sorte, type*, etc. **This kind of problem is very unusual.** *Ce type de problème est très inhabituel.*

→ **I get it** : encore une expression pour notre répertoire de **get** ! En anglais courant, **to get it** signifie « *piger* », comprendre. **I don't get it: why's he coming?** *Je ne comprends pas : pourquoi vient-il ?*

→ **to type**, *taper au clavier*. Autrefois, on tapait sur une machine à écrire (**a typewriter**), et de nos jours sur le clavier de l'ordinateur (**the keyboard**) bien sûr.

→ **a flatmate** : **a mate**, *un camarade, un copain, un mec* se retrouve dans plusieurs noms composés désignant une personne avec qui on partage un logement, comme ici, une activité ou un intérêt : **a workmate**, *un camarade de travail* ; **a teammate**, *un coéquipier*, **a soulmate**, *une âme sœur*.

→ **a bit** est un synonyme familier de **a little**, *un peu* (Module n° 4) : **I'm a little worried**, **I'm a bit worried.** *Je suis un peu inquiet.* Le mot est aussi utile pour traduire *un bout, un morceau* : **a bit of bread**, *un bout de pain*.

→ **To be honest** : de **honest**, *honnête* (rappelons que l'accent circonflexe français remplace le « s » anglais), cette expression, suivie parfois de **...with you**, signifie *à vrai dire*. On utilise aussi l'adverbe **honestly**, *honnêtement*, pour s'exclamer : **Honestly, I don't understand you!** *Honnêtement, je ne te comprends pas !*

NOTE CULTURELLE

L'informatique fait partie de la vie quotidienne, notamment celle des **digital natives** (les enfants du numérique, ayant grandi dans un environnement informatisé). Nombre de termes du monde numérique viennent de l'anglais. Dans ce module, outre **a computer**, *un ordinateur*, quelques termes très courants, tels que **to chat**, *causer*, « tchatter » ou échanger par messagerie instantanée ; **to crash**, litt. *s'écraser*, mais ici *tomber en panne* ; **to reboot**, *redémarrer* ; **a directory**, *un répertoire* ; **a search engine**, *un moteur de recherche* ; **a wordprocessor**, parfois **a word processor**, *un traitement de texte*, ou encore **to download**, litt. *charger vers le bas*, *télécharger*. Quant au terme *informatique*, il n'y a pas de terme unique. Selon le contexte, on dit **computer science**, **data processing**, **information technology** ou **IT**, ou encore **informatics**.

◆ **GRAMMAIRE**
   WHILE

Cette conjonction – l'équivalent de *pendant que* – s'emploie souvent avec le passé continu pour relier une action en cours avec une action ponctuelle : **The phone rang while I was typing a letter.** *Le téléphone a sonné pendant que je tapais une lettre.* Vous trouverez peut-être **while** sur un panneau proposant un service « à la minute » : **Repairs While You Wait.** *Réparations minute.* Rappelons, enfin, que le « h » n'est pas prononcé : [ouaïl].

LES ADJECTIFS COMPARATIFS AVEC UN INTENSIF : FAR, EVER

Maintenant que nous avons assimilé les comparaisons de supériorité et d'infériorité, voici quelques tournures idiomatiques pour intensifier le propos. Nous avons déjà appris **much** dans ce contexte (**much pricier**, **much bigger**, etc.), que l'on peut remplacer par **a lot** : **The film is a lot longer than I thought.** *Le film est bien plus long que je ne pensais.* On peut aussi utiliser **far**, *loin* : **This problem is far easier to solve than that one.** *Ce problème est beaucoup plus simple à résoudre que celui-là.* **Far** peut être utilisé dans une phrase qui n'est pas une comparaison : **That sweater is far too expensive.** *Ce pull est bien trop cher.* Et, avec **by far**, la construction est la même que *de loin* en français, utilisée avec le superlatif : **Jaffa Tower is by far the tallest building in the world.** *La tour Jaffa est de loin le building le plus haut du monde.* Enfin, un autre intensifiant utile est **...than ever**, placé après l'adjectif : **We're busier than ever at this time of year.** *Nous sommes plus occupés que jamais à cette période de l'année.*

LE POSSESSIF INCOMPLET

Nous savons depuis le Module n° 4 qu'un nom au possessif (**-'s**) peut être supprimé si le sens est évident ou sous-entendu. C'est le cas notamment lorsque ce nom est l'équivalent de *chez* : **I was working at Simon's last night.** *Je travaillais chez Simon hier soir* (au lieu de **Simon's house**). Cette omission est habituelle dans le cas d'un magasin : **I bought this cake at the baker's on West Street.** *J'ai acheté ce gâteau chez le boulanger dans la rue de l'Ouest* (au lieu de **the baker's shop**).

▲ CONJUGAISON
LE PASSÉ CONTINU

Nous connaissons la forme continue au présent (Module n° 14) et les mêmes règles s'appliquent au passé :

Affirmatif (sans forme contractée)

I	was	
you	were	
he/she/it	was	looking.
we	were	
they	were	

Négatif

I was *		
you were **		
he/she/it was *	not	looking.
we were **		
they were **		

* **was not** = **wasn't** à la forme contractée ** **were not** = **weren't** à la forme contractée

Interrogatif

Was I	
Were you	
Was he/she/it	looking…?
Were we	
Were they	

- Comme pour la forme présente, le passé continu (ou progressif) décrit une action en cours : **I was watching videos all evening.** *Je regardais des vidéos toute la soirée.*
- Si on utilise ce temps avec deux verbes dans la même phrase, cela sous-entend que les deux actions se déroulent en parallèle : **I was making dinner and he was doing a crossword.** *Je préparais le dîner et il faisait des mots croisés.*
- Enfin, le passé continu est souvent utilisé pour décrire une situation qui se passait « en toile de fond » lorsqu'elle a été interrompue par une autre action décrite, elle, au passé simple : **I was watching a video when the computer crashed.** *Je regardais une vidéo quand l'ordinateur est tombé en panne.* Cette construction est souvent utilisée en littérature pour dresser le décor, comme l'imparfait en français.

VOCABULAIRE

to crash (s') écraser ; ici tomber en panne (ordinateur)
to delete effacer, supprimer
to die mourir
to freeze, froze, frozen se figer (litt. geler)
to quit, quit, quit quitter une application informatique (verbe argotique : arrêter, s'en aller)
to ring, rang, rung sonner ; en anglais familier, téléphoner
to run, ran, run courir ; ici passer (un logiciel)
to save sauver ; ici sauvegarder
to send, sent, sent envoyer
to solve résoudre
to type taper sur un clavier d'ordinateur (ou une machine à écrire)
to use utiliser
to watch regarder
to wonder se demander

while pendant que
far loin, beaucoup plus

a colleague un(e) collègue
a crossword des mots croisés
a game un jeu
a girlfriend une petite amie
a party une fête
a picnic un pique-nique
a program un logiciel, un programme informatique (orthographe américaine)
a screen un écran
a task une tâche
a tip un tuyau, une astuce (dans ce contexte)
a typewriter une machine à écrire

N'hésitez pas à lire en anglais, pour le plaisir de vous plonger dans un roman ou une nouvelle, et de comprendre suffisamment le texte pour suivre le récit. Évidemment, vous manquez de vocabulaire à ce stade, mais quel meilleur moyen d'en acquérir ? Il existe d'excellentes éditions bilingues et nous vous proposons quelques lectures intéressantes en page 285.

● EXERCICES

1. METTEZ LES VERBES ENTRE PARENTHÈSES AU TEMPS ADAPTÉ DU PASSÉ.

a. I (to play) .... a game on my computer when the phone (to ring) ....

b. She (to put) .... her files in her directory and then (to quit) .... the program.

c. What (to happen) .... ? – The screen (to freeze) .... while I (to type) ....

d. She (not to send) .... emails; she (to work) .... very hard all evening.

2. UTILISEZ UN INTENSIF AUTRE QUE *MUCH* (UNE SÉRIE DE POINTILLÉS = UN MOT) ET METTEZ LES ADJECTIFS À LA FORME COMPARATIVE OU SUPERLATIVE.

a. The movie is .... (long) that we thought.

b. His problem is .... (serious) than I thought. – Good, I'm glad to hear it.

c. The shops are (busy) .... ever at Christmas.

d. Russia is .... (big) country in the world.

e. That fridge is .... (expensive) than the one they bought last year. It cost £500!

3. COMPLÉTEZ CES EXPRESSIONS (UNE SÉRIE DE POINTILLÉS = UN MOT), PUIS ÉCOUTEZ L'ENREGISTREMENT POUR VÉRIFIER.

a. What's the .... with your computer? – I've no idea.

b. .... of tea do you prefer? – I don't mind.

c. She's a .... worried about Joe. He looks tired.

d. To be .... , I don't understand the problem.

e. I don't .... it: why are you leaving?

f. That .... it. The situation is a lot simpler than we thought.

4. TRADUISEZ CES PHRASES.

a. Où habitait votre mari quand il vous a rencontrée ? – Au pays de Galles.

→

b. Que faisiez-vous lorsque votre ordinateur est tombé en panne ?
– Je téléchargeais un jeu.

→

c. J'ai envoyé un e-mail à mon coéquipier, mais il n'a pas répondu.

→

d. Qu'est-ce qui ne va pas avec tes collègues ? Enfin, je ne les comprends pas !

→

IV

LES

LOISIRS

24.
PRENDRE UNE ANNÉE SABBATIQUE

TAKING A SABBATICAL

OBJECTIFS

- PARLER DE SES PROJETS
- POSER DES QUESTIONS À PROPOS DU FUTUR

NOTIONS

- SAY ET TELL
- FOR ET DURING
- SOMEONE/ANYONE/NO ONE
- LE FUTUR SIMPLE

L'ANNÉE SABBATIQUE

– Nous organisons (jetons) une fête pour Louise vendredi soir prochain. Elle part (quitte) après Pâques pour prendre une année sabbatique en Australie. Veux-tu nous aider à l'organiser ? Tu es doué pour (bon à) ce genre de choses.

– Combien de personnes viendront ? Pas trop, j'espère ?

– On sera une cinquantaine (il y aura environ 50 de nous). Personne ne veut la rater.

– Je serai heureux de vous donner [un coup] de main, surtout pour [cette] chère Louise. Mais que va-t-elle faire là-bas ? Où habitera-t-elle ? Pourra-t-elle travailler ?

– Elle dit qu'elle enseignera l'anglais à Sydney pendant un [certain] temps et puis elle (voyagera avec son) sac à dos à travers le pays pendant plusieurs mois.

– Ne trouvera-t-elle pas cela dur ? Elle ne connaît personne en Australie, n'est-ce pas ?

– Tu connais Louise, elle se sent (sentira) chez elle n'importe où. De toute façon, elle m'a dit qu'elle connaît quelqu'un à Auckland. Apparemment, son cousin gère (court) un bar là-bas pendant l'été. Elle n'aura pas de problèmes. Je suis assez (joli) sûr qu'elle retombera (atterrira) sur ses pieds. Et [puis] les Australiens sont très relax et aimables.

– Comment voyagera-t-elle ? J'espère qu'elle ne fera pas d'auto-stop !

– Pourquoi ne lui demandes-tu pas toi-même ? Elle sera ici d'une minute à l'autre (toute minute). En parlant du loup (parlez du diable) ! La voici. Salut, Louise. J'étais en train de raconter (parler) à Brian [de] ta grande aventure.

– Louise : Oui, je m'en réjouis vraiment à l'avance (regarde vers l'avant). Ça sera chouette (grand).

– Promets-moi que tu ne prendras par trop de selfies à (sur) la plage et [que tu ne] les mettras pas sur ton mur (à photos). Elles nous rendront jaloux.

– Louise : Je promets, croix de bois, croix de fer (croix mon cœur). Maintenant, donne-moi un verre (une boisson), s'il te plaît !

THE GAP YEAR

– We're **throw**ing a **par**ty for Lou**ise** next **Fri**day **night**. She's **leav**ing after **Eas**ter to **take** a **gap** year in Austra**li**a. **Will** you **help** us to **or**ganise it? You're **good** at this **sort** of **thing**.

– **How ma**ny **peo**ple will be **com**ing? Not **too ma**ny, I **hope**?

– There'll be a**bout fif**ty of us. **No** one **wants** to **miss** it.

– I'll be **glad** to **give** you a **hand**, e**spec**ially for **dear** Lou**ise**. But **what** will she **do** there? **Where** will she **live**? **Will** she be **a**ble to **work**?

– She **says** that she'll **teach Eng**lish in **Syd**ney for a **while** and then she'll **back**pack a**cross** the **coun**try for **sev**eral **months**.

– **Won't** she **find** it **tough**? She **does**n't **know a**nyone in Aus**tra**lia, **does** she?

– **You know** Lou**ise**, she'll **feel** at **home a**nywhere. **Any**way, she **told** me that she **knows some**one in **Auck**land. Apparently, her **cou**sin runs a **bar** there **dur**ing the **sum**mer. **She'll** be all **right**. I'm **pret**ty **sure** that she'll **land** on her **feet**. And the Aus**tra**lians are very **laid-back** and **friend**ly.

– **How** will she **tra**vel a**round**? I **hope** that she won't **hitch**hike!

– **Why** not **ask** her your**self**? She'll **be here** any **mi**nute. **Talk** of the **de**vil! **Here** she **is**. **Hi** there, Lou**ise**. I was **talk**ing to **Bri**an about your **big** ad**ven**ture.

– Louise : Yes, I'm **rea**lly **look**ing **for**ward to it. It will be **great**.

– **Pro**mise me that you **won't** take too **ma**ny **self**ies on the **beach** and **put** them on your **pho**to **wall**. They'll **make** us **jeal**ous.

– Louise : I **pro**mise that I **won't**, **cross** my heart. **Now**, please **hand** me a **drink**.

COMPRENDRE LE DIALOGUE
FORMULES ET EXPRESSIONS

→ **a gap year**, *une année sabbatique*. Elle se déroule entre la fin de l'enseignement secondaire et le début des études supérieures ; une occasion de voyager et, très souvent, de s'engager dans l'action humanitaire ou sociale. **A gap**, *un espace*.

→ **to give someone a hand**, *donner un coup de main à quelqu'un*. Remarquez le positionnement du complément : **Give Paul a hand, please.** *Donnez un coup de main à Paul, s'il vous plaît*. Comme beaucoup de noms courants anglais, **hand** peut être utilisé comme verbe : **Hand me that briefcase please.** *Passe-moi cette serviette s'il te plaît*.

→ De même, le nom **land**, *la terre*, peut aussi fonctionner comme un verbe : **Her plane lands at seven in the morning.** *Son avion atterrit à 7 heures du matin*. Un autre exemple de ce phénomène, vu dans ce texte, est le mot **backpack** (*dos + paquet*). Le nom est **a backpack**, *un sac à dos*, peut être utilisé comme un verbe : **We backpacked around Scotland last summer.** *Nous avons voyagé avec un sac à dos autour de l'Écosse l'été dernier*. Il n'y a pas de règles précises pour déterminer si un nom peut devenir un verbe (voire un adjectif ou un adverbe) : il suffit d'être attentif et de se souvenir que l'anglais est plus « souple » grammaticalement que le français.

→ **a cousin**, *un cousin, une cousine*. Le mot est neutre en anglais.

→ **all right**, ou parfois **alright**, litt. *tout droit*, fonctionne comme adjectif et adverbe dans un grand nombre de contextes. Le sens principal est que la personne ou l'objet dont on parle va bien, mais avec une nuance qui peut varier selon le contexte, le ton de la voix, etc. : **England's all right but I prefer Australia.** *L'Angleterre, c'est bien, mais je préfère l'Australie*. Une expression à retenir est **Is it all right if…?** utilisée pour demander la permission : **Is it all right if we invite Louise to the party?** *Cela vous dérange si on invite Louise à la fête ?*

→ **to look forward to**, *attendre quelque chose avec impatience ou plaisir*, de **forward**, *vers l'avant*.

NOTE CULTURELLE

L'Australie est depuis longtemps une destination de choix pour les jeunes Britanniques qui y passent leur **gap year**. Les liens entre les deux pays sont vieux de plus de deux siècles. Pendant la période de décolonisation qui suivit la Seconde Guerre mondiale, la Grande-Bretagne et ses anciennes colonies fondèrent the **Commonwealth** (« richesse commune », d'après le nom de la république éphémère créée au XVIIᵉ siècle par Oliver Cromwell). Composé aujourd'hui d'une cinquantaine d'États, il est dédié à la promotion des droits humains et politiques, mais aussi au développement de ses membres par le biais du commerce et de l'investissement. Au-delà de cette institution, il existe un espace – ou plutôt un concept – appelé **the Anglosphere** comprenant le Royaume-Uni, l'Irlande, les États-Unis, le Canada, l'Australie et la Nouvelle-Zélande ; tous partagent non seulement la même langue, mais aussi le même patrimoine culturel, politique et économique.

GRAMMAIRE
SAY ET TELL

Ces verbes irréguliers se traduisent par *dire*, mais il y a des différences structurelles : **to say** (passé simple et participe passé : **said**) est le fait d'énoncer quelque chose, alors que **to tell** (passé simple et participe passé : **told**) décrit le contenu du discours.
• Ainsi, **to tell** est suivi d'un complément personnel – la personne à qui l'on raconte : **My son tells me that you are going to buy a house in Cornwall.** *Mon fils me dit que vous allez acheter une maison en Cornouailles.* Il y a donc la notion de narration.
• En revanche, **to say** est suivi du contenu du discours : **He says that he is coming to see us next week.** *Il dit qu'il vient nous voir la semaine prochaine.*
• Pour préciser la personne à qui l'on s'adresse, on utilise la préposition **to** : **He said to me that he enjoyed his job.** *Il m'a dit qu'il prenait plaisir à son travail.*
• Pour demander à quelqu'un de répéter, vous lui demanderez **What did you say?** car vous voulez que cette personne répète les mêmes mots.
• Voici un pense-bête pour vous aider à mémoriser la différence : **Joanna was so surprised by what I told her that she did not know what to say.** *Joanna était tellement surprise par ce que je lui ai raconté qu'elle ne savait que dire.*
Ici, **tell** désigne les révélations, alors que **say** concerne les mots que Joanna n'arrive pas à prononcer.
Enfin, un certain nombre d'expressions se forment avec **to tell** : **to tell the truth**, *dire la vérité* ; **to tell a lie**, *mentir*, ou **to tell a story**, *raconter une histoire*. Dans ces cas, le contenu du discours prend le dessus sur les mots utilisés pour le dire.

FOR ET DURING

Ces prépositions se traduisent par *pendant* et permettent de situer une action dans le temps. **For** répond à la question *Pendant combien de temps ?* alors que **during** est la réponse à *Quand ?*

- **For** mesure la période et s'emploie avec un chiffre : **She will teach English for six months.** *Elle enseignera l'anglais pendant 6 mois.*
- **During** (Module n° 13) indique le moment où l'action a lieu : **She taught English during the summer.** *Elle a enseigné l'anglais pendant l'été.*

SOMEONE/ANYONE/NO ONE

Dans le Module n° 17 nous avons découvert **somebody**, **anybody** et **nobody**. Voici trois autres membres de cette fratrie, qui obéissent aux mêmes règles et ont le même sens : **Someone wants to talk to Louise.** *Quelqu'un veut parler à Louise.* **Does anyone know where she is?** *Est-ce que quelqu'un sait où elle est ?* **No one can find her. Where did she go?** *Personne ne peut la trouver. Où est-elle allée ?*

En théorie, **someone**, **anyone** et **no one** (écrit parfois **no-one**) sont un peu plus formels que leurs équivalents se terminant en **-body** mais, pour ce qui nous intéresse, les deux formes sont interchangeables.

▲ CONJUGAISON
LE FUTUR SIMPLE

- Le futur simple (car il y a aussi une forme continue) se forme avec l'auxiliaire **will** :

	Affirmative	Négative	
I			
you	will ('ll)	will not (won't)	give.
he/she/it			
they			

	I		
Will	you		give?
	he/she/it		
	they		

Il existe aussi un autre auxiliaire futur, **shall**, mais, à quelques exceptions près, celui-ci n'est pas utilisé en anglais courant – on ne le traitera donc pas dans ce livre.
- Dans l'ensemble, on emploie ce temps comme le futur en français : **We'll pay for the plane tickets by credit card.** *Nous réglerons les billets d'avion par carte de crédit.*
- Enfin, le futur des verbes modaux est un peu différent, car ils n'ont pas de forme infinitive. Pour **can**, nous utilisons **to be able to**, qui se comporte comme un verbe

VOCABULAIRE

to hand *donner (quelque chose à quelqu'un)*
to hitchhike *faire de l'auto-stop (souvent abrégé en* **to hitch**, *faire du stop)*
to land *atterrir*
to look forward to *attendre avec impatience, se réjouir à l'avance*
to miss *manquer*
to promise *promettre*
to run *gérer, diriger*
to teach, taught, taught *enseigner*
to throw, threw, thrown *jeter*
to throw a party *organiser une fête*

for *pendant* (voir Grammaire)
during *pendant* (voir Grammaire)
friendly *aimable (de* **a friend** *un ami)*

tough *dur* (voir aussi Module n° 10)
laid-back *relax*
jealous *jaloux*
several *plusieurs*
alright/all right *convenable, acceptable*

a backpack *un sac à dos*
a beach *une plage*
Easter *Pâques*
a gap *un espace, un intervalle*
a gap year *une année sabbatique*
a party *une fête*
a while *un certain temps, un moment*
a wall *un mur*

Here he/she is *Le/la voilà*
He/she will be all right *Elle n'aura pas de problèmes*

ordinaire. **Will she be able to work?** *Pourra-t-elle travailler ?* Nous y reviendrons dans le prochain module.
• Vous connaissez maintenant trois manières de parler du futur :
- **going to** si l'on parle d'une action imminente ou que l'on a décidé de faire.
I'm going to see them next week. *Je vais les voir la semaine prochaine.*
- le présent continu si l'on parle de l'avenir proche.
We're visiting a flat to rent tomorrow. *Nous visitons un appartement à louer demain.*
- **will** lorsqu'on parle de l'avenir en général (prédiction, promesse, etc.).
I'm sure that this new job will be very interesting. *Je suis sûr que ce nouveau travail sera très intéressant.*

● EXERCICES

1. METTEZ LES VERBES AU FUTUR INDICATIF, AVEC ET SANS CONTRACTION SI POSSIBLE.

a. He (to park) .... outside your house if there is a space.
b. I (to ask) .... my wife but she (to say) .... no.
c. We (to be) .... safe, I assure you.
d. The car (to cost) .... us a fortune!

2. METTEZ CES PHRASES À LA FORME NÉGATIVE OU INTERROGATIVE, AVEC ET SANS CONTRACTION SI POSSIBLE, PUIS ÉCOUTEZ L'ENREGISTREMENT POUR VÉRIFIER.

(26)

a. She promises that she (not, to take) .... / .... any selfies during her holiday.
b. .... you (to hitchhike) .... or (to take) .... the train? There are several possibilities.
c. He (not, to help) .... / .... us to organise the party. He's too busy.
d. (she, to teach) .... English in Sydney or in Auckland? – I'm not sure.
e. I (not, to tell) .... / .... anybody, cross my heart.

3. UTILISEZ *SOMEONE, ANYONE* OU *NO ONE*, SELON LE SENS.

a. Does .... know where Sheila lives in Australia?
b. We're sorry but .... / .... is free to answer your call at the moment. Please leave a message.
c. Can .... tell me if Louise is having a party on Friday?
d. There is .... to see you. He says that he's your brother.

4. TRADUISEZ CES PHRASES.

a. Donne un coup de main à Louise s'il te plaît. Passe-lui la serviette.
→
b. Je me sens vraiment à l'aise avec lui. Il est vraiment gentil.
→
c. En parlant du loup ! C'est ma cousine Louise et mon cousin Steve. *
→
d. Ils ne connaissent personne en Australie, n'est-ce pas ?
→

*Deux possibilités, l'une plus courte que l'autre.

25.
EN VOITURE

DRIVING

OBJECTIFS

- LOUER UN VÉHICULE
- POSER DES QUESTIONS À PROPOS DE LA LOCATION
- EXPRIMER UNE CONDITION ET SES CONSÉQUENCES

NOTIONS

- LESS ET FEWER
- AS...AS
- LE PREMIER CONDITIONNEL

LOUER UNE VOITURE

(Au téléphone avec un loueur de voitures)
— Je désire (veux) louer une voiture pour un long week-end. Qu'avez-vous ?

— Nous avons moins de voitures cette semaine, car lundi est férié (est une vacance publique). Mais je suis sûr [que] je pourrai trouver quelque chose. Quelle catégorie voulez-vous ?

— Une voiture (qui est) assez grande pour quatre personnes.

— Que diriez-vous (Comment autour) [d]'un hybride électrique ? C'est agréable à conduire. C'est aussi rapide qu'une voiture normale et vraiment confortable. Il y a un coffre énorme et beaucoup de place à l'intérieur.

— Est-ce aussi économique qu'une voiture [de] taille moyenne ?

— Oui. Elle utilise moins d'essence qu'une moto ! Sinon (Ou) nous avons une berline de luxe, si vous préférez. Ce n'est pas aussi bon marché qu'un hybride – mais elle a un immense toit ouvrant (soleil).

— Non, je n'ai pas les moyens d'une grande voiture. Quels documents devrai-je (aurai-je à) présenter (montrer) ?

— Si vous louez chez nous, vous aurez besoin d'un permis B valide et une carte de crédit reconnue (majeure). Notre prix comprend le kilométrage illimité. Si vous ne prenez pas [l]'assurance, vous serez responsable de (pour) tout dégât.

— Que se passera-t-il si je rends (retourne) la voiture avec un réservoir vide ?

— Si vous ne faites pas le plein (le remplissez pas) d'essence, nous vous ferons payer une pénalité.

— Me donnerez-vous une ristourne si je paie [en] espèces ?

— J'ai bien peur de ne pas pouvoir faire cela, monsieur.

— Je comprends tout à fait (pleinement). Je vais en discuter avec ma femme et vous ferai (laisserai) savoir le plus (aussi) rapidement (que) possible. Au revoir.

27   RENTING A CAR

(On the phone to a car rental company)
– I **want** to **rent** a **car** for a long week**end**. **What** do you **have**?

– We have **few**er **cars** this week be**cause Mon**day is a **pub**lic **hol**iday. But I'm **sure** I'll be **a**ble **to find some**thing. What **cat**egory do you **want**?

– A **car** that's **large** e**nough** for **four people**.

– **How** a**bout** an e**lec**tric **hy**brid? It's **fun** to **drive**. It's as **fast** as a **nor**mal car and **ve**ry **com**fortable. There's an e**nor**mous **boot** and **plen**ty of **room** in**side**.

– Is it as eco**nom**ical as a **me**dium-size **car**?

– **Yes**. It uses less **pet**rol than a **mo**tor **bike**! Or we have a **lux**ury sa**loon**, if you pre**fer**. It's not as **cheap** as a hybrid – but it has a **mass**ive **sun**roof.

– No, I **can't** a**fford** a **big car**. What **do**cuments will I **have** to **show**?

– If you **rent** from **us**, you'll **need** a **full va**lid **dri**ving **li**cence and a **ma**jor **cre**dit **card**. Our **price** in**clu**des un**lim**ited mileage. If you **don**'t take in**sur**ance, you will be res**pon**sible for **a**ny **da**mage.

– **What** will **hap**pen if I re**turn** the **car** with an **emp**ty **tank**?

– If you **don**'t fill it with **pet**rol, we'll **charge** you a **pen**alty.

– Will you **give me** a **dis**count if I pay **cash**?

– I'm a**fraid I won't** be **a**ble to **do** that, sir.

– I **fu**lly under**stand**. I'll **talk** it **over** with my **wife** and **let** you **know** as **quick**ly as **poss**ible. **Bye**.

COMPRENDRE LE DIALOGUE
FORMULES ET EXPRESSIONS

→ **to afford** n'a pas de traduction directe en français (bien que la racine soit notre verbe *aborder*…). Le sens général est *se permettre quelque chose financièrement* ou *avoir la liberté* (ou *l'audace*) *de faire quelque chose* : **Can we afford a holiday this year?** *Avons-nous les moyens de partir en vacances cette année ?* **We can't afford to make a mistake.** *Nous ne pouvons pas nous permettre de faire une erreur.* L'adjectif dérivé, **affordable**, est plus facile à reconnaître : **I know a lovely hotel that's very affordable.** *Je connais un hôtel adorable qui est très abordable.*

→ **How about**, une variante de **What about** (Module n° 8), est utilisé dans les mêmes contextes pour demander des informations ou proposer quelque chose : **How are you? – I'm fine. How about you?** *Comment vas-tu ? – Bien, et toi ?* **I'm very well, thanks. How about a coffee?** *Je vais très bien, merci. Et si on prenait un café ?* Ce type de locution se place toujours au début de la phrase. Si elle est suivie d'un verbe, celui-ci est normalement au gérondif : **How about going for a drink?** *Et si nous allions prendre un verre ?*

→ **plenty** vient de *plein* et signifie *l'abondance*. L'expression **plenty of** s'emploie de la même manière que nous utilisons *plein de, pas mal de* : **She has plenty of friends.** *Elle a plein d'amis*, etc.

NOTE CULTURELLE

Le vocabulaire relatif aux voitures, comme aux autres véhicules et à leur environnement, varie entre l'anglais britannique et américain :

Anglais britannique	Anglais américain	
a boot	a trunk	*un coffre*
a windscreen	a windshield	*un pare-brise*
a wing	a fender	*une aile*
a lorry	a truck	*un camion*
an estate car	a station wagon	*un break*
a car park	a parking lot	*un parking*
a motorway	a freeway/a highway	*une autoroute*
a flyover	an overpass	*un autopont*
a zebra crossing	a crosswalk	*un passage piétons*

Le domaine des carburants est tout particulièrement épineux : *l'essence* s'appelle **petrol** pour les Britanniques, mais **gasoline** pour les Américains, qui l'abrègent en **gas**, alors que *le pétrole* se dit **oil**. De même, **fuel** est un terme générique pour le carburant en général (essence, diesel, etc.), alors que le terme français *fuel* se traduit par **fuel oil**.

◆ **GRAMMAIRE**
LESS ET FEWER

Pour traduire la notion comparative *moins de*, nous faisons une distinction entre les noms singulier (**less**) et pluriel (**fewer**) : **We find that fewer people study science at university.** *Nous trouvons que moins de gens étudient les sciences à l'université.* **His car uses less petrol than mine.** *Sa voiture consomme moins d'essence que la mienne.* Mais attention : beaucoup d'anglophones emploient **less** dans les deux cas. Enfin, **less** peut être utilisé seul si la comparaison est sous-entendue : **You want a car that costs less [than other cars].** *Vous voulez une voiture qui coûte moins cher [que d'autres voitures].*

AS... AS

Nous utilisons cette structure pour faire des comparaisons, positives ou négatives. C'est l'équivalent de *aussi... que* en français, mais notez le parallélisme : **The hybrid is as fast as a normal car.** *La voiture hybride est aussi rapide qu'une voiture normale.* **Is the new model as comfortable as the old one?** *Le nouveau modèle est-il aussi confortable que l'ancien ?* **The motor bike isn't as fast as I thought.** *La moto n'est pas aussi rapide que je le pensais.*
À la forme négative, on trouve parfois **not so ...as**, mais restons avec cette structure parallèle. Enfin, **as quickly as possible** se traduit en français par *le plus rapidement possible*. Un synonyme est **as soon as possible**, parfois abrégé en **ASAP** dans les e-mails ou les médias sociaux.

▲ **CONJUGAISON**
LE PREMIER CONDITIONNEL

Le premier conditionnel est aussi le plus simple des trois formes possibles, avec la même structure qu'en français : **if** + présent + futur.

• À l'indicatif
If I find a cheap fridge, **I will tell you.** *Si je trouve un frigo pas cher, je vous le dirai.*

- À la forme négative

I won't rent the car if it's not big enough. *Je ne louerai pas la voiture si elle n'est pas assez grande.*

- À la forme interrogative

Will you come to the party if she agrees? *Viendras-tu à la fête si elle est d'accord ?*

Il existe une structure appelée « le conditionnel zéro » qui exprime un fait toujours vrai si la condition est remplie. Cette structure, elle aussi, est identique au français : **The car uses petrol if the engine is running.** *La voiture consomme de l'essence si le moteur tourne.*

VOCABULAIRE

to afford *avoir les moyens financiers*
to be able to *pouvoir*
to be responsible for *être responsable de (notez l'orthographe, avec un « i »)*
to fill *remplir*
to rent *louer*
to return *rendre (transitif), retourner (intransitif)*
to let someone know (to let, let, let) *faire savoir à quelqu'un*
to talk (something) over *discuter (de quelque chose)*

economical *économe*
empty *vide*
enormous *énorme*
fewer *moins*
fun *amusement*
massive *énorme*
medium-size *de taille moyenne*
unlimited *illimité*

a boot *un coffre (litt. une botte)*
a discount *une remise (du français « décompte »)*
fuel *le carburant*
a full driving licence *un permis B*
a hybrid (vehicle) *un (véhicule) hybride*
insurance *l'assurance*
mileage *le kilométrage*
a motor bike (ou motor cycle) *une moto*

petrol *l'essence*
a saloon (car) *une berline*
a sunroof *un toit ouvrant, litt. un toit à soleil*
a tank *un réservoir*

Bye *Au revoir (informel)*
I fully understand. *Je comprends tout à fait.*

● EXERCICES

1. METTEZ CES PHRASES AU PREMIER CONDITIONNEL (EN UTILISANT LES CONTRACTIONS SI POSSIBLE).

a. I (not, to come) .... to the party if James (not, to call) .... me.

b. If the car (to have) .... a big boot, ... you (to hire) .... it?

c. .... the doctor (to give) .... me an appointment if I (to call) .... her now?

d. I (to send) .... you an email if I (to find) .... her address.

2. FORMULEZ DES COMPARAISONS.

a. Is their flat (big) .... ours?

b. The job wasn't (interesting) .... I thought.

c. Coffee is (healthy) .... tea.

d. Look at Cathy's clothes. They're not (stylish) .... Sandy's.

3. COMPLÉTEZ AVEC *LESS* OU *FEWER*.

a. There are .... cars on the road today.

b. The motor cycle is .... comfortable than my old car.

c. Petrol costs much .... in Ireland than in England.

d. This model has .... doors than that one.

🔊 4. TRADUISEZ CES PHRASES, PUIS ÉCOUTEZ L'ENREGISTREMENT POUR VÉRIFIER.

a. Nous serons responsables de tout dégât si nous ne prenons pas [l]'assurance.

→

b. Avons-nous les moyens de partir en vacances cette année ? – Nous connaissons un hôtel très sympathique à Cardiff qui est très abordable.

→

c. Nous donnerez-vous une ristourne si nous payons en espèces ? – Je regrette, mais je ne pourrai pas faire cela, monsieur.

→

d. Il y a moins de voitures aujourd'hui parce que c'est un jour férié. – Je comprends tout à fait.

→

e. Et si nous allions prendre un verre ? – J'en discuterai avec mon mari…

→

26. VIVRE À LA CAMPAGNE

LIVING IN THE COUNTRY

OBJECTIFS	NOTIONS
• DONNER/ACCEPTER UN CONSEIL • POSER DES CONDITIONS	• MAY • EACH/EVERY/BOTH • LE DEUXIÈME CONDITIONNEL • LE FUTUR DE MUST

LA VILLE OU LA CAMPAGNE ?

– Y a-t-il quelque chose qui ne va pas, chéri ?
Tu as l'air malheureux (misérable).

– J'en ai marre des (suis nourri en haut avec) grandes villes.
Elles sont trop bruyantes et stressantes. J'aimerais qu'on habite dans un endroit calme. Pourquoi ne déménagerions-nous pas dans (à) une petite ville ou même un village ? Si nous habitions à la campagne, nous aurions [de l']air plus pur et une vie plus saine. Nous pourrions avoir un chien ou un chat. Nous ne passerions (dépenser) pas [des] heures dans [les] embouteillages presque tous les jours : nous laisserions simplement la voiture à la gare la plus proche et prendrions le train (pour aller) au travail. Tu pourrais même dormir ou lire pendant le trajet si tu voulais. Penses-y !
Ça ne serait pas génial ?

– Non (il ne le serait pas).

– Mais si (il serait) ! Ne sois pas si morose !

– Veux-tu m'écouter un instant ? Je vais te donner quelques (un morceau de) conseils. Si j'étais toi, je réfléchirais très sérieusement (soigneusement). Comprends-tu (réalises-tu) que nous dépenserions beaucoup plus pour le transport ?
Les cartes d'abonnement (saison billets) coûtent les yeux de la tête (la terre). Et nous devrions chacun [en] acheter un. Par ailleurs, il peut y avoir d'autres problèmes, comme [des] grèves ou [des] retards. La ville n'est peut-être pas très propre, mais au moins elle est pratique !

– Je suppose [ainsi]. Tu as peut-être raison. Mais c'est une décision très dure à prendre (faire) pour nous deux. Pourquoi habiter (dans une) en ville si on n'en profite (prend avantage) pas ?
Nous n'allons presque (durement) jamais au théâtre ou au restaurant, n'est-ce pas ? J'aimerais que nous soyons riches.
Si nous avions assez d'argent, nous aurions un appartement en centre-ville et une jolie petite chaumière quelque part dans les Cotswolds.

– Oui, et les poules (cochons) auraient des dents (pourraient voler) !

CITY OR COUNTRY?

– Is **any**thing **wrong**, **dear**? You seem **mis**erable.

– I'm **fed up** with big **cit**ies. They're too **nois**y and **stress**ful. I **wish** that we **lived some**where **qui**et. **Why** don't we **move** to a **small town** or even a **vill**age? If we **lived** in the **count**ry, we would have **clean**er **air** and a **health**ier life. We could have a **dog** or a **cat**. We wouldn't spend hours in traffic jams almost every day: we'd **simp**ly **leave** the **car** at the **near**est **sta**tion and take the **train** to **work**. You'd **e**ven be **able** to **sleep** or **read dur**ing the **jour**ney if you **want**ed. Just **think**! **Would**n't it be **relax**ing?

– **No** it **would**n't.

– **Yes** it **would**! **Don't** be so **gloo**my!

– Will you **list**en to me for a moment? I'll give you a **piece** of ad**vice**. If I were **you**, I would **think** very **care**fully. Do you **re**alise that we would **spend** far **more** on **trans**port? **Sea**son **tick**ets **cost** the **earth**. And we would **each have** to **buy** one. Be**sides**, there **may** be **oth**er **prob**lems, like **strikes** or de**lays**. The **ci**ty may **not** be **ve**ry **clean** but at **least** it's con**ven**ient!

– I su**ppose so**. You **may** be right. But it's a **hard** de**ci**sion to **take** for **both** of us. **Why** live in **ci**ty if you don't **take** ad**van**tage of it? We **hard**ly **ev**er go to the **the**atre or a **rest**aurant, **do** we? I **wish** we were **rich**. If we **had e**nough **mo**ney, we would have a **flat** down**town** and a **pre**tty little **cott**age **some**where in the **Cots**wolds.

– **Yes**, and **pigs** may **fly**!

■ COMPRENDRE LE DIALOGUE
FORMULES ET EXPRESSIONS

→ **I'm fed up** : **fed** est le participe passé (et le passé simple) de **to feed**, *nourrir*. L'expression idiomatique **to be fed up (with)**, *en avoir marre (de quelque chose)* ou *en avoir ras le bol*. Si le complément est un verbe, il est au gérondif : **She's fed up with listening to his excuses.** *Elle en a marre d'écouter ses excuses.*

→ **to cost the earth**, litt. *coûter la terre*, est un synonyme plus idiomatique de **to cost a fortune**, *coûter une fortune*. Une variante américaine, utilisée de plus en plus par les Britanniques, est **to cost an arm and a leg**, litt. *coûter un bras et une jambe, coûter les yeux de la tête*.

→ **I suppose so.** *Je suppose.* Ces petites réponses courtes, où l'on exprime son accord ou une supposition (**to think**, **to hope**), se construisent avec **so**, *ainsi*. **Didn't he star in** *Planet Wars*? – **I think so.** *N'était-il pas la vedette de La Guerre des planètes ? – Je pense [que oui].* **Is it easy to park near their flat? – I hope so.** *Est-ce facile de se garer près de leur appartement ? – Je l'espère.* Si la réponse est négative, on utilise **don't + so** avec **to think** et **to suppose** (**I don't think/ suppose so**), mais avec **to hope**, on utilise **not** (**I hope not**). **Is there a train strike today? – I hope not.** *Y a-t-il une grève de trains aujourd'hui ? – J'espère que non.*

→ **hard/hardly** : **hard** est à la fois adjectif et adverbe (Module n° 12). Et nous savons aussi que **-ly** est un suffixe adverbial. **Hardly** est en effet un adverbe, mais il signifie *à peine, presque rien*. Le sens étant négatif, le verbe qui l'accompagne est toujours à l'affirmatif : **We hardly know our neighbours.** *Nous connaissons à peine nos voisins.*

→ **Pigs may fly** : cet exemple d'hyperbole – *Les cochons pourraient voler* – est l'équivalent de notre expression *Quand les poules auront des dents*. Une légère variante (sans aucun changement de sens) est **Pigs might fly**. Nous verrons la distinction **may/might** dans le module suivant.

NOTE CULTURELLE

Les noms de lieux renseignent sur l'histoire de la Grande-Bretagne ou des États-Unis. Tout d'abord, il existe deux mots pour décrire une ville : **a city** et **a town**. En règle générale, les premières (Londres, Glasgow, New York, etc.) sont plus importantes que les secondes (Dover, Blackpool, etc.), bien qu'autrefois une localité avait le statut de **city** si elle possédait une cathédrale. Dans le langage courant, cependant, c'est **town** qui s'impose dans les expressions idiomatiques : **to have a night on the**

town, *faire la noce* ; **to be out of town**, *être en déplacement* ; ou encore **to be the talk of the town**, *être le sujet de toutes les conversations*. C'est aussi la racine de **downtown**, *centre-ville*.

◆ **GRAMMAIRE**
  MAY

• Cet auxiliaire modal est invariable (pas de **-s** à la troisième personne) et s'emploie pour exprimer une possibilité ou un doute. Nous avons déjà rencontré **may** dans sa forme interrogative (Module n° 12, où l'on demande la permission : **May I ask you a question?**). Il exprime aussi une incertitude : **This modem may work with my computer.** *Il se peut que ce modem fonctionne avec mon ordinateur.*
• La négation se forme avec **may not**, sans contraction : **He may not arrive on time because he missed his train.** *Il se peut qu'il n'arrive pas à l'heure, car il a raté son train.*
• Les conjonctions **so long as** et **provided that**, que nous avons apprises avec le premier conditionnel, ne peuvent pas être utilisées avec cette seconde structure, car la condition est plus forte.

EACH/EVERY/BOTH

• Nous avons vu dans le Module n° 17 que **each** et **every** se traduisent, respectivement, par *chaque* et *tout/tous*. Le premier peut se placer à côté d'un verbe, contrairement au second : **We each bought a ticket.** *Nous avons tous les deux acheté un billet.*
• Si l'on emploie un adverbe comme **almost**, *presque* ou son synonyme **nearly**, on doit utiliser **every** pour souligner la notion d'ensemble : **There's a traffic jam almost every day.** *Il y a un embouteillage presque tous les jours.*
• Enfin, si **both** est suivi d'un pronom (**us**, **them**), il faut ajouter **of** : **Today is a great day for both of us.** *Aujourd'hui est un grand jour pour nous deux.*

▲ **CONJUGAISON**
  LE DEUXIÈME CONDITIONNEL

• La deuxième forme du conditionnel, que nous avons déjà aperçue, se construit avec **would** (le [l'] ne se prononce pas) pour toutes les personnes. L'auxiliaire peut être contracté en **-'d**.

	Affirmatif	Négatif	
I you he/she/it we/they	would	would not (wouldn't)	work.

Interrogatif			
Would	I you he/she/it we/they		work?

Ce deuxième mode s'emploie en général comme en français (une éventualité moins probable que le premier conditionnel) dans une construction formée de **if** + **passé simple** et **would** + **infinitif nu** :

- À l'indicatif : **If I had her phone number, I would call her.** *Si j'avais son numéro de téléphone, je l'appellerais.*
- À la forme négative : **If Anna didn't buy so many clothes, she'd be rich.** *Si Anna n'achetait pas autant de vêtements, elle serait riche.*
- À la forme interrogative : **Would you accept the job if they offered it to you?** *Accepterais-tu le poste si on te le proposait ?*

Bien sûr, on ne contracte pas le verbe qui suit **if**.

• Un dernier mot concernant l'emploi du verbe *être* dans ce type de phrase : à la première personne, on peut utiliser **were** à la place de **was** : **If I was rich.** → **If I were rich.** C'est souvent le cas lorsqu'on donne un conseil à quelqu'un : **If I were you, I would sell your car.** *Si j'étais vous, je vendrais votre voiture.* Mais cette construction n'est pas obligatoire.

• Vous avez sans doute remarqué que le mécanisme consistant à répéter l'auxiliaire dans la question-tag fonctionne aussi avec **would** : **Wouldn't that be brilliant? – No it wouldn't. Would it be difficult to live in a big city? – Yes it would.**

VOCABULAIRE

to cost, cost, cost *coûter*
to realise *se rendre compte*
to sleep, slept, slept *dormir*
to spend *dépenser, passer du temps*
to take (ou **to make**) **a decision** *prendre une décision*
to take advantage of *profiter de*

almost *presque*
convenient *commode*
downtown *en centre-ville*
gloomy *sombre, morose*
miserable *malheureux* (faux ami : ne pas traduire par « misérable »)
noisy *bruyant* (de **a noise**, *un bruit*)
pretty *joli*
relaxing *reposant*
a delay *un retard*
the earth *la Terre (planète)*

earth (sans article) *la terre (le sol)*
a pig *un cochon*
a season ticket *une carte d'abonnement (litt. un billet saisonnier)*
a strike *une grève*
a traffic jam *un embouteillage*
the country *la campagne*
a country *un pays*

Besides *de plus*
If I were you *Si j'étais toi/vous*

LE FUTUR DE MUST

L'auxiliaire défectif **must** n'a pas de forme future. Nous avons vu dans le Module n° 25 que, pour construire ce temps au futur (ainsi qu'au passé, etc.), on utilise son infinitif, **to have to** : **I will have to take the train because there's too much traffic.** *Je devrai prendre le train car il y a trop de circulation.*

Les formes négative et interrogative sont régulières. **She won't have to drive me to work. Mike will take me.** *Elle ne sera pas obligée de m'amener en voiture au travail. Mike m'accompagnera.* **Will we have to buy a season ticket?** *Serons-nous obligés d'acheter une carte d'abonnement ?*

● EXERCICES

1. METTEZ LES VERBES ENTRE PARENTHÈSES AU TEMPS ADAPTÉ.

a. He (to buy) .... a season ticket if he (to afford) .... it.

b. If we (not, to live) .... in the country, we (not, to have) .... enough money to buy a flat.

c. You (to like) .... come to the movies with me tonight?

d. I (not, to like) .... take the train to work every day.

2. COMPLÉTEZ CES PHRASES AVEC *EACH, EVERY* OU *BOTH* (DANS CERTAINS CAS, HORS CONTEXTE, DEUX RÉPONSES SONT POSSIBLES).

a. I take the train to London .... week.

b. .... time I take the train, it's late.

c. It's a hard decision for .... of us.

d. We .... have to buy a new ticket, not just me.

3. METTEZ *MUST* AU FUTUR, À LA FORME (INDICATIF, ETC.) QUI CONVIENT.

a. You (must, drive) .... me to work. My car is in the garage.

b. We (must, move) .... to country if you take that new job?

c. You (must, not, sell) .... your house.

d. There's too much traffic so they (must, take) .... the train.

🔊 4. TRADUISEZ CES PHRASES, PUIS ÉCOUTEZ L'ENREGISTREMENT POUR VÉRIFIER.

a. Elle n'achète presque jamais de nouveaux vêtements.

→

b. N'était-elle pas la vedette de *Grèves et retards* ? – Je pense que oui.

→

c. Veux-tu m'écouter ? J'en ai marre de tes excuses.

→

d. Tu pourrais même lire ou dormir pendant le voyage. – Non, je ne pourrais pas. *(N'oubliez pas le question tag)*

→

e. Ça coûte les yeux de la tête, mais je l'achèterai. – Et les poules auront des dents.

→

27.
UNE NOUVELLE VIE
A NEW LIFE

OBJECTIFS

- **UTILISER LE PRESENT PERFECT**
- **UTILISER LES VERBES À PARTICULE**
- **DONNER DES INFORMATIONS SUR UN PARCOURS PROFESSIONNEL**

NOTIONS

- **ÉLIMINATION DU PRONOM RELATIF THAT (RAPPEL)**
- **ALREADY**
- **VERBES À PARTICULE (SUITE)**
- **PRESENT PERFECT SIMPLE**

CONSEILS DE CARRIÈRE

– Désolée de vous déranger. Je sais [que] vous êtes un homme occupé, mais j'aimerais des informations et [des] conseils à propos des carrières [professionnelles].

– Je ferai [de] mon mieux [pour] vous aider si je peux, Mme Toner.

– Je [vous] suis reconnaissante de [m'accorder de] votre temps. Mon conjoint et moi avons décidé de déménager à York. Il a obtenu un nouveau travail en tant que travailleur social et j'ai décidé de changer [de] métier. J'ai l'occasion de faire quelque chose [de] nouveau et je veux en profiter (en faire le plus). Nous avons déjà trouvé une maison [que] nous aimons en banlieue.

– Quelle expérience avez-vous (eue) ?

– J'ai été (un) professeur (de design et) technologie pendant 12 ans.

– À part l'enseignement, qu'avez-vous fait ?

– J'ai suivi une formation de bibliothécaire lorsque j'ai quitté l'école professionnelle. Depuis, j'ai fait beaucoup de choses. J'ai beaucoup travaillé (eu beaucoup d'expérience) dans le multimédia. J'ai déjà travaillé en tant qu'employée d'assurances. J'ai aussi exercé comme [un] représentant commercial il y a longtemps.

– Que voulez-vous faire maintenant ?

– J'ai toujours voulu être [une] secrétaire juridique.

– Avez-vous travaillé dans un cabinet d'avocats (une société juridique) ?

– Non. Mais je m'entends très bien avec les gens. Même les avocats.

– Qu'avez-vous fait d'autre ?

– Eh bien, j'ai étudié l'économie, il y a dix ans, quand j'habitais à Leeds.
J'ai aussi enseigné le commerce. Ce que j'aimerais vraiment, c'est être ma propre patronne.

– [N']avez-vous jamais pensé à créer une société ?

– C'est une bonne idée. Vous avez été très aimable (d'une grande aide). Depuis quand travaillez-vous ici ?

– Oh, je n'ai jamais travaillé ici. Je suis [un] consultant.

29 CAREER ADVICE

– **Sor**ry to **trouble** you. I **know** you're a **bu**sy man but I'd **like** some infor**ma**tion and ad**vice** about ca**reers**.

– I'll do my **best** to **help** you if **I can**, Ms **To**ner.

– I'm **grate**ful for your **time**. My **part**ner and I have de**cid**ed to **move** to **York**. He has **got** a new **job** as a so**cial work**er and I have **made** up my **mind** to **change** ca**reers**. I **have** the **chance** to do **some**thing **new** and I **want** to **make** the **most** of it. We've **already found** a **house** we **like** in the **sub**urbs.

– What ex**per**ience **have** you **had**?

– I was a de**sign** and **tech**nology **teach**er for **twelve years**.

– A**part** from **teach**ing, **what** have you **done**?

– I **trained** as a lib**ra**rian when I left **col**lege. Since **then**, I've done **ma**ny **things**. I have had a **lot** of ex**per**ience in multi**me**dia. I've al**ready worked** as an in**sur**ance clerk. I was **al**so a **sales** repre**sen**tative a **long time** a**go**.

– **What** do you **want** to do **now**?

– I've **al**ways **want**ed to be a **leg**al **sec**retary.

– Have you **worked** in a **law firm**?

– **No**, I **have**n't. But I **get on** very **well** with **peop**le. **E**ven **law**yers.

– What **else** have you **done**?

– Well, I **stud**ied eco**nom**ics ten **years** a**go** when I **lived** in **Leeds**. I've **al**so taught **bus**iness **stud**ies. **What** I'd **real**ly **like** is to **be** my own **boss**.

– Have you **ever thought** a**bout set**ting **up** a **com**pany?

– That's a **good** id**ea**. **You've** been **most help**ful. How **long** have you **worked** here?

– Oh, I've **nev**er **worked**. I'm a con**sul**tant.

COMPRENDRE LE DIALOGUE
FORMULES ET EXPRESSIONS

→ **trouble**, *les ennuis*, est un nom indénombrable : **We're in trouble.** *Nous avons des ennuis.* **(I'm) sorry to trouble you** a exactement le même sens que **I'm sorry to bother you** (Module n° 16) : dans les deux cas, le pronom **I** peut être omis.

→ **information** fait partie, avec **advice**, des noms indénombrables vus dans le Module n° 18 : **Your information is protected by password.** *Vos informations sont protégées par un mot de passe.*

→ **to train** est à la fois transitif (*former*) et pronominal (*se former, recevoir une formation*). Dans le second cas, le verbe est suivi de **as** : **The college trains around a hundred teachers every year.** *L'école professionnelle forme une centaine de professeurs chaque année.* **My dad trained as a teacher in Leeds.** *Mon papa a suivi une formation de professeur à Leeds.*

→ **legal/law**. Pour retenir la différence entre ces deux mots, retenez cette phrase simple : **It's not legal to break the law.** *Il n'est pas légal d'enfreindre* (litt. *casser*) *la loi.* Faites très attention à la prononciation de **law** [loor], qui ne doit pas être confondu avec l'adjectif **low** [loh]. Notez enfin que le nom **a lawyer**, *un avocat*, se prononce [lo-i-ë]. Écoutez attentivement l'exercice enregistré de ce module.

→ **a clerk** (du français *un clerc*) est *un(e) employé(e) de bureau*. Le mot est souvent utilisé dans des noms composés : **a desk clerk**, *un(e) réceptionniste* ; **a bank clerk**, *un(e) employé(e) de banque*. Et il nous donne l'adjectif **clerical**, *administratif* : **a clerical assistant**, *un(e) assistant(e) administratif(ive)*.

→ **library, experience, chance, college**. Voici encore quelques faux amis dont il faut se méfier : **a library** est *une bibliothèque* (**a librarian**, *un bibliothécaire*) et *une librairie* se dit **a book shop** (ou **bookshop**, voir Module n° 11) ; le nom indénombrable **experience** désigne *l'expérience vécue* alors qu'*une expérience scientifique* se dit **an experiment** ; **chance** signifie *le hasard* ou *la possibilité*, tandis que *la chance* se dit **luck** en anglais (voir Module n° 10) ; et enfin **a college** est *un institut* ou *une école professionnelle*, tandis que *collège* peut se traduire par **secondary school**. (Il faut toujours faire attention avec la terminologie scolaire, tant les systèmes anglais, américain et français sont différents.)

NOTE CULTURELLE

La circonscription administrative de base en Grande-Bretagne est **the county**, *le comté*, à ne pas confondre avec **a country**, *un pays*. Il y a 86 **counties** au total, dont

beaucoup portent un nom se terminant en **-shire** (**Hampshire**, **Lancashire**, etc.), d'un vieux mot saxon signifiant « district ». Certains tirent leur appellation de leur ville principale ou chef-lieu : **the county town**. C'est le cas, par exemple, de **Yorkshire**, **Leicestershire** ou encore **Nottinghamshire** (attention à la prononciation : **-shire** ne porte jamais l'accent tonique et, par conséquent, se déforme en [-chœ]).
Il existe aussi six **metropolitan counties**, formés autour de grandes villes comme Manchester ou Birmingham, ainsi que la région métropolitaine de Greater London.

◆ GRAMMAIRE
ÉLIMINATION DU PRONOM RELATIF THAT (RAPPEL)

Rappelons que lorsque les pronoms relatifs **that**, **which** et **who** sont le complément de la proposition, ils peuvent être omis (voir Module n° 11). **We know (that) you're a busy man.** *Nous savons que vous êtes un homme occupé.*

VERBES À PARTICULE (SUITE)

Voici encore quelques exemples de ces verbes qui changent de sens, parfois radicalement, lorsqu'on y ajoute une ou plusieurs particules adverbiales :
• **to make up one's mind** est un verbe idiomatique qui signifie *se décider*. **Strawberries or pears? I can't make up my mind.** *Des fraises ou des poires ? Je n'arrive pas à me décider.* **Make up your mind!** *Décidez-vous !* Il faut bien retenir l'expression entière, car **to make up** a plusieurs sens (*fabriquer, se maquiller*, etc.).
• **to set up**, *créer, former (une société, fondation, etc.)* est formé à partir de **to set**, *poser, placer*. Selon le contexte, il a d'autres significations.
• **to make the most of** est une expression idiomatique dont le sens est *profiter* ou *tirer le meilleur parti de quelque chose* (**most** = le plus). **Let's make the most of the nice weather because it's going to rain tomorrow.** *Profitons du beau temps car il va pleuvoir demain.*
• **to get on with** : nous connaissons **to get on**, *monter dans un bus* (voir Module n° 16). Mais en ajoutant **with**, le sens change : ici, ce verbe signifie *s'entendre avec*. **I get on very well with my parents-in-law.** *Je m'entends très bien avec mes beaux-parents.*
• Enfin, un « truc » pour mémoriser ces verbes à particule : apprenez-les dans un contexte précis (**to get on well with someone**, *s'entendre bien avec quelqu'un* ; **to set up a company**, *fonder une société*, etc.). C'est d'autant plus important que le sens varie (**to get on with** signifie aussi *continuer*).

▲ CONJUGAISON
PRESENT PERFECT SIMPLE

Ce temps reliant le présent au passé n'a pas d'équivalent en français. C'est pour cette raison que, dans ce livre, nous conservons la dénomination anglaise : **present** (le présent) **perfect** (parfait, c'est-à-dire un état présent résultant d'une action antérieure).

CONSTRUCTION Auxiliaire **to have conjugué + participe passé**

	Affirmatif	Négatif	
I you	have/'ve	have not/haven't	worked.
he/she /it	has/'s*	has not/hasn't	
we you they	have	have not/haven't	

*(à ne pas confondre avec la contraction de **(s)he's**, **(s)he is**)

À la forme interrogative, l'auxiliaire se place avant le sujet : **Have you worked?**
Rappelons, enfin, que **to have** est un auxiliaire, mais aussi un verbe : **She has had a lot of experience.** *Elle a eu beaucoup d'expériences.*

UTILISATION

Ce temps relie un passé non spécifié au présent. Par exemple, lorsque Mme Toner dit : **I've worked as an insurance clerk**, elle emploie le present perfect, car elle insiste sur l'aspect présent d'une action qui est maintenant terminée, sans donner de précision temporelle. Comparez **I've worked as an insurance clerk** et **I trained as a librarian when I left college**. Dans le second cas, elle précise le moment (**when I left college**), et ne peut pas utiliser le present perfect du verbe **to train**. De même, l'adverbe **ago** (voir Module n° 21) est une précision suffisante pour exiger le passé simple (**I was a sales representative a long time ago.**).
Cependant, si l'on ajoute un adverbe de fréquence, comme **before**, *avant*, **always**, *toujours*, ou **ever**, qui ne fournissent pas de précision, le present perfect est le temps approprié : **Have you ever thought about...?**

VOCABULAIRE

to get on (well) with *s'entendre (bien) avec*
to trouble *déranger*
to make the most of (something) *profiter de (quelque chose)*
to make up one's mind *se décider*
to set up *fonder (une société, etc.)*
to train *(se) former*

a long time ago *il y a longtemps*
already *déjà*
apart from *à part, en dehors de*
grateful *reconnaissant*
helpful *obligeant, utile*
legal *légal, juridique*
since then *depuis (lors)*

a boss *un patron*
business studies *études de commerce*
a career *une carrière (professionnelle)*
a clerk *un(e) employé(e)*
a consultant *un consultant*
design and technology *conception et technologie (matière scolaire)*
economics *la science économique (malgré le « s », le mot est singulier)*
experience *l'expérience*
insurance *l'assurance*
a law firm *un cabinet d'avocats*
a lawyer *un(e) avocat(e)*
a library *une bibliothèque*
a librarian *un(e) bibliothécaire*
a partner *un partenaire, un associé ou, dans le langage courant, un(e) conjoint(e)*
a sales representative *un(e) représentant(e) commercial(e)*
a secretary *un(e) secrétaire*
a social worker *un travailleur social*
a suburb *une banlieue, un faubourg*

I'm grateful *je (vous) suis reconnaissant*
I'll do my best *je ferai de mon mieux*
I've made up my mind *je me suis décidé*
What I'd really like… *Ce que j'aimerais vraiment…*

Enfin, dans une structure interrogative, les adverbes **always**, **often**, **ever**, **usually**, etc., se placent devant le participe passé, mais **before** est en fin de la phrase.

S'il existe un lien entre le temps présent et une action passée, ou si la phrase contient un adverbe de fréquence, il faut utiliser le present perfect. Dans les autres cas, c'est le passé simple qui s'impose. (En traduisant vers le français, le présent est parfois le temps approprié. Nous verrons cela dans le module suivant.) Cette construction peut apparaître un peu compliquée au début, mais elle est rapide à assimiler.

● EXERCICES

1. METTEZ LES VERBES ENTRE PARENTHÈSES AU PRESENT PERFECT OU AU PASSÉ SIMPLE.

a. I (to have) .... a lot of experience in business.
b. She (to work) .... in insurance for ten years but now she's a teacher.
c. They always (to want) .... to be their own boss.
d. He (to be) .... a librarian a long time ago.

2. METTEZ CES PHRASES À LA FORME INTERROGATIVE, PUIS ÉCOUTEZ L'ENREGISTREMENT POUR VÉRIFIER.

a. He has been a sales representative.
→
b. They have had a lot of experience in multimedia.
→
c. She has always wanted to be a lawyer.
→
d. I have taught business studies before. (*Utilisez la deuxième personne du singulier.*)
→
e. They've found a house they like in Leeds.
→

3. TRADUISEZ LES MOTS ENTRE PARENTHÈSES – EN VOUS MÉFIANT DES FAUX AMIS.

a. My parents opened (*une librairie*) .... ten years ago.
b. American scientists are conducting (*une expérience*) .... to identify a new substance.
c. In the UK, you go to (*le collège*) .... when you are twelve.
d. Too many cyclists (*se blessent*) .... themselves in London.

4. TRADUISEZ CES PHRASES.

a. Elle a toujours voulu être assistante sociale. – Qu'a-t-elle fait d'autre ?
→
b. Depuis combien de temps travaillez-vous ici ? – Je n'ai jamais travaillé ici.
→
c. Nous avons décidé de trouver une maison en banlieue. – Je ferai de mon mieux pour vous aider si je peux.
→
d. Elle n'a jamais travaillé dans une société, mais elle s'entend très bien avec les gens.
→

28.
ÉCOUTER LA RADIO

LISTENING TO THE RADIO

OBJECTIFS

- UTILISER LE PRESENT PERFECT CONTINU
- PARLER D'UNE ACTION QUI VIENT DE SE TERMINER
- SITUER LES ACTIONS DANS UN PASSÉ IMPRÉCIS

NOTIONS

- JUST (ACTION TERMINÉE TRÈS RÉCEMMENT)
- FOR ET SINCE : DEPUIS
- NEITHER...NOR
- ALREADY/YET/STILL
- PRESENT PERFECT CONTINU

VOICI LES INFORMATIONS

— Qu'as-tu fait tout l'après-midi ? As-tu dormi ?

— Non, pas du tout. J'ai mis à jour mon carnet d'adresses. Je n'ai pas encore eu le temps d'écouter les informations. Allume la radio.

« Voici les dernières informations de la BBC. Notre principale information (histoire) est que le Premier ministre vient de démissionner. On sait (nous savons) qu'elle est malade depuis un certain temps. Ni son adjoint ni le chef de l'opposition n'étaient disponibles pour (un) commentaire. Mais l'un de ses collègues les plus proches, le ministre de l'Intérieur (maison), vient d'annoncer (de dire) : " Le Premier ministre a souffert de problèmes de santé dernièrement, donc le gouvernement s'attendait à cette annonce depuis janvier. Mais c'est néanmoins un moment très triste ".

Maintenant, d'autres nouvelles. Une personne ayant acheté un billet de loterie la semaine dernière a gagné un million de livres, mais le gagnant n'a pas encore contacté les organisateurs. Un(e) porte-parole de la loterie a dit : " Il ou elle ne nous a toujours pas contactés ".

La Bourse (marché de titres) baisse [continuellement] depuis le début du mois. L'économie ralentit depuis deux trimestres (quartiers), mais le[s] prix de l'immobilier (maison) ne baissent pas. Et maintenant [le] cricket. L'Angleterre joue contre l'Australie (au stade de) Lord's. Les Australiens ont déjà gagné trois matches et ils sont toujours en tête. Donc si vous espériez un miracle, vous serez déçus.

Voilà pour les titres. Voici Joe Amis avec la météo. »

« Il pleut depuis quatre jours (les quatre derniers jours) et les choses semblent empirer. Le vent se lève depuis (les) quelques (dernières) heures et une mer agitée est attendue cette nuit dans la Manche (anglaise). »

— Éteignons et allons nous coucher.

🔊 30   HERE IS THE NEWS

– **What** have you been **do**ing all after**noon**? **Have** you been **sleep**ing?

– **No**, I haven't. I've been **up**dating my ad**dress** book. I **have**n't had **time** to **list**en to the **news yet**. **Turn** on the **ra**dio.

"**Here** is the **la**test **news** from the **BBC**. Our **top sto**ry is that the **Prime Min**ister has **just** re**signed**. We **know** she has been **ill** for **some time**. **Nei**ther her **dep**uty nor the oppo**si**tion **lead**er was a**vai**lable for **com**ment. But **one** of her **clo**sest **co**lleagues, the **Home Sec**retary, has **just said**: "The **PM** has been **suff**ering from **health prob**lems **late**ly so the **gov**ernment has been ex**pect**ing this a**nnounce**ment since **Jan**uary. **Even so** it's a very **sad mom**ent".

Now for some **o**ther **news**. A **per**son who **bought** a **lott**ery **tick**et last week has **won** a **m**illion **pounds** but the **winn**er has not **got** in **touch** with the **or**ganisers **yet**. A lottery **spokes**person said: "**He** or **she still** hasn't **con**tacted us".

The **stock mark**et has been **go**ing **down** since the be**ginn**ing of the **month**. The e**con**omy has been **slow**ing for the **last two quar**ters but **house pri**ces have **not** been **fall**ing. And now, **crick**et. **Eng**land are **play**ing Aus**tra**lia at **Lord's**. The Australians have already **won three match**es and they are **still** in the **lead**. So if you have been **hop**ing for a **mir**acle, you'll be disap**point**ed.

Those are the **head**lines. Here's **Joe Amis** with the **weath**er.

"It's been **rain**ing for the **past four days** and **things** seem to be **gett**ing **worse**. The **wind** has been **ris**ing for the past **few hours** and **rough sea** is ex**pec**ted to**night** in the **Eng**lish **Chann**el. "

– Let's **turn off** and **go** to **bed**.

COMPRENDRE LE DIALOGUE
FORMULES ET EXPRESSIONS

- **latest/last**. Ces adjectifs se traduisent par *dernier*, mais il y a une différence importante : **latest** dénote le plus récent ou le tout dernier d'une série, alors que **last** signifie qu'il n'y aura plus rien après.

- **the top**, *le sommet, le haut* : **The links are at the top of the home page.** *Les liens sont en haut de la page d'accueil.* Comme adjectif, **top** traduit *haut*, mais aussi *maximum* (pensez à *top secret*), *dernier* (**My office is on the top floor.** *Mon bureau est au dernier étage*), ou encore *le plus important* (**our top story**, *notre principale information*). Mais *C'est top !* est encore un cas de franglais aigu. L'équivalent est **That's great!** ou simplement **Fantastic!**

- **to get in touch with** : **to be in touch**, *être en contact*. Pour terminer une lettre ou un e-mail, on dit : **I'll be in touch.** *Je vous recontacterai.* Ainsi, **to get in touch with** dénote l'acte de contacter quelqu'un : **I'll get in touch with her later, after the meeting.** *Je la contacterai plus tard, après la réunion.*

- **some time**, *quelque temps, un certain temps* : **I've been waiting for some time.** *J'attends depuis quelque temps.* Ne pas confondre avec **some of the time**, *une partie du temps* : **Gary is right some of the time, but not always.** *Gary a raison une partie du temps, mais pas toujours.*

- **spokesperson** : pour rendre neutre un nom se terminant en **-man** ou **-woman**, on utilise le suffixe **-person**. Ainsi, **spokesperson** remplace **spokesman** et **spokeswoman**.

- **turn on**, **off**, et **up** (voir Module n° 17) : ces trois verbes à particule montrent bien la souplesse – et la complexité – de ces structures. Dans le contexte d'un poste de radio ou d'un téléviseur, par exemple, il s'agit de tourner le bouton de commande (même si celui-ci est un vestige du passé...) : **to turn on**, *allumer* ; **to turn off**, *éteindre* ; **to turn up**, *monter le volume* (le contraire est **to turn down**). Retenez ces quatre verbes dans leur contexte, car chacun possède un ou deux autres sens (nous avons déjà vu **to turn up**, et **to turn down** peut aussi signifier *décliner* ou encore *corner une page* !).

- **English Channel** : si, en France, nous ne revendiquons pas la propriété de la Manche – ces « quelques seaux d'eau qui séparent les deux peuples les plus dissemblables du monde », comme disait Pierre Daninos – les Britanniques, eux, n'ont pas cette même retenue... Cela étant, le mot **channel** vient du français *chenal*.

NOTE CULTURELLE

Le Parlement britannique, qui siège à Londres au palais de Westminster, appelé aussi **the Houses of Parliament**, est composé de deux assemblées : **the House of Commons**, *la Chambre basse*, et **the House of Lords**, *la Chambre haute*. Le chef du gouvernement est **the Prime Minister** (*le Premier ministre*, appelé couramment **the PM**), le leader du parti qui obtient la majorité dans les élections législatives, **the general election** (au singulier), qui ont lieu normalement tous les cinq ans. Ce ministre nomme un conseil de ministres, **the Cabinet** (rien à voir avec « un cabinet ministériel » en France). Le chef du parti d'opposition le plus important devient **the Leader of the Official Opposition**, qui nomme un conseil de ministres « fantôme » ou **shadow Cabinet**.

◆ GRAMMAIRE
JUST (ACTION TERMINÉE TRÈS RÉCEMMENT)

Just s'utilise avec le present perfect simple (et parfois continu) pour indiquer une action qui vient juste de se terminer : **Have you heard the news? The PM has just resigned!** *As-tu entendu la nouvelle ? Le Premier ministre vient de démissionner !*

FOR ET SINCE : DEPUIS

Ces deux conjonctions s'emploient très souvent avec le present perfect, simple ou continu, pour traduire *depuis*. Comme avec **for** et **during** (Module n° 24), le choix de l'un ou l'autre dépend de si l'on situe l'action à un moment précis (**since**) ou si l'on mesure le temps écoulé (**for**) : **It has been raining for the past three days.** *Il pleut depuis trois jours* ; **The Prime Minister has been ill since July.** *Le Premier ministre est malade depuis juillet.* Ainsi, **for** répond à la question *Depuis combien de temps ?*, alors que **during** est la réponse à *Depuis quand ?*

NEITHER...NOR

Nous connaissons la construction **either... or**, qui s'emploie pour donner le choix entre deux actions possibles (Module n° 20). La forme négative se construit avec un verbe affirmatif pour obéir à la règle de « jamais deux négations ensemble » : **Neither the PM nor the Home Secretary was present.** *Ni le Premier ministre ni le ministre de l'Intérieur n'étaient présents.*

ALREADY/YET/STILL

- **yet** s'emploie pour parler d'une action – généralement attendue – qui n'est pas encore arrivée : **Has Tom arrived? – Not yet.** *Tom est-il arrivé ? – Pas encore.*
- **still** est utilisé lorsque l'action est toujours en cours : **Australia have lost two matches but they're still in the lead.** *L'[équipe] d'Australie a perdu deux matches, mais elle est toujours en tête.*

Ces deux adverbes peuvent aussi être utilisés avec les autres temps, notamment après **when** : **The children were still sleeping when we arrived.** *Les enfants dormaient toujours quand nous sommes arrivés.*

Mais c'est surtout avec le present perfect que **still** et **yet** sont utilisés dans la conversation courante, car ils relient les actions commencées dans le passé avec la situation présente.

- **already**, *déjà*, est très souvent utilisé avec le present perfect à l'affirmatif : **We've already invited him to the party.** *Nous l'avons déjà invité à la fête.*

Dans une phrase négative ou affirmative, **already** est remplacé par **still** ou **yet** : **We still haven't invited him to the party.** *Nous ne l'avons toujours pas invité à la fête.*

▲ CONJUGAISON
PRESENT PERFECT CONTINU

Voici la forme continue (ou « progressive ») du present perfect, qui relie, elle aussi, un passé non spécifié au présent. Elle insiste encore plus sur la continuité de l'action décrite, même si celle-ci vient de se terminer. Ce temps est souvent traduit en français par le présent.

CONSTRUCTION Auxiliaire **to have conjugué + been + participe passé**

	Affirmatif	Négatif	
I	have/'ve	have not/haven't	been waiting.
you			
he/she/it	has/'s*	has not/hasn't	
we	have	have not/haven't	

*(à ne pas confondre avec la contraction de **(s)he's**, **(s)he is**).

À la forme interrogative, l'auxiliaire se place avant le sujet : **Have you been waiting ?**

VOCABULAIRE

to be available être disponible
to be disappointed être déçu
to contact contacter
to get in touch contacter
to get worse s'empirer
to go down baisser
to resign démissionner
to rise, rose, risen se lever (prix, vent, etc.)
to slow ralentir
to suffer souffrir
to turn on allumer (radio, etc.)
to turn off éteindre (radio, etc.)
to turn up monter le son
to update mettre à jour
to win, won, won gagner (concours, prix)
top principal, supérieur

neither… nor ni… ni
rough houleux, rugueux

a headline un gros titre (presse)
news les actualités (voir aussi Module n° 10)
the Home Secretary le ministre de l'Intérieur (voir Note culturelle)
a Prime Minister (PM) un Premier ministre (homme ou femme)
a quarter un trimestre, un quart
a spokesperson un(e) porte-parole
a stock market un marché boursier
a story une histoire, une nouvelle (journalisme)
the wind le vent

Let's go to bed. Allons nous coucher.

UTILISATION

Ce temps décrit une action commencée dans le passé qui vient de se terminer (voir aussi **have just** plus bas). Comparons : **The Australians have won four matches.** *Les Australiens ont gagné quatre matches* et **It has been raining for the past four days.** *Il pleut depuis quatre jours.* Dans le premier cas, l'équipe a remporté ces matches, tous terminés, mais nous ne savons pas quand – et d'ailleurs, ce n'est pas important – ; dans le second, on est sous la pluie et ce, depuis quatre jours. C'est donc l'immédiateté d'une action commencée dans le passé qui est le point central (traduite en français par le présent). **I've been waiting all day to buy tickets to the concert.** *J'ai attendu toute la journée [et j'attends encore] pour acheter des billets pour le concert.* **How long has it been snowing?** *Depuis quand neige-t-il ?*

Ce qu'il faut retenir à ce stade de notre étude est que le present perfect continu s'utilise très souvent avec des adverbes de temps comme **recently** ou **lately** ou une expression indiquant une période de temps récente (**all day**, etc.) ou encore, avec **for** et **since**. Rappelons que certains verbes n'ont pas de forme progressive (voir Module n° 14).

● EXERCICES

1. METTEZ LES VERBES AU PRESENT PERFECT CONTINU AFFIRMATIF OU INTERROGATIF.

a. I (to wait) for three hours for the weather to get better. →

b. Has the economy (to slow) ? (*interrogatif*) →

c. The PM (not, to suffer) from health problems lately. →

d. They (to expect) this announcement but it's still very sad. →

2. COMPLÉTEZ CES PHRASES AVEC *FOR, SINCE* OU *DURING*.

a. England haven't won a match .... December.

b. Mr Bennet was so tired that he fell asleep .... the conference.

c. My colleague has been suffering from health problems .... many years.

d. The Home Secretary made the announcement .... a press conference.

e. The stock market has been rising .... the beginning of the year.

f. I haven't listened to the news .... a whole week.

3. COMPLÉTEZ CES PHRASES À PARTIR DU DIALOGUE, PUIS ÉCOUTEZ L'ENREGISTREMENT POUR VÉRIFIER.

a. The economy .... slowing for two quarters.

b. How long .... raining? – Three days!

c. .... the PM nor the Home Secretary .... available for comment last night.

d. Has .... snowing recently? – Yes, for three days.

e. She's busy at the moment but you can .... in .... with her after the programme.

f. Turn .... the radio, turn .... the volume, listen .... the news, then turn .... and come to bed.

4. COMPLÉTEZ CES PHRASES AVEC *STILL, YET* OU *ALREADY*.

a. Have my colleagues arrived? – Not ....

b. We won the last match and we're .... in the lead.

c. Are petrol prices .... rising?

d. I've .... listened to the news, but I want to listen again.

29.
ÉCRIRE DES COURRIERS

WRITING LETTERS

OBJECTIFS

- RÉDIGER UN COURRIER FORMEL
- RÉDIGER UN COURRIER À UN(E) AMI(E)
- RÉDIGER UN E-MAIL

NOTIONS

- LE PASSIF
- PAS DE FUTUR APRÈS WHEN, AS SOON AS, ETC.
- VERBES À PARTICULE (SUITE ET FIN)

DES EMPLOIS, DES NOUVELLES ET UNE VISITE

Cher Monsieur, Chère Madame,
Je pose ma candidature pour le poste de comptable senior publié sur myjobs.com. Je travaille comme responsable du développement chez Ball Ltd depuis 2015. Pendant cette période (ce temps), j'ai ouvert des bureaux partout en Europe et je me suis occupé des comptes et systèmes de paiement de la société.
Avant cela, j'étais acheteur adjoint pour une petite société [située] au sud de l'Angleterre. Je joins mon CV et des copies de mes diplômes et j'espère avoir de vos nouvelles dans un proche avenir.

Je vous prie, etc. (Fidèlement vôtre), James Page.

Ma chère Sally,
Merci pour ta gentille lettre que j'ai reçue ce matin. J'ai l'intention de t'écrire depuis une éternité (des âges) et de te faire part de ce qui se passe pour (avec) moi et ma (la) famille. Nous allons tous bien. Karen, l'aînée, passe ces examens finaux cette année. On lui a proposé (elle a été offert) une place à l'école des beaux-arts le mois dernier, mais je ne pense pas qu'elle l'acceptera. Elle dit qu'elle veut s'arrêter une année et travailler à mi-temps. Cependant, elle a dit à son père qu'elle avait des doutes (deuxièmes pensées). Les gamins ! On ne peut pas vivre avec eux et on ne peut pas vivre sans eux. Comme je te l'ai probablement dit, je cherche un boulot depuis des mois et des mois. La semaine dernière, j'ai été contactée par le responsable du personnel d'une grosse société à Brighton. Je les ai appelés immédiatement, mais on m'a dit que le type était en voyage d'affaires. Donc maintenant, je me ronge les ongles jusqu'à ce qu'il revienne. Je croise les doigts ! J'ai hâte de te revoir : dis-moi quand tu auras du temps libre et on se retrouvera pour [boire] un verre et une longue conversation sympa.

Je t'embrasse (Beaucoup d'amour), Stéphanie.

Salut, sympa d'avoir de tes nouvelles ! Ça fait trop longtemps. Je viens à Brighton la semaine prochaine. Je t'appellerai dès que j'arriverai.

Prends soin de toi, Scott

JOBS, NEWS AND A VISIT

Dear Sir or Madam,

I am **apply**ing for the po**sit**ion of **se**nior a**ccoun**tant **ad**vertised on **myjobs.com**. I have been **work**ing as **head** of de**vel**opment with **Ball Ltd** since **2015**. Dur**ing** that **time**, I have **o**pened **off**ices all **o**ver **Eur**ope and I have **looked aft**er the **comp**any's **accounts** and **pay**ment **sys**tems. Be**fore that**, I was a **pur**chasing a**ssis**tant with a **small firm** in **south**ern **Eng**land. I am a**ttach**ing my **CV** and copies of my **qual**ifications and **I hope** to **hear** from you in the **near fu**ture.

Yours **faith**fully, James Page

– – –

My dear **Sa**lly,

Thanks **so much** for your **real**ly **sweet let**ter, which I **got** this **mor**ning. I've been **mean**ing to **write** to you for **age**s and **let** you **know** what has been **hap**pening with **me** and the **fam**ily. We're **all do**ing **fine**. **Ka**ren, our **eld**est, is **leav**ing school this **year**. She was **off**ered a **place** at **art col**lege last **month** but I **don't** think she'll **take** it. She **says** she **wants** to **take** a **year off** and do **part-time** work. How**ev**er, she **told** her **dad** that she was **hav**ing **se**cond **thoughts**. **Kids**! You **can't** live **with** them and you **can't** live with**out** them. As I **prob**ably **told** you, I've been **look**ing for a **job** for **months** and **months**. **Last week** I was **con**tacted by the person**nel man**ager at a **big com**pany in **Brigh**ton. I **called** them i**mme**diately but I was **told** that the **guy** was on a **bus**iness **trip**. So **now** I'm **bit**ing my **nails** un**til** he **gets back**. **Fing**ers **crossed**! I can't **wait** to see you **again**: **tell** me when you have some **spare time** and we'll get to**ge**ther for a **drink** and a nice long **chat**.

Lots of **love**, **Ste**phanie.

– – –

Hi there. **Good** to **hear** from you! It's been **too long**. I'm **com**ing to **Brigh**ton next week. I'll **call** you as **soon** as I a**rrive**.

Take care, Scott

■ COMPRENDRE LE DIALOGUE
FORMULES ET EXPRESSIONS

→ **head of** : l'anglais n'a pas de traduction précise de notre terme *un responsable* (**responsible** est un adjectif uniquement). Le terme le plus proche est **head of**, litt. *à la tête de*. **This is Mary Billings, she's head of sales.** *Voici Mary Billings, (elle est) la responsable commerciale/directrice commerciale.*

→ **southern** : nous connaissons les noms des points cardinaux (Module n° 3). Les adjectifs **northern**, **southern**, **eastern** et **western** sont souvent utilisés pour désigner une région plus ou moins définie géographiquement : *septentrional, austral, oriental, occidental*.

→ **CV** : l'anglais britannique utilise le même sigle (prononcé [sii-vii]) qu'en français, alors que les Américains disent **a resumé** !

→ **sweet**, *doux*, est utilisé familièrement dans le sens de *gentil* ou *mignon*.

→ **age**, *l'âge* s'emploie au pluriel, avec **for**, dans le langage courant pour désigner un laps de temps certain : **Karen hasn't seen James for ages.** *Karen n'a pas vu James depuis des lustres.*

→ **off** peut être utilisé avec une expression temporelle pour indiquer une période de relâche : **Tuesday is my day off.** *Je ne travaille pas le mardi.*

→ **to have second thoughts** est une expression idiomatique qui exprime le doute : **We're having second thoughts about their offer.** *Nous avons des doutes à propos de leur proposition.*

→ **Fingers crossed** est une ellipse de **Keep your/my**, etc., **fingers crossed**.

NOTE CULTURELLE

Le style de rédaction d'une lettre formelle est plus simple qu'en français. Les phrases sont plus courtes et les formules de politesse, à la fin du courrier, moins alambiquées :
- Si on connaît le nom de famille du destinataire, la salutation est **Dear Mr/Mrs/Ms X** et la formule de conclusion est **Yours sincerely** ; sinon, on commence par **Dear Sir/Dear Madam**, en terminant également avec **Yours faithfully**.
- Les contractions sont réservées à l'oral, à une lettre informelle ou un e-mail.
En tout cas, s'il vous arrive de rédiger une lettre formelle, faites-vous relire par un anglophone avant de l'envoyer : il est tout à fait normal à ce stade de votre apprentissage de faire des fautes d'anglais, mais il est en revanche déconseillé de les consigner par écrit.

◆ **GRAMMAIRE**
LE PASSIF

La voix passive est plus utilisée en anglais qu'en français, notamment à cause de l'absence de pronom impersonnel *on* (voir Module n° 13). Bien que ce livre n'ait pas vocation à examiner ce mode en détail, voici les éléments de base :
• Le passif se forme, comme en français, avec **to be** et le participé passé du verbe.
• Les règles concernant la contraction de l'auxiliaire s'appliquent.
• Pour la forme continue (progressive), il suffit d'ajouter **being** avant le participe : **We are being encouraged.** *Nous sommes encouragés.*
• Ce temps est utilisé comme en français : **I was contacted by the press.** *J'ai été contacté par la presse.*
• Pour traduire les constructions avec **on**, il n'y a pas de règles systématiques, mais, si l'identité de la personne désignée par ce pronom n'est pas importante, une structure passive fournit souvent la solution la plus simple : **She was offered a place at college.** *On lui a proposé une place à l'école professionnelle* ; **I was told that anyone can become Prime Minister.** *On m'a dit que n'importe qui pouvait devenir Premier ministre.* **My wallet has been stolen.** *On m'a volé mon portefeuille.*
• La structure passive est utilisée aussi pour les panneaux d'information, souvent sans le verbe **to be** : **Cheques Not Accepted.** *On n'accepte pas les chèques.* **No Change Given.** *On ne rend pas la monnaie, etc.*
Plus vous pratiquerez la langue, plus cet automatisme se mettra en place.

PAS DE FUTUR APRÈS WHEN, AS SOON AS, ETC.

Contrairement au français, l'anglais n'utilise pas le temps futur après une conjonction de temps, notamment **when** et **as soon as**, dans une proposition subordonnée : **I'll call you as soon as I arrive.** *Je t'appellerai dès que j'arriverai.* **Call me when you have some spare time.** *Appelle-moi quand tu auras du temps libre.*
Mais cette règle ne s'applique pas si **will** est utilisé dans une question : **When will you pay me?** *Quand me payerez-vous ?*

VERBES À PARTICULE (SUITE ET FIN)

• **to look after** : ce verbe à particule signifie *s'occuper de* ou *prendre soin de*, selon le contexte. **I looked after my sister's children yesterday while she was at**

work. *Je me suis occupé des enfants de ma sœur hier pendant qu'elle était au travail.* Quel que soit le contexte, il y a toujours une notion de surveillance – par exemple, dans les lieux publics, on affiche l'avertissement : **Look After Your Belongings.** *Surveillez vos objets personnels,* litt. *qui vous appartiennent.*

• **to hear from** : nous connaissons **to hear**, *entendre*, mais avec la particule **from**, le sens est plus large et signifie *avoir des nouvelles de.* **We haven't heard from James since Christmas.** *Nous n'avons pas eu de nouvelles de James depuis Noël.* La formule **I hope to hear from you in the near future** ou, plus familier : **Hoping to hear from you soon**, est l'équivalent de *Dans l'attente de vous lire* (ou *de tes nouvelles*).

• **to let someone know** : ici, **to let** n'a pas le sens de *laisser*, que nous connaissons, mais de *faire savoir* ou *connaître*. Ce verbe à particule est utile dans les formules comme **I will let you know.** *Je vous donnerai ma réponse,* ou encore **Please let me know if you'll be late.** *Veuillez me prévenir si vous avez (aurez) du retard.*

• **to get together,** *se retrouver*, se dit lorsque les gens se réunissent ou se retrouvent pour bavarder, s'amuser, etc. D'ailleurs, **a get-together** est *une rencontre amicale* ou *une fête.*

Nous vous rappelons qu'il faut apprendre ces verbes un peu particuliers dans leur contexte pour bien les mémoriser.

VOCABULAIRE

to advertise *faire de la publicité, chercher par annonce*
to apply *s'adresser, poser sa candidature*
to attach *attacher, joindre*
to bite, **bit**, **bitten** *mordre*
to bite one's nails *se ronger les ongles*
to get together *se retrouver*
to have second thoughts *douter de quelque chose, se poser des questions*
to hear from *avoir des nouvelles de*
to let someone know *faire savoir à/informer quelqu'un*
to look after *s'occuper de*
to mean, meant, meant *avoir l'intention*
to purchase *acheter (registre formel)*

all over *partout (dans, au)*
part-time *à temps partiel, mi-temps*
spare *de libre, en trop*
for ages *depuis une éternité*

eastern *oriental*
northern *septentrional*
southern *austral*
western *occidental*

an accountant *un comptable*
the accounts *les comptes, la comptabilité*

an art college *une école des beaux-arts*
a business trip *un voyage d'affaires*
a chat *un brin de conversation, une discussion informelle*

a copy *une copie, un exemplaire*
a head (of) *un responsable (de)*
a personnel manager *un directeur des ressources humaines*
a position *une position, un poste*
purchasing *les achats (fonction)*
qualifications *diplômes*
sweet *mignon, sympa*
a thought *une pensée*
a year (day, week) off *un congé d'un an (jour, semaine)*

Fingers crossed! *Croisons les doigts !*
Good to hear from you! *C'est sympa d'avoir de tes nouvelles !*
How sweet of you! *Comme tu es gentil !*
Take care. *Prends soin de toi.*

EXERCICES

1. METTEZ LES VERBES ENTRE PARENTHÈSES AU PASSIF.

a. My husband (to contact) .... by his old firm and (to give) .... a job. (*au passé*)

b. We (to tell) .... that the hotel had no free rooms. (*au passé*)

c. I'm glad to hear that Sally (to offer) .... a place at university. (*au present perfect*)

d. What's the matter? – Her wallet (to steal) .... (*au present perfect*)

2. CONJUGUEZ LE VERBE ENTRE PARENTHÈSES AU TEMPS ADAPTÉ, PUIS ÉCOUTEZ L'ENREGISTREMENT POUR VÉRIFIER.
31

a. We will email you when we (to arrive) .... in London.

b. I look after my sister's kids every week when she (to be) .... at work.

c. Let us know if you (to have) .... any free time next week.

d. As soon as we (to receive) .... the payment, we will post your package.

e. When will you (to pay) .... the bill?

3. COMPLÉTEZ AVEC LA BONNE PRÉPOSITION OU LE PRONOM ADAPTÉ À CES VERBES À PARTICULE, PUIS ÉCOUTEZ L'ENREGISTREMENT POUR VÉRIFIER.
31

a. Have you heard .... Ball Ltd? – No, not yet.

b. I hope that you will let .... know if your plane is late.

c. He says that he will give .... smoking in the near future. I don't believe him.

d. Make sure that you look .... your belongings when you take the Tube.

e. We get .... once a week for a chat and a cup of tea.

f. I really look .... to seeing her again when she comes to Brighton.

4. TRADUISEZ CES PHRASES.

a. Ils veulent prendre un jour de repos, mais nous sommes trop occupés.
→

b. Fais-moi signe quand tu auras du temps libre et on se retrouvera pour boire un verre. →

c. La société a fait une offre, mais j'ai des doutes. Je veux travailler à mi-temps.
→

d. On lui a proposé une place à l'école des beaux-arts, mais je ne pense pas qu'il la prendra. →

30. MESSAGE D'ABSENCE

OUT OF THE OFFICE

OBJECTIFS

- COMMUNIQUER AU TÉLÉPHONE DANS PLUSIEURS REGISTRES

NOTIONS

- RÉPONDRE/SALUER
- POURSUIVRE L'APPEL
- DEMANDER/DONNER LE BUT DE L'APPEL
- PASSER UN APPEL
- EXPLIQUER/EXCUSER UNE ABSENCE
- PRENDRE CONGÉ
- DEMANDER UNE RÉPÉTITION

LAISSER DES MESSAGES

– Allô, c'est Tom. Est-ce que Bill est là (dans) ? J'ai besoin de lui parler.

– Salut Tom. C'est Monica. Ne quitte pas (tiens sûr), je vais voir s'il est dans les parages (autour). Désolé, il est sorti pour l'instant. Veux-tu laisser un message ?

– Non, j'avais l'intention de lui téléphoner (revenir) hier, mais j'ai oublié. Dis-lui juste que j'ai appelé. Merci. Salut.

– Je le ferai. Salut.

– Est-ce Steptoe & fils ? J'aimerais parler avec Harry Steptoe.

– Puis-je demander qui appelle ?

– C'est Theresa Harvey. Je suis un client d'Harry. J'appelle pour savoir (trouver) s'il est libre pour déjeuner.

– Je vais voir s'il est là (dans). Ne quittez pas (Tenez la ligne), s'il vous plaît. Merci [d'avoir] patienté. Je ne peux pas le contacter (tenir). Il se peut qu'il soit encore (coincé) en (dans une) réunion ou occupé (ligoté) à autre chose.

– Pourriez-vous lui demander de me rappeler ? C'est important.

– Bien sûr. Laissez-moi noter (écrire bas) votre numéro.

– Il peut me joindre (atteindre) au 077 619 3822, poste 16.

– 60 ?

– Non, 16. Ou il peut m'envoyer un e-mail. Mon adresse est m_harvey@bu.co.uk.

– Je ferai en sorte (faire sûr) qu'il reçoive votre message. Merci de votre appel. Au revoir.

– Merci d'avoir appelé IBL. En quoi (Comment) puis-je vous aider ?

– Voudriez-vous me passer (mettre à travers) le service RH, s'il vous plaît ?

– Qui dois-je annoncer (dire qui appelle) ? Mme Caine est très occupée en ce moment.

– Mon nom est Robbins : R-O-B-B-I-N-S.

– Et c'est à quel propos ?

– Mme Caine m'a envoyé une proposition, que j'ai lue, et je la rappelle.

– Ne quittez pas, s'il vous plaît. Je regrette, elle n'est pas à (est loin de) son bureau en ce moment.

– Dans ce cas, puis-je lui laisser un message ? Pourriez-vous l'informer (laisser savoir) que je suis intéressé ?

– Je le ferai volontiers. Y a-t-il autre chose pour votre service (avec lequel je peux vous aider) ?

– Non. Merci beaucoup (tant) de votre aide.

LEAVING MESSAGES

– Hel**lo**, this is **Tom**. Is **Bill** in? I **need** to **talk** to **him**.

– **Hi Tom**. It's **Mo**nica. **Hold on**, I'll **see** if he's a**round**. **Sor**ry, he's **out** at the **mo**ment. Do you **want** to **leave** a **mes**sage?

– No, I **meant** to get **back** to him **yes**terday but I for**got**. Just **tell** him **I called**. **Thanks**. **Bye**.

– **Will do**. **Bye**.

———

– Is that **Step**toe and **Sons**? I'd **like** to **speak** with **Harry Step**toe.

– May I **ask** who's **call**ing?

– This is Theresa **Har**vey. I'm a **cli**ent of **Harry's**. I'm **call**ing to find **out** if he's **free** for **lunch**.

– I'll **see** if he's **in**. **Hold** the **line** please. **Thanks** for **wait**ing. I can't **get hold** of him. He **may** be **stuck** in a **mee**ting or **tied up** with **some**thing.

– Could you **ask** him to **call** me **back**? It's im**por**tant.

– Of **course**. Let me **write down** your **num**ber.

– He can **reach** me **at** 077 619 3822, ex**ten**sion 16.

– Six**ty**?

– No, **sixteen**. Or he can **e**mail me. My ad**dress** is m_**har**vey@bu.co.uk.

– I'll **make sure** he **gets** your **mes**sage. **Thanks** for **call**ing. Good **bye**.

———

– **Thank you** for **call**ing IBL. **How** may I **be** of a**ssis**tance?

– Would you **put** me **through** to the **HR** de**part**ment **please**?

– **Who** may I **say** is **call**ing? Ms **Caine** is very **bu**sy at the **mo**ment.

– **My name** is **Ro**bbins: R-O-B-B-I-N-S.

– And **what** is this re**gard**ing?

– Ms Caine sent me a pro**po**sal, which I have **read**, and I am re**turn**ing her call.

– **Please hold**. I'm a**fraid** she's **away** from her **desk** right **now**.

– In **that case**, may I **leave** a **mess**age for her? Could you **let** her **know** that I'm **in**terested?

– I **cer**tainly **will**. Is there **any**thing **else** I can **help** you **with**?

– **No**. **Thank** you **so much** for your **help**.

COMPRENDRE LE DIALOGUE
FORMULES ET EXPRESSIONS

→ **to hold on**, *tenir bon*. Dans le langage courant, l'interjection **Hold on** – une variante de **Hang on** (Module n° 15) – signifie *Attendez, ne bougez pas*, etc. **Are you free on Friday? – Hold on, I'll check my diary.** *Es-tu libre vendredi ? – Ne bouge pas, je vérifie mon agenda.* Par ailleurs, le mot **hold** est très utile dans le contexte d'un appel téléphonique. Retenez ces deux exemples : **I'll put/I'm putting you on hold.** *Je vous mets en attente.* **Please hold (the line).** *Veuillez ne pas quitter.* De même, **a hold message** et **hold music** signifient respectivement *un message/une musique d'attente*. Enfin, **to get hold of** remplace **to contact** et signifie dans ce contexte *contacter* ou *joindre quelqu'un*.

→ **around**, *autour* (Module n° 10) est utilisé dans un certain nombre d'expressions idiomatiques dans le sens de *quelque part, par ici, dans les parages*. Retenez cette variante interrogative de la deuxième phrase du dialogue : **I'll see if he's around**, *Je vais voir s'il est dans les parages.*

→ **to get back to** : rappelons que **to get** peut remplacer un verbe de mouvement, comme **to come**, etc. Par exemple, l'auteure de la lettre dans le Module n° 29 dit **… until he gets back…** *jusqu'à ce qu'il revienne/soit de retour.* Mais **to get back** peut aussi s'utiliser dans un sens figuratif, dans une expression telle que **I'll get back to you.** que nous avons « francisée » en *Je reviendrai vers vous !*

→ **Will do** est une façon idiomatique de répondre dans l'affirmatif à quelqu'un qui demande de faire quelque chose et une forme contractée de **I will do it: Call me tomorrow. – Will do.** *Appelle-moi demain. – D'accord.* Dans un registre plus soutenu, on peut dire **I certainly will: Please let me know tomorrow. – We certainly will.** *Veuillez me le faire savoir demain, s'il vous plaît. – Bien entendu.*

→ **a client** : nous connaissons **a customer**, *un client* (Module n° 7), mais l'anglais dit aussi **a client** (prononciation : [klaï-ënt]). La différence est que le premier achète des biens alors que le second se procure une prestation de service. Cela étant dit, la frontière entre les deux est poreuse ! Dans le doute, préférez toujours **a customer**.

→ Le possessif incomplet, vu dans le Module n° 23, est utilisé ici dans le deuxième petit dialogue. Au lieu de dire **I am a client of Harry**. *Je suis un client de Harry*, il est possible – mais pas obligatoire – d'indiquer une notion de possession : **I am a client of Harry's.** La traduction est la même.

→ **to be tied up** : l'expression vient du verbe régulier **to tie** (voir Module n° 4), *nouer, attacher*. Dans un registre idiomatique, **to be tied up** signifie *être pris*, *occupé par*. Suivi d'un complément d'objet, il faut ajouter la préposition **with** : **She's tied up with a customer at the moment.** *Elle est très occupée avec un client en ce moment.*

Comme toujours, chacun des verbes à particule appris dans ce module a plusieurs sens en fonction du contexte. C'est pour cette raison que nous insistons à nouveau sur l'importance d'apprendre chaque verbe « en situation » pour pouvoir reconnaître d'autres acceptions, le cas échéant.

◆ COMMENT RÉPONDRE ET PARLER AU TÉLÉPHONE ?
RÉPONDRE/SALUER

Autrefois, on répondait à un appel en épelant son propre numéro de téléphone : **619 3822**, **Hello?** Cette pratique est tombée largement en désuétude, mais certaines personnes en Grande-Bretagne le font toujours. La réponse la plus courante à un appel entrant est **Hello?** *Allô ?*, sur un ton montant. On peut aussi répondre avec son nom, toujours avec un ton ascendant : **This is Sam Kelly (speaking).**
Bien entendu, pour un appel personnel, on peut répondre plus ou moins comme on veut : **Yeah?**, **Yes?**, **I'm listening**, etc. Quoi qu'il en soit, n'oubliez pas de monter l'intonation à la fin de la salutation pour indiquer à l'interlocuteur que c'est à lui de parler.

POURSUIVRE L'APPEL

• Dans un registre formel, il y a plusieurs possibilités pour commencer une conversation : **Is this/that XXX?** *Est-ce bien…?* La notion de localisation de **this** et **that** (proche/éloigné de soi) vue dans le Module n° 2 n'intervient pas dans ce contexte : les deux sont utilisés indifféremment.

• **May I speak to…?** *Puis-je parler à… ?* **May** est plus soutenu que **can** et s'emploie donc dans plusieurs expressions téléphoniques formelles. Rappelons que cet auxiliaire modal exprime aussi une possibilité : **Harvey may be in a meeting.** *Il se peut qu'Harvey soit en réunion.*

• Notez que **to speak to** et **to talk to** (voir Module n° 19) sont synonymes dans ce contexte, mais le premier est le plus courant. Certains anglophones, notamment les Américains, utilisent la préposition **with** au lieu de **to**, ce qui ne change rien au sens.
This is…./I'm/Speaking : si vous êtes le destinataire de l'appel, vous pouvez répondre d'au moins trois façons :
May I speak to Harvey? – This is Harvey./I'm Harvey./Speaking.
Dans un contexte formel, les Américains et certains Britanniques répondent : **This is he/she.**

DEMANDER/DONNER LE BUT DE L'APPEL

Une formulation simple et polyvalente est **What is this about?** *De quoi s'agit-il ?* Pour être un peu plus formel, on ajoute une dérivation du verbe **to regard**, *concerner* : **What is this regarding?** ou **What is this in regard to?** Il s'agit, bien entendu, d'un registre soutenu.

PASSER UN APPEL

Le verbe **to put someone through** signifie *passer un appel vers le destinataire ou mettre en communication*. Un synonyme, plus simple, est **to connect**. Vous entendrez, par exemple : **I'm putting you through now/I am connecting you now.** *Je vous mets en relation.*

EXPLIQUER/EXCUSER UNE ABSENCE

Dans une conversation privée, le langage utilisé dans ce contexte est assez simple : **Sorry**, **he's/she's not in** ou encore **He's/She's out** (sous-entendu **out of the house**, *en dehors de la maison*). En revanche, dans un contexte formel ou professionnel, il existe bon nombre de possibilités pour expliquer l'absence, dont beaucoup commencent par : **I'm sorry but...** En voici un florilège :
... **she can't come to the phone right now.** ... *elle ne peut pas prendre l'appel en ce moment.*
... **he's on another line.** ... *il est sur une autre ligne.*
... **she is tied up (with something/someone).** ... *elle est très occupée (avec quelqu'un, quelque chose).*
... **they are stuck in a meeting.** ... *ils sont encore en réunion.*
... **she has stepped out of the office*.** ... *il est sorti du bureau.*
... **he's away from his desk*.** ... *il n'est pas à son bureau.*
La réponse standard est **I understand**. On peut aussi demander de laisser un message ou être rappelé par le correspondant :
Could/May I leave a message (for him/her)? *Pourrais-je laisser un message (pour lui/elle) ?*
Could you ask him/her to call me back, **please?** *Pourriez-vous lui demander de me rappeler s'il vous plaît ?*

---

* Concernant le nom *un bureau*, rappelons que **an office** est *une pièce* et **a desk** est *un meuble* (Module n° 15).

PRENDRE CONGÉ

Il n'existe pas de formule consacrée pour terminer une conversation. Votre interlocuteur pourrait vous demander s'il y a d'autres sujets que vous voulez aborder :
Is there anything else I can help you with? *Y a-t-il autre chose pour votre service ?*
Is there anything else I can do for you? *Y a-t-il autre chose que je puisse faire ?*
Pour terminer une conversation privée, on entend aussi : **Bye**, *Au revoir* ; **See you**, *On se verra bientôt, « À plus »* ; **Talk soon**, *On se parlera bientôt* ; **Nice talking to you.** *C'était sympa de parler avec toi* – ou même **Ciao** (sans traduction). Dans un contexte plus formel, on peut utiliser **Thank you/Thanks for your time** (Module n° 22), **Thanks for your call**, ou encore :
Thank you for your help. *Merci de votre aide*
Thank you for your attention. *Merci de votre attention.*
Enfin, une expression de courtoisie comme **Have a nice day.** *Passez une bonne journée*, n'est jamais de trop.

DEMANDER UNE RÉPÉTITION

• Si vous avez du mal à comprendre, n'hésitez pas à demander à votre interlocuteur de répéter : **Could you repeat that please?** *Pourriez-vous répéter, s'il vous plaît ?*
Would you mind saying that again? *Cela vous ennuierait-il de répéter, s'il vous plaît ?*
• Pour éviter que l'on vous réponde avec les mêmes mots ou à la même vitesse, n'hésitez pas à ajouter …**slowly**, *lentement* : **Could you repeat that slowly please?** ou encore : **Could you speak more slowly please?** *Pourriez-vous parler moins vite s'il vous plaît ?*
• Enfin, s'agissant d'un nom propre, vous aurez peut-être besoin de demander qu'on l'épelle : **Would you mind spelling that for me please?** *Cela vous dérangerait-il de l'épeler pour moi, s'il vous plaît ?*
• Un problème récurrent de prononciation – même pour les anglophones – est de faire la différence entre les chiffres se terminant en **-teen** (de 13 à 19), avec l'accent tonique sur la première syllabe, et ceux avec **-ty** à la fin (les dizaines), accentués sur la seconde. Ainsi, n'ayez crainte de poser la question "**Did you say thirTEEN or THIRty?**", "**sixTEEN or SIXty?**", etc., en appuyant bien sur l'accent tonique.

NOUVELLES TECHNOLOGIES DE COMMUNICATION

Les adresses e-mail et de Twitter contiennent certains caractères non alphabétiques qui sont importants :

@	at	Le mot **arobase** existe, mais il est réservé aux mathématiques
.	dot	Ne pas confondre avec **a full stop**, *un point*
-	hyphen	Trait d'union
_	underscore	Tiret bas
/	forward slash	Barre oblique (litt. *entaille avant*)
\	backslash	Barre oblique inverse (litt. *entaille arrière*)
#	hashtag	Dièse. Aussi appelé **pound**, notamment en Grande-Bretagne
:	colon	Deux points
;	semicolon	Point-virgule

Si l'on dit **to email** pour envoyer un e-mail, on peut aussi utiliser le verbe **to tweet** pour décrire l'action d'envoyer un tweet (ou « gazouillis »…).

Enfin, le langage des SMS demande déjà une bonne maîtrise lexicale et nous n'avons pas la place dans ce livre pour en faire un exposé exhaustif. Quelques messages courants seront néanmoins présentés, pour référence, dans les annexes.

VOCABULAIRE

to call someone back *rappeler quelqu'un*
to get hold of *saisir, joindre*
to let someone know *faire savoir à quelqu'un, informer*
to make sure *s'assurer (synonyme :* **to ensure***)*
to put someone through *passer l'appel de quelqu'un*
to reach *atteindre, joindre*
to regard *concerner*
to return *(se) retourner, rendre*
to stick, stuck, stuck *coller*
to be tied up *être pris, occupé (litt. être ligoté)*
to tweet *gazouiller (oiseau), tweeter (humain…)*

an extension *une extension, un poste (téléphonique)*
HR, Human Resources *les Ressources humaines, les RH*
a message *un message, une commission*
a proposal *une proposition*

I/we certainly will *Je le ferai/ Nous le ferons volontiers*
Thanks for calling. *Merci d'avoir appelé.*
Will do *Je le ferai/Nous le ferons (registre plus familier)*

● EXERCICES

1. FORMEZ DES PHRASES EN REMETTANT LES MOTS DANS L'ORDRE.

a. I'm – she's – afraid – away – his desk – from – right now.
→

b. We'll – sure – that – make – she – their message – gets.
→

c. Is – we – anything – there – else – can – you – help – with – ?
→

d. May – I – how – of – assistance – be– ?
→

2. COMPLÉTEZ CES VERBES AVEC LA PRÉPOSITION OU LE PRONOM ADAPTÉ.

a. We can't get .... Harvey. – He must be .... from his desk.

b. I'll get .... you when I hear .... my lawyer.

c. Please hold .... I'm trying to get .... touch .... my boss.

d. I'm afraid that I'm tied .... a customer right now.

e. Could you put me .... the HR department, please?

f. Is there anything else we can help you .... ?

3. TRADUISEZ CES PHRASES.

a. Nous voulons parler à Harry. Est-il dans les parages ? – Je vais voir s'il est là.
→

b. Fais-moi savoir si tu es libre à déjeuner demain. – Bien entendu.
→

c. Je suis un client de Mme/Mlle Caine. Pourriez-vous l'informer (laisser savoir) que je suis là ?
→

d. Puis-je parler à Erin. – Ici Erin*. – Salut Erin, c'est Mike.
→

e. Merci d'apprendre l'anglais avec Assimil ! Veuillez continuer. – Je le ferai !
→

*(trois possibilités)

LES CORRIGÉS DES EXERCICES

NOTE

Vous trouverez dans les pages qui suivent tous les corrigés des exercices proposés dans les modules qui précèdent. Les exercices enregistrés sont signalés par le pictogramme ◀ suivi du numéro de la piste en streaming. Ils se trouvent sur la même piste que le dialogue de la leçon, à la suite de celui-ci ; ils portent donc le même numéro de piste.

1. PREMIÈRE PRÉSENTATION

1. a. I'm Scottish. – **b.** You're from Liverpool. – **c.** She's here and he's over there. – **d.** It isn't easy.
2. a. Am I Scottish? – **b.** Are you from Liverpool? – **c.** Is she here and is he over there? – **d.** Isn't it easy?
🔊 03 **3. a.** What – **b.** Where – **c.** When – **d.** Who – **e.** Why – **f.** How
4. a. We are (*ou* We're) here for the conference. – **b.** Great! See you later. – **c.** Is your wife here? – Yes, she is. – **d.** Where are you from, Jim?

2. PREMIÈRE CONVERSATION

1. a. My – **b.** His – **c.** Their – **d.** Her – her
2. a. Is that an interesting job? – **b.** Are these your house keys? – **c.** Is she free for dinner? – **d.** Is that her handbag?
3. a. is – **b.** What – his – **c.** those your – they aren't – **d.** That is
🔊 04 **4. a.** three – **b.** seven – **c.** twelve – **d.** six – **e.** fifteen – **f.** nine – **g.** thirteen – **h.** four – **i.** twenty
5. a. Are you free for dinner this evening? – I'm afraid not. – **b.** I live in New York. I am / I'm here on business and I am/I'm very busy.

3. DISCUTER AVEC UN INCONNU

1. a. any – **b.** some – **c.** any – **d.** some
2. a. Thursday the eleventh – **b.** Tuesday the fourth – **c.** Saturday the second – **d.** Monday the twelfth
4. a. Thanks very much for your help. – My pleasure./It's a pleasure. – **b.** Excuse me, is there an ATM near here? – **c.** The newsagent is just behind you, but it's closed. – **d.** Is it far? They are/They're very tired. – Not at all.

4. CONVERSATION DOMESTIQUE

1. a. It isn't too small./It's not too small. – **b.** You aren't untidy./You're not untidy. – **c.** We aren't very organised./We're not very organised. – **d.** He isn't joking!/He's not joking!
2. a. These are my brothers' clothes. – **b.** Those are Sandy's trousers. – **c.** They're Ian's jeans.
3. a. This shirt is mine. – **b.** These socks are his. – **c.** That leather jacket is hers. – **d.** Those keys are ours.
🔊 06 **4. a.** Whose are these keys? – They're mine. – **b.** Anyway, Sandy is here for the conference. – You are/You're joking. – **c.** These jeans are mine. – Sorry, my mistake. – **d.** I am/I'm not untidy, I am/I'm just a little disorganised. – **e.** His trousers are black and his shorts are grey. – **f.** Her jacket is too small.

5. EN FAMILLE

1. a. finishes – **b.** cooks – **c.** enjoy – **d.** are
2. a. us – **b.** her – **c.** them – **d.** him – **e.** her – **f.** you
3. a. for – for – **b.** for – **c.** of – to – **d.** at – at – **e.** of
4. a. wives – **b.** meals – **c.** ladies – **d.** boys – **e.** babies – **f.** kids

🔊 07 **5. a.** The children are hungry and thirsty. – **b.** You are/You're right. They want their presents now. – **c.** He really enjoys cooking. He is/He's very kind. – **d.** There are so many plates and glasses, but there is/there's plenty for everyone.

6. CHEZ LE MÉDECIN

🔊 08 **1. a.** matter with – **b.** Is – any – any – there are **c.** How are – well – I have – **d.** one – **e.** Is – in – he is – **f.** Is there – yourself
2. a. to – **b.** in – **c.** to – **d.** in – on – **e.** in – **f.** on
3. a. There – **b.** There are – **c.** there – **d.** There is – **e.** Here
4. a. ten o'clock – **b.** two o'clock in the morning – **c.** eleven o'clock in the evening – **d.** nine o'clock – **e.** seven o'clock in the evening – **f.** eight o'clock – **g.** twelve o'clock OU midday OU noon
5. a. His feet and his head hurt and his mouth is dry. – Yes, and his temperature is high. – **b.** The cinema is not/isn't in the shopping centre. It is/It's opposite the police station on the main road. – **c.** Where is my coat? – The blue one or the grey one? – The blue one. – **d.** I am/I'm already late for my appointment. See you later. – **e.** In case you are/you're hungry, there is ice cream for dessert. – **f.** Where are Rod and Sue? They are/They're already late.

7. COMMANDER DE LA NOURRITURE ET DES BOISSONS

1. a. Can I have a cheese sandwich? – **b.** Can you pay by cheque? – **c.** Can we order some tea? – **d.** They can't eat a lot of sugar. – **e.** Can she have the bill?
2. a. many – **b.** much – **c.** a lot of – **d.** much – **e.** many – **f.** a lot of
🔊 09 **3. a.** at – **b.** Who's – **c.** Are – to – we are – **d.** can have – Can I – **e.** cheese – With – without – **f.** have – hurry – much
4. a. They enjoy eating my meatloaf. It is / It's home-made – **b.** Anything else? – No, thank you. – That will be ten pounds and nineteen pence/ten pounds nineteen/ten nineteen. – **c.** What can I get you? – Just a cup of white coffee, please. – **d.** Have a nice day. – You too. – **e.** We do not/don't have any cash. Can we pay by card? – Yes of course. – **f.** I cannot/can't eat too much sugar or too many calories. – Of course not.

8. FAIRE DES COURSES

1. a. down – **b.** to – **c.** for – **d.** on – **e.** over
🔊 10 **2. a.** Do they want to pay cash? – **b.** Does she like these dark blue sweaters? – **c.** Do you have the next size down? – **d.** Does he need to buy a pair of shoes? – **e.** Do we sell ink-jet printers?
3. a. ones – **b.** one – **c.** one – **d.** the ones – **e.** ones
4. a. At a butcher's – **b.** At a baker's – **c.** At a stationers' – **d.** At a fishmonger –

e. At a greengrocer's – **f.** At a supermarket
5. a. My son needs a pair of shoes. – Certainly. What size does he take? – **b.** They don't/do not fit. Do you have the next size up? – **c.** Is she being served? – No, she's just looking. – **d.** This printer is on sale. – I can see why!

9. PRENDRE LE TRAIN

1. a. Do they want to fly to Liverpool on Wednesday? – **b.** Does Steve want to take the ten fifteen train? – **c.** Is there a cheap train this afternoon? – **d.** Do you have another idea?
2. a. How much – **b.** How much – **c.** How many – **d.** How much
3. a. It's quarter past nine/nine fifteen – **b.** It's twenty-five past five/five twenty-five – **c.** It's ten past four/four ten – **d.** It's half past nine/nine thirty – **e.** It's ten to seven/seven fifty – **f.** It's quarter to eight/eight forty-five – **g.** half past twelve/twelve thirty
🔊 11 **4. a.** I'm/I am afraid that the return fare is expensive. – How much? – **b.** Does he have another idea? – Yes, he does. Cancel the meeting. – **c.** How much does a single (ticket) cost? – Two hundred pounds. – **d.** Does the plane arrive before midnight? – No, (it doesn't). – **e.** Please sit down. – Thank you. I feel a little nervous. – **f.** There are a few trains, and some of them are inexpensive. – OK, but I can't be late.

10. TÉLÉPHONER

1. a. around – through – down – **b.** on – next to – **c.** in – between – **d.** to – at
2. a. always – **b.** still – **c.** always – **d.** still – always
3. a. Give Mary a ring/a call. Any luck? – No, the line is still engaged/busy. – **b.** I'm/I am tired and I am/I'm still hungry. So am I. – **c.** I don't/do not like his OU her accent. – Neither does Jim. – **d.** What kind of computer has he got? – A white one. Sorry, I'm bad at technology!

11. PRÉPARER UNE SORTIE

1. a. Who – from – **b.** When – **c.** Who – with – **d.** Whose – these/those
2. a. that – **b.** what – **c.** that – **d.** Which
3. a. Sue is a woman I like very much. – **b.** I have a friend who owns three cars – **c.** The sports he doesn't like are cricket and football. – **d.** It's a blog that gives information on writers.
🔊 13 **4. a.** She says (that) he's/he is a nice guy but she doesn't/does not even know his name. – **b.** Who is the card from? – I haven't a clue. I don't even recognise the writing. – **c.** I bet you can answer this question: when is Saint Valentine's Day? – **d.** Let's make an appointment. Does Thursday suit you? – **e.** Which do you prefer: these red trousers or that grey dress? – The dress is too big.

12. RÉSERVER UNE CHAMBRE D'HÔTEL

1. a. Does he want a city map? – **b.** We don't want a single room. – **c.** Does the rate include internet access? – **d.** It does not include breakfast.
2. a. No, I don't. – **b.** Yes, they do. – **c.** Yes, I do. – **d.** Yes, you can.
3. a. I know him well. – **b.** I always stay in the Towers Hotel. – **c.** We like London a lot. – **d.** I usually take a double room.
🔊 14 **4. a.** Do you mind if I ask you a question? – **b.** I don't/do not have your driving licence. – Here it is. – **c.** Where's/Where is the lift? – It's/It is at the end of the corridor on the right. – **d.** He can't/cannot connect to the internet and the TV doesn't/does not work. – **e.** What do you want and where do you want to go? – **f.** Just a moment, please. We're/We are very busy.

13. FAIRE UNE CROISIÈRE

1. a. in – in – from – **b.** on – **c.** in – down – on/in – **d.** during – for
2. a. Do they rest in the afternoons? – **b.** Are the other passengers very nice? – **c.** Can you train in the gym? – **d.** Is there an internet café with broadband?
🔊 15 **3. a.** You can't take your time. You need to hurry. – **b.** Let's have something to eat and then decide what to do. – **c.** I want to e-mail my office. – **d.** She always falls asleep during long films. – **e.** It's important to shower before going back to your room. – **f.** Stan doesn't want to go for a walk because he quickly gets bored.

4. a. He gets up, shaves and has a shower before breakfast. – **b.** You can rest in the sun, swim in the pool or go for a walk. – **c.** How's life? Are you having fun? – It depends on the day! – **d.** They say (that) anything is possible. It's wonderful.

14. ORGANISER DES VACANCES

1. a. We are planning – **b.** They're saving – **c.** It is snowing – **d.** She's reading
2. a. take – **b.** take – **c.** it is/it's raining – **d.** snow – **e.** it is/it's snowing
3. a. Are you driving to Glasgow tomorrow evening? – **b.** I'm not planning a holiday in China this year. – **c.** Are they coming to see us next week? – **d.** I do not/don't think that she's talking about climate change.
🔊 16 **4. a.** He is/He's coming to see me next week. He always comes here in autumn. – **b.** How long does the journey take? – Probably three hours. – **c.** Which city do you prefer, Glasgow or Edinburgh? – **d.** Are you going on holiday with your friends? – No, I'm not. – **e.** Give me a minute, please/Please give me a minute, I'm/I am checking the weather forecast.

15. DÉMÉNAGER

1. a. He's visiting – **b.** We're not going to put – **c.** Are you going to rent – **d.** She's not going to paint
2. a. against – **b.** in front of – behind – **c.** near – **d.** in the corner of

🔊 **17** 3. a. Where – b. What – c. Why – d. What – e. When – f. Who
4. a. What's up? – I hate moving, decorating, painting and stuff/things like that. – b. What room does she want for her office? – The spare room, next to the kitchen. – c. What about the armchairs and the sofa? Where are we going to put them? – d. What colour are we going to paint it? What about blue? – I suppose so.

16. PRENDRE LES TRANSPORTS

1. a. cycling – b. to meet – c. talking – d. to give up
2. a. ourselves – b. himself – c. yourself – d. themselves
3. a. unkind – b. disagree – c. uncomfortable – d. dislike
🔊 **18** 4. a. Would you mind opening the window? – Not at all. – b. I'm sorry to bother/trouble you but can I sit next to you? – By all means. I'm getting off at the next stop. – c. Are you comfortable in that chair? – Yes, very comfortable – d. The shops are crowded at Christmas. – I know what you mean! – e. He stopped smoking last week and he feels terrible.

17. AU CAMPING

1. a. travelled – b. complained – apologised – was – c. missed – stopped – d. asked
🔊 **19** 2. a. anybody – b. something – c. Somebody – d. anything – e. Nobody – f. nothing

3. a. along – b. by – by – c. in – d. for
4. a. My holiday was horrible. What about you? How was your holiday? – b. It was very tiring, actually. I worked for a week. – c. My wife looked everywhere but everything was full. – How awful! – d. We visited my parents-in-law. What about you?

18. L'ENTRETIEN

1. a. went – left – was – b. spoke – gave – c. heard – wrote – d. met
2. a. about – b. to – for – c. for – d. pas de préposition
🔊 **20** 3. a. hard – b. excellent – fantastic – c. easily – d. good – e. fairly large – f. fast
4. a. My dad gave me some advice and I made some progress but I failed the exam. – b. I heard about a very interesting job. – c. They told her that they agreed with her. – d. The advert that I saw looks fascinating, doesn't it. – No, not really.

19. SORTIR AU RESTAURANT

1. a. Who is she talking to? – b. What is Michael looking at? – c. Who is Sally smiling at? – d. Where do Piotr and Sasha come from?
🔊 **21** 2. a. smelled – b. looks – c. sounds – d. tastes – e. feel
3. a. The servers are very busy. Can we have the menu please? – b. I took the set menu: a first course, a main course and a pudding/sweet. It was nothing

special. – **c.** How is the restaurant? – It's very nice but crowded. – **d.** Most of the people we know don't like English food.

20. FAIRE SES COURSES

1. a. Did he go to that new place in the city centre? – **b.** Did she get any mushrooms? – **c.** Did you find any fruit in the superstore? – **d.** Did they buy three bags of potatoes?
2. a. He did not go to that new place in the city centre. – **b.** She did not get any mushrooms. – **c.** You did not find any fruit in the superstore. – **d.** They did not buy three bags of potatoes?
3. a. How far is – **b.** How wide is – **c.** How long are – **d.** How high is – **e.** How often does
🔊 22 **4. a.** Do you have the shopping list? – What an idiot. I forgot it. – **b.** She went to the superstore round the corner but it was closed. – Never mind. – **c.** I forgot the strawberries, the grapes and the pears. – You've got a memory like a sieve. – **d.** Did you buy any carrots? I want some for a salad. – No, I forgot. **e.** How much time do we have? – At least two hours.

21. ALLER AU CINÉMA

1. a. older than – **b.** more entertaining than – **c.** funnier – **d.** fatter than
2. a. the biggest – **b.** the most expensive – **c.** the oldest – **d.** the funniest
🔊 23 **3. a.** Is he? – **b.** Did you? – **c.** Aren't you? – **d.** Are they? – **e.** Didn't she? – **f.** Is it?

4. a. Guess what? I saw the film/movie a couple of weeks ago. – What was it like? – **b.** I had a couple of drinks with her after work. – You lucky thing! – **c.** Their last film came out the day before yesterday but it was a flop. – What a shame.

22. RENDEZ-VOUS PROFESSIONNEL

1. a. more reliable – **b.** the most expensive – **c.** worse than – **d.** the worst
2. a. hers – **b.** ours – **c.** mine – **d.** theirs
🔊 24 **3. a.** do you do – Glad – **b.** get down – Would you like – **c.** to keep – **d.** for your – all – **e.** get – something – I'm fine – **f.** much – charge
4. a. The CleanCo is worse than the Dust Devil. It's the worst product on the market. – **b.** They got the best value for money when they bought that vacuum cleaner. – **c.** The hotel charged me twenty-five pounds for breakfast!

23. AU BUREAU

1. a. was playing – rang – **b.** put – quit – **c.** happened – froze – was typing – **d.** wasn't sending – was working
2. a. a lot longer – **b.** far less serious – **c.** busier than – **d.** by far the biggest – **e.** far more expensive
🔊 25 **3. a.** matter – **b.** What kind – **c.** bit – **d.** honest – **e.** get – **f.** explains
4. a. Where was your husband living when he met you? – In Wales. – **b.** What were you doing when your computer crashed? – I was downloading a game. – **c.** I emailed/sent an email to my team-

mate but he didn't answer. – **d.** What's wrong with your colleagues? – Honestly, I don't understand them!

24. PRENDRE UNE ANNÉE SABBATIQUE

1. a. will/He'll park – **b.** will/I'll ask – will/she'll say – **c.** will/We'll be – **d.** will cost

🔴 26 **2. a.** will not/won't take – **b.** Will you hitchhike or take – **c.** will not/won't help – **d.** Will she teach – **e.** will not/won't tell

3. a. anyone – **b.** no one/no-one – **c.** anyone – **d.** someone

4. a. Give Louise a hand, please. Hand her the briefcase. – **b.** I really feel at home with him. He's really nice. – **c.** Talk of the devil! It's my cousin Louise and my cousin Steve (*Alternatif correct* …my cousins Louise and Steve). – **d.** They don't know anyone in Australia, do they?

25. EN VOITURE

1. a. won't come – doesn't call – **b.** has – will – hire – **c.** Will – give – call – **d.** will send – find

2. a. bigger than – **b.** as interesting as – **c.** as healthy as – **d.** as stylish as

3. a. fewer – **b.** less – **c.** less – **d.** fewer

🔴 27 **4. a.** We'll/We will be responsible for any damage if we don't take insurance. **b.** Can we afford to go on holiday this year? – We know a really nice hotel in Cardiff that is/that's very affordable. – **c.** Will you give us a discount if we pay cash? – I'm afraid I won't be able to do that, sir. – **d.** There are fewer cars today because it is/it's a public holiday. – I fully understand. – **e.** How about going for a drink? – I'll talk it over with my husband…

26. VIVRE À LA CAMPAGNE

1. a. would buy – could afford – **b.** didn't live – wouldn't have – **c.** Would you like to come – **d.** I wouldn't like to take

2. a. every – **b.** Every/Each – **c.** both – **d.** each

3. a. You will have to drive – **b.** Will we have to move – **c.** You will not have to sell – **d.** they will have to take

🔴 28 **4. a.** She almost never buys new clothes. – **b.** Didn't she star in *Strikes and Delays*? – I think so. – **c.** Will you listen to me? I'm fed up with your excuses. – **d.** You'd even be able to read or sleep during the journey. – No I wouldn't. – **e.** It costs the earth, but I would buy it. – And pigs may fly.

27. UNE NOUVELLE VIE

1. a. have had – **b.** worked – **c.** have always wanted – **d.** was

🔴 29 **2. a.** Has he been a sales representative? – **b.** Have they had a lot of experience in multimedia? – **c.** Has she always wanted to be a lawyer? – **d.** Have you taught business studies before? – **e.** Have they found a house they like in Leeds?

3. a. book shop/bookshop – **b.** an experiment – **c.** secondary school – **d.** injure

4. a. She has always wanted to be a social worker. – What else has she done? – **b.** How long have you worked here? – I've never worked here. – **c.** We have decided to find a house in the suburbs. – I'll do my best to help you if I can. – **d.** She's never worked in a company but she gets on very well with people.

28. ÉCOUTER LA RADIO

1. a. I've been waiting – **b.** Has … been slowing – **c.** hasn't been suffering – **d.** They've been expecting
2. a. since – **b.** during – **c.** for – **d.** during – **e.** since – **f.** for
🔊 30 **3. a.** has been – **b.** has it been – **c.** Neither – was – **d.** it been – **e.** get – touch – **f.** on – up – to – off
4. a. yet – **b.** still – **c.** still – **d.** already

29. ÉCRIRE DES COURRIERS

1. a. was contacted – given – **b.** were told – **c.** has been offered – **d.** has been stolen
🔊 31 **2. a.** arrive – **b.** is – **c.** have – **d.** receive – **e.** pay
🔊 31 **3. a.** from – **b.** me – **c.** up – **d.** after – **e.** together – **f.** forward
4. a. They want to take a day off but we're too busy. – **b.** Let me know when you have some spare time and we'll get together for a drink. – **c.** The company has made an offer but I'm having second thoughts. I want to work part-time. – **d.** They have offered him a place at art college but I don't think (that) he'll take it.

30. MESSAGE D'ABSENCE

1. a. I'm afraid he's away from his desk right now. – **b.** We'll make sure that she gets their message. – **c.** Is there anything else we can help you with? – **d.** How may I be of assistance?
2. a. hold of – away – **b.** back to – from – **c.** on – in – with – **d.** up with – **e.** through to – **f.** with
3. a. We want to talk to Harry. Is he around? – I'll see if he's there. – **b.** Let me know if you're free for lunch tomorrow. – Will do. – **c.** I'm a client/customer of Ms Caine's. Could/Would you let her know that I'm here? – **d.** Can I speak to Erin. – This is Erin./I'm Erin./Speaking. – Hi Erin, it's Mike. – **e.** Thank you for learning English with Assimil. Please continue. – Will do!

ANNEXES : LECTURES, VERBES IRRÉGULIERS, FAUX AMIS, FRANGLAIS ET LANGAGE SMS

◆ QUELQUES LECTURES...

• *Nouvelles anglaises et américaines*, de Roald DAHL, F. Scott FITZGERALD, etc. ; Éditions Langues Pour Tous.

• *Very short stories*, W. Somerset MAUGHAM et Charles PELLOUX

• *Nouvelles anglaises contemporaines/Contemporary English Stories,* Martin AMIS, Graham SWIFT, Ian McEWAN, Éditions Folio Bilingue

• *Rapport minoritaire/Minority Report*, Philip K. DICK, Éditions Folio Bilingue

• *La Ferme des animaux/Animal Farm,* George ORWELL, Editions Folio Bilingue

• *Love and the city/Amours citadines*, Sophie KINSELLA/Lauren WEISBERGER, Éditions Pocket

Pour ceux qui s'intéressent à la politique :
• « *Yes we can* »/« Nous surmontons nos difficultés », Discours de Barack OBAMA et Franklin D. ROOSEVELT ; Éditions Points (il existe aussi des textes de Martin Luther KING et Nelson MANDELA)

Un bon nombre de classiques existent aussi en édition bilingue. Nous vous conseillons de vous équiper d'un bon dictionnaire anglais/français. Demandez conseil à votre libraire !

◆ LES VERBES IRRÉGULIERS

Comme toutes les langues, l'anglais a un certain nombre de verbes dits « forts », ou irréguliers, qui ne suivent pas les règles habituelles de conjugaison. Il faut donc apprendre par cœur les temps primitifs (passé simple, participe passé) de chacun.

Commençons avec les deux principaux auxiliaires :

Infinitif (**to**)	Passé simple	Participe passé	Traduction
be	was/were	been	*être*
have	had	had	*avoir*

Néanmoins, il y a un certaine « régularité » dans ces verbes irréguliers, qui permet de les apprendre par petits groupes plutôt que dans une simple liste alphabétique. Ici, nous ne présentons que les verbes que nous avons rencontrés lors de notre étude ainsi que ceux utilisés de manière très fréquente.

1) LES TROIS TEMPS PRIMITIFS SONT IDENTIQUES

Infinitif (**to**)	Passé simple	Participe passé	Traduction
bet	bet	bet	*parier*
cost	cost	cost	*coûter*
cut	cut	cut	*couper*
fit	fit	fit	*convenir* (voir Module n° 8)
hit	hit	hit	*frapper*
hurt	hurt	hurt	*avoir/faire mal*
let	let	let	*laisser, permettre*
put	put	put	*mettre, poser*
quit	quit	quit	*quitter* (voir Module n° 23)
read	read*	read*	*lire*
set	set	set	*placer, poser, mettre*
shut	shut	shut	*fermer*
spread	spread	spread	*étaler*

* La prononciation est différente de celle de l'infinitif : [red].

2) LE SCHÉMA I → A → U

Infinitif (to)	Passé simple	Participe passé	Traduction
begin	began	begun	*commencer*
drink	drank	drunk	*boire*
ring	rang	rung	*sonner, téléphoner*
shrink	shrank	shrunk	*(se) rétrécir*
sing	sang	sung	*chanter*
spin	span	spun	*tisser*
spring	sprang	sprung *	*jaillir*
swim	swam	swum	*nager*

* Pensez à **spring,** *le printemps*, où les fleurs et les plantes « jaillissent ».

3) L'INFINITIF ET LE PARTICIPE PASSÉ SONT IDENTIQUES

Infinitif (to)	Passé simple	Participe passé	Traduction
come	came	come	*venir*
become	became	become	*devenir*
run	ran	run	*courir*

4) LE « -D » FINAL DE L'INFINITIF DEVIENT « -T »

Infinitif (to)	Passé simple	Participe passé	Traduction
bend	bent	bent	*plier*
build	built	built	*construire*
lend	lent	lent	*prêter*
send	sent	sent	*envoyer*
spend	spent	spent	*dépenser*

5) LA DOUBLE VOYELLE « EE » (OU « EA ») DEVIENT « E » ; LE PASSÉ ET LE PARTICIPE SE TRANSFORME EN « -T »

Infinitif (to)	Passé simple	Participe passé	Traduction
feel	felt	felt	(se) sentir
keep	kept	kept	garder
kneel	knelt	knelt	s'agenouiller
meet	met	met	se rencontrer
sleep	slept	slept	dormir
sweep	swept	swept	balayer
leave	left	left	partir

6) LE PASSÉ ET LE PARTICIPE SE FORME AVEC UN « O » ET LE PARTICIPE PREND UN « N »

Infinitif (to)	Passé simple	Participe passé	Traduction
break	broke	broken	(se) casser
choose	chose	chosen	choisir
forget	forgot	forgotten	oublier
freeze	froze	frozen	geler
speak	spoke	spoken	parler
steal	stole	stolen	voler
wake	woke	woken	(se) réveiller
wear	wore	worn	porter (un vêtement)

to get suit ce même schéma en anglais américain (**get**, **got**, **gotten**), mais, en anglais britannique, il se conjugue **get**, **got**, **got**.

7) LE PASSÉ SEUL SE FORME AVEC UN « O » ET LE PARTICIPE PREND UN « N »

Infinitif (to)	Passé simple	Participe passé	Traduction
drive	drove	driven	conduire
ride	rode	ridden	aller à cheval, en voiture, etc.
rise	rose	risen	se lever
write	wrote	written	écrire

8) LE « E » LONG (PRONONCÉ [I], [:I]) DEVIENT UN « E » SIMPLE

Infinitif (**to**)	Passé simple	Participe passé	Traduction
keep	kept	kept	*garder*
sleep	slept	slept	*dormir*
feel	felt	felt	*(se) sentir*
feed	fed	fed	*nourrir*
meet	met	met	*(se) rencontrer*
lead	led	led	*mener*

9) LE PASSÉ ET LE PARTICIPE SE FORMENT AVEC « -OUGHT » (OU « -AUGHT »)

Infinitif (**to**)	Passé simple	Participe passé	Traduction
bring	brought	brought	*apporter*
buy	bought	bought	*acheter*
fight	fought	fought	*se battre*
think	thought	thought	*penser*
catch	caught	caught	*attraper*
teach	taught	taught	*enseigner*

10) LE PASSÉ ET LE PARTICIPE SE FORMENT RESPECTIVEMENT EN « -EW » ET « -OWN »

Infinitif (**to**)	Passé simple	Participe passé	Traduction
blow	blew	blown	*souffler*
grow	grew	grown	*pousser, grandir*
know	knew	known	*savoir*
fly	flew	flown	*s'envoler, prendre l'avion*

Enfin, voici quelques autres verbes irréguliers courants qui ne suivent aucun des 10 schémas ci-dessus :

Infinitif (to)	Passé simple	Participe passé	Traduction
eat	ate	eaten	*manger*
fall	fell	fallen	*tomber*
find	found	found	*trouver*
give	gave	given	*donner*
go	went	gone	*aller*
hear	heard	heard	*entendre*
hold	held	held	*tenir*
leave	left	left	*laisser, partir*
lie*	lay	lain	*s'allonger*
lose	lost	lost	*perdre*
make	made	made	*faire*
pay	paid	paid	*payer*
say	said	said	*dire*
see	saw	seen	*voir*
show	showed	shown	*montrer*
sit	sat	sat	*s'asseoir*
stand	stood	stood	*se mettre/être debout*
take	took	taken	*prendre*
tell	told	told	*dire, raconter*
understand	understood	understood	*comprendre*

* Ne pas confondre avec le verbe régulier **to lie**, *mentir.*

N'essayez pas d'apprendre la liste entière en une seule fois. Sélectionnez plutôt un des tableaux à la fois, ou un groupe de cinq verbes dans cette dernière liste. Pensez aussi aux titres de films ou de disques que vous aimez et qui emploieraient l'un de ces verbes (*Begin Again, Frozen, Get Carter,* etc.). La meilleure façon d'apprendre les verbes irréguliers est d'adopter une démarche ludique !

◆ LE LANGAGE DES SMS

Voici quelques éléments de base concernant le langage des SMS (Short Message Service) :

REPLACER UN PHONÈME PAR UN CHIFFRE OU UNE LETTRE

2 remplace **to/too**	I want 2 go 2	**I want to go too.** *Je veux y aller aussi*
4 remplace **for**	This is 4 you	**This is for you.** *Ceci est pour toi*
B remplace **be**	B quick	**Be quick.** *Soit rapide*
U remplace **you**	Love U	**Love you.** *Je t'aime*
C remplace **see**	C U soon	**See you soon.** *On se voit bientôt*
R remplace **are**	R U there	**Are you there?** *Es-tu là ?*
Y replace **why**	Y R U late	**Why are you late.** *Pourquoi es-tu en retard ?*
	voire **Y R U L8** (le 8 se prononce [ayt]) !	

ENLEVER TOUTES LES VOYELLES POSSIBLES, PAR EXEMPLE :

hv → have
cn → can
knw → know
ths → this

VOICI QUELQUES MESSAGES COURANTS :

AFAIK	As Far As I Know	*Pour autant que je sache*
AFK	Away from Keyboard	*Loin du clavier*
CUL8R	See You Later	*À tout à l'heure*
NP	No Problem	*Pas de problème*
IHNI	I Have No Idea	*Aucune idée*
BTW	By The Way	*À propos*
LOL	Laughing Out Loud	*Mort de rire* (MDR son équivalent français)
OMG	Oh My God	*Mon dieu !*
ROFL	Rolling on the Floor Laughing	*Rire à s'en rouler par terre*
THX	Thanks	*Merci*

Il y en a beaucoup d'autres, mais ce petit échantillon vous expose les mécanismes de base dans ce mode très courant de communication « à grande vitesse ».

◆ LES FAUX AMIS

Les « faux amis » sont ces mots anglais et français qui se ressemblent, mais dont le sens diffère totalement d'une langue à l'autre. Voici une liste des principaux que vous rencontrerez lors de votre apprentissage. Hors contexte, certains peuvent être difficiles à appréhender, mais le but de ce tableau est de vous sensibiliser à ces différences, si importantes.

Ce mot anglais...	(sa traduction en français)	ressemble à ce mot français...	(sa traduction en anglais)
A			
ability	aptitude	habileté	skill
achieve, to	réaliser	achever	complete, to
actual	vrai, véridique	actuel	current, present
actually	en fait	actuellement	now
advice	conseil	avis	opinion
ancient	très âgé	ancien	former, old
arrive, to	arriver (voyage)	arriver à	succeed in
assist, to	aider	assister à	attend, to
B			
bookshop	libraire	bibliothèque	library
C			
car	voiture	car	coach (bus en américain)
camera	appareil photo	caméra	video camera
chance	hasard, possibilité	chance	luck
change	monnaie	changer	change, to
charge, to	faire payer	charger	load, to
check	contrôle	chèque	cheque (check en anglais américain)
chips	frites	chips	crisps
college	institut/école professionnelle	collège	=/= secondary school
command, to	diriger	commander (restaurant)	order, to
conference	colloque	conférence	lecture
confused	pas clair	confus	embarrassed

292   Apprendre l'anglais

control, to	maîtriser	contrôler	check, to
cry, to	pleurer	crier	shout, to
D			
delay	retard	délai	time limit/ period
demand, to	exiger	demander	ask (for), to
E			
eventual	final	éventuel	possible
eventually	finalement	éventuellement	perhaps
experiment	expérience	éprouver, vivre	experience, to
F			
fault	défaut	faute	mistake
G			
gentle	doux	gentil	nice, kind
grand	grandiose	grand	big, large
I			
important	significatif	important	large
information	renseignements	informations	news
injure, to	blesser	injurier	insult, to
J			
jacket	veste	jaquette	morning coat
L			
lecture	conférence	lecture	reading
large	grand	large	wide, broad
licence	permis	licence (diplôme)	degree
location	endroit	location	rental
M			
march, to	défiler	marcher	walk, to
medicine	médicament	médecin	doctor
minister	ministre	ministère	ministry
miserable	malheureux	misérable	destitute
N			
nervous	anxieux	anxieux	worried

O			
offer, to	proposer	offrir (cadeau)	give, to
P			
parent	père ou mère	parent (autres)	relative
pass an exam, to	réussir un examen	passer un exam	take an exam, to
petrol	essence	pétrole	oil
photograph	photographie	photographe	photographer
phrase	locution, expression	phrase	sentence
price	prix (à payer)	prix (à gagner)	prize
professor	professeur d'université	professeur	teacher
proper	adéquat	propre	clean
Q			
queue	file d'attente	queue (animal)	tail
R			
remark, to	faire une remarque	remarquer	notice, to
rest, to	se reposer	rester	stay, to
rude	impoli	rude	hard, tough
S			
sensible	raisonnable	sensible	senstive
society	société (sens large)	société (entreprise)	company, firm
station	gare	station (tourisme)	resort
suit, to	convenir	costume	suit
surname	nom de famille	surnom	nickname
sweater	pullover	sweat	sweatshirt
sympathetic	compatissant	sympathique	nice, pleasant
T			
trouble, to	déranger	troubler	disturb, to
V			
vest	gilet	veste	jacket
voyage	voyage en bateau	voyage	journey, trip

◆ LE FRANGLAIS

Les relations très anciennes entre la France et son voisin outre-Manche, ainsi que les échanges constants entre les deux langues, ont donné naissance à un vocabulaire hybride formé de mots empruntés à l'anglais, mais utilisés de façon particulière. Il est important de reconnaître ces emprunts de manière à éviter tout risque de malentendu car, pour les anglophones « de souche », ce franglais peut être très difficile à comprendre !

Voici un petit recueil des mots les plus courants, dont certains figurent dans ce livre :

Mot anglais utilisé en français	Et sa traduction en anglais
des baskets	**trainers, sneakers**
un caddie	**a trolley**
un camping	**a campsite**
un flipper	**a pinball machine**
un footing, faire	**to jog, to run**
un jean	**a pair of jeans**
un living	**a living room, sitting room**
un parking	**a car park**
un planning	**a schedule**
un pressing	**a dry cleaner's**
un pull	**a pullover, sweater**
un self	**a self-service restaurant**
un smoking	**a dinner suit, dinner jacket**
des tennis	**trainers**

Il y a aussi un certain nombre de mots ou expressions importés plus récemment en français (*reporting*, *uploader*, *rush*, *speed*, *buzz*, *remake*) : nous vous invitons à en vérifier le sens avant de les employer en anglais.

Enfin, notez que le trafic n'est pas à sens unique. Sans évoquer le très grand nombre de mots d'origine française, l'anglais a aussi importé des locutions françaises. Certains expriment parfaitement une forme d'abstraction souvent absente de champ lexical anglo-saxon : *bête noire*, *bon vivant*, *nonchalance*, *fait accompli*, *parvenu*, *je ne sais quoi*, etc.

Bref, cette entente cordiale (expression employée dans les deux langues) va certainement perdurer, le Brexit nonobstant !

Réalisation éditoriale et mise en pages : Céladon éditions
www.celadoneditions.com
Conception graphique, couverture et intérieur : Sarah Boris
Ingénieur du son : Léonard Mule @ Studio du Poisson Barbu

© 2017, Assimil.

Dépôt légal : août 2022
N° d'édition : 4161
ISBN : 978-2-7005-0924-3
www.assimil.com

Imprimé en Roumanie par Tipografia Real